INSIDE
GAME

INSIDE
GAME

인사이드 게임

심리 편향에 빠진
메이저리그의 잘못된 선택들

키스 로 지음 | 이성훈 옮김

하빌리스

'디 애슬래틱'의 야구 칼럼니스트. 토론토 블루제이스 구단에 몸담은 뒤 2006년 6월부터 13년 동안 ESPN에서 일했다. 2017년 4월, 첫 번째 책 『스마트 베이스볼 : 현대 야구를 지배하는 새로운 데이터』를 펴냈다. '패스트 매거진', '아스 테크니카', '벌처' 등 다양한 사이트에 보드 게임에 대한 글도 쓰고 있다. 오래 운영해 온 블로그 '더 디시 The Dish'에서는 음악과 영화, 음식 등 다양한 주제에 대한 글을 볼 수 있다. 델라웨어에서 딸과 함께 살고 있다.

* 모든 각주는 역주이며, 미주는 원저자주이다.

． ． ． ． ． ． ． ． ． ． ． ．

내 사람,

메레디스에게

차 례

CHAPTER 13
'편향에서 자유로운 의사 결정'이란

이 책은 야구에 대한 책이다.

그렇지만, 야구에 대한 책으로만 읽히지 않기를 희망한다.

이 책, 『인사이드 게임』의 아이디어가 처음 떠올랐을 때, 나는 책의 방향을 놓고 두 가지 길 사이에서 고민했다. 야구 예시를 통해 우리가 생각하고 결정을 내리는 방식을 설명하느냐, 아니면 인지 심리학자들과 행동 경제학자들이 밝혀낸 마음의 작동 방식을 통해 야구 역사에서 벌어진 여러 사건들을 설명하느냐. '야구'와 '심리학'을 묶어 이야기를 풀어, 독자들에게 심리학의 기본 상식을 제공해 책을 덮었을 때 뭔가를 배웠다는 충족감을 주겠다는 아이디어는 마음에 들었지만, 어느 길로 가야할지 결정하기 어려웠다 .

결국 두 마리 토끼를 모두 잡아 보기로 했다. 이 책은 야구에 대한 책이다. 경제학의 개념을 이용해, 야구 역사 속 숱한 비합리적인 결정을 되짚어 보는 기회를 제공할 것이다. 또한 야구계 사례를 통해, 인지 편향과 오류를 처음 접하는 독자에게도 설명할 수 있는 책이 되기를 희망한다. 집과 직장에서 인지 편향에 대해 고민해 보고, 더 많은 책을 찾아 읽는 계기가 되면 좋겠다.

이 아이디어가 자연스레 떠올랐다고 한다면 거짓말이다. "혼자 생각해
낸 것"이라 하고 싶은 마음은 굴뚝같지만, 그렇지 않다. 메이저리그 구단
들의 프런트 오피스[1]에서 일하는 사람들은 이 주제에 대해 10년 넘도록
심도 있게 토론해왔다. 의사 결정 과학이나 머신 러닝 같은 학문적 배경
을 가진 애널리스트들이 야구계로 대거 진입한 영향이었다. '세이버메트
릭스[2] 혁명'은 미디어에서 숱하게 다뤄졌지만 프런트 오피스의 '의사 결
정 혁명'은 그렇지 않다. 몇몇 단장들이 다른 팀에 우위를 점하기 위해 데
이터를 모으고, 또 다른 팀들이 하기 전에 데이터에서 뭔가 새로운 걸 찾
아내려 할 때, 다른 단장들은 인간이 의사 결정을 할 때마다 맞닥뜨리는
인지적 함정을 피할 방법을 연구해 왔다.

　내가 이 주제를 처음 접한 때는 2014년 봄이다. 당시 휴스턴 애스트로
스의 의사 결정 과학 팀장이던 시그 마이텔의 추천으로, 대니얼 카너먼의
책 『생각에 관한 생각』을 읽었다. 카너먼은 "심리학 연구의 성과를 경제
학과 접목해, 특히 불확실성 속 인간의 판단과 의사 결정에 관한 통찰을
제시한 공로" [미주1]로 2002년 노벨 경제학상을 수상했다. 카너먼은 오랜
동료 아모스 트버스키(1996년에 사망했다)와의 공동 작업을 통해 행동 경제
학이라는 새로운 학문의 장을 개척했다. 전통 경제학은 오랜 동안, 경제

---

1) Front Office. 업계에 따라 의미가 조금씩 다른데, 스포츠계에서는 구단을 운영하는 임원진과 실무 직원들을 통
칭한다. 스포츠 구단은 크게 경기를 직접 뛰고 지휘하는 선수와 코칭스태프로 이뤄진 '선수단', 그리고 '프런트 오
피스'로 구성된다.
2) Sabermetrics. 주로 통계 분석을 통한 야구 연구를 일컫는 말. 전미야구연구협회 'SABR : Society for
America Baseball Research'의 이니셜에서 파생된 용어. 재야에서 논의되고 발전되던 세이버메트릭스는
1990년대 후반부터 메이저리그 구단 운영에도 접목되기 시작했다. 오클랜드, 보스턴 등 세이버메트릭스를 먼
저 받아들인 팀들이 큰 성공을 거두면서, 다른 모든 구단들도 데이터 분석의 중요성을 깨닫고 구단 운영에 도입했
다. 책과 영화로 만들어진 〈머니볼〉에서 이 과정, 즉 '세이버메트릭스 혁명'의 초기 단계가 잘 묘사돼 있다.

적 결정을 내릴 때 인간은 철저히 합리적이라는 전제를 믿었다. 카너먼과 트버스키는 이 전제가 허상이라는 것을 밝혀낸 것이다. 우리는 그리 합리적이지 않다. 우리는 생각을 지배하는 한계 안에서만 합리적이다. 우리의 생각은, 카너먼과 트버스키, 리처드 세일러(2017년 노벨경제학상 수상자)를 비롯한 많은 학자들이 수십 년 동안 연구하고 설명해 온 온갖 종류의 인지 편향과 오류에 쉽게 흔들린다.

『생각에 관한 생각』은 야구계에서 단숨에 필독서로 자리 잡았다. 나무늘보처럼 게으른 속도로 변화하는 야구계에서 이례적인 일이었다. 2012년 시즌을 앞두고 휴스턴 애스트로스의 단장이 된 제프 러나우는 핵심 참모 시그 마이델과 함께 『생각에 관한 생각』을 신입사원들의 필독서로 정했다. 오클랜드 어슬레틱스와 시카고 컵스, 그리고 보스턴 레드삭스가 뒤를 따랐다. 내가 이 책을 쓰기 시작한 2019년 초에는, 내가 연락을 주고받은 모든 프런트 오피스 임원들이 『생각에 관한 생각』을 독파했거나 읽기 시작하고 있었다.

카너먼의 책에도 모두가 흥미로워하는 스포츠계의 사례가 몇몇 실려 있다. 하지만 스포츠에 대한 책은 아니다. 이분법을 좋아하는 스포츠계에서는 통계 분석에 대한 책으로 분류하겠지만, 제목 그대로 독자에게 자신의 생각에 관해 생각해보길 요구하는 책이다. 이를 통해 더 나은, 합리적인 판단을 내리도록 돕는다.

야구계에서는 많은 결정이 재빠르게 이뤄진다. 그래서 카너먼이 뇌의 '시스템 1'이라고 부르는, 본능적인 반응과 사고의 지름길인 '휴리스틱'이 포함된 즉각적인 사고 경로만 이용한다. 불이 난 빌딩에서 탈출구를 찾아야 하는 사람에게는 유용하지만 FA 구원투수에게 제안할 기간과 액수를 결정해야 하는 메이저리그 팀의 단장에게는 해롭다. 이런 결정들이 야구계에서는 줄곧 이뤄진다. 경기장 안이건 밖이건, 시즌 중이건 오프시즌이건 말이다. FA 선수를 얻으려면 가장 좋은 조건을 제시해야 한다. 신인 드래프트에서는 누구를 뽑을지 계속 결정해야 한다. 실수와 편향에 취약한 빠른 사고, '시스템 1'에 의존했다간 길을 잃기 십상이다. 선수에 대한 성적 예측이 너무 낙관적이지 않은지, 다른 시나리오는 검토했는지 꼼꼼하게 점검하지 않았다간 값비싼 실수를 할 수밖에 없다.

『생각에 관한 생각』은 내 생각을 바꾸고, 사고의 허점을 항상 의식하도록 해준 훌륭한 책이다. 하지만 대중적이지는 않다. 책장이 쉽게 넘어가지 않으며 사전 지식도 필요하다. 무턱대고 덤비기엔 만만치 않다. 초심자들이 읽기에 상대적으로 쉬운 다른 책들도 있다. 나도 이 책을 쓰면서 그런 책들을 많이 참고했다. 한 문장, 심지어 한 장 전체에 영감을 준 책도 많았다. 이 분야에 대해 더 알고 싶은 독자들을 위해 말미에 그런 책들을 소개할 것이다. 전문가들로부터 직접 배우는 기회를 가져보기 바란다.

이 책에는 많은 야구 용어와 기록이 등장할 것이다. 최대한 일관되게, 가능하면 같은 종류의 기록과 용어를 쓰려고 노력했다. 그 중 여기 설명하는 것들은 본문에 들어가기 전에 꼭 알아두길.

* **'타자 기록 3종 세트'**. '0.300/0.400/0.500' 같은 방식으로 표기할 것이다. 맨 앞이 타율, 다음이 출루율, 마지막이 장타율이다. 언론에 등장하는 '타격 순위'는 맨 앞 기록, 즉 '타율 순위'와 동의어다. 타율이 안타를 치는 빈도만 보여주는 반면, 출루율과 장타율은 보다 중요한 정보를 담

고 있다. 출루율은 안타, 볼넷, 몸에 맞는 공 등 어떤 방법으로든 살아나가 출루하는 빈도를 나타낸다. 장타율은 말 그대로 장타력의 지표다. 단타는 1베이스, 2루타는 2베이스, 3루타는 3베이스, 홈런은 4베이스로 계산해 모두 더한 뒤 타수로 나눈다.

　*승리기여도, 혹은 WAR(Win Above Replacement 대체선수 대비 승리기여도). 선수가 경기에서 펼치는 모든 플레이의 가치를 하나로 통합해서 어느 정도의 '추가 승리'를 생산했는지를 나타낸다. 타자의 경우 타격과 수비(포구와 수비 범위, 송구), 주루플레이와 맡은 포지션이 고려된다. 포지션마다 수비 난이도와 공격력의 수준이 다르기 때문이다. 투수의 경우 얼마나 실점을 억제하는지, 그리고 얼마나 많이 던지는지가 계산 요소다. 계산 방식은 출처마다 조금씩 다르다. '베이스볼 레퍼런스'와 '팬그래프스'가 계산해 공개하는 WAR이 가장 대중적이다. 나도 이 책에 두 사이트의 WAR을 인용했다. WAR은 당연히 높을수록 좋고, 마이너스 수치는 팀에 해를 끼쳤다는 뜻이다. 팀 입장에서는 해당 선수보다 사실상 공짜로 쓸 수 있는 마이너리그 베테랑, 즉, '대체선수'를 기용하는 편이 더 나은 결과를 얻었을 것이다.

　*'대체선수 수준 Replacement Level'. WAR 0의 개념이다. 대체선수란 해당 포지션의 트리플A 선수, 혹은 다른 팀에서 방출당한 선수를 뜻한다. 즉 대체선수 수준이란 최저 연봉을 받을 사실상 공짜 인력으로부터 어느 정도 활약을 기대할 수 있는지에 대한 추정이다. 다시 말해 '대체선수 수준'의 선수란 소속팀에 이득을 주지도, 해를 끼치지도 않는 선수다.

나는 이 책을 읽는 독자들이 경제학이나 심리학에 대한 사전 지식이 없다고 가정했다. 그래서 다양한 인지 편향과 오류를 최대한 자세히 설명하려 노력했다. 나는 대학과 대학원에서 경제학을 배웠지만, 벌써 20여 년 전의 일이다. 당시의 경제학 수업은 고전경제학 일변도였다. 사람은 합리적 존재이며, 이성적으로 판단한다고 배웠다. 이게 모두 다 틀린 가정이었다는 것이 밝혀지기 시작한 지 40년이 넘었지만, 1990년대 초만 해도 내 모교 하버드대학교에조차 행동경제학 수업이 없었다. 독학하거나 속성으로 배워야했고, 지금도 그러고 있다. 하지만 즐거운 과정이었다. 이제 같은 호기심을 가진 독자들과 내가 얻은 것을 나누고 싶다. 내가 카너먼과 트버스키의 연구를 읽으며 느낀 흥미를, 이 책이 여러분께 줄 수 있기를 희망한다.

나는 이 책을 몇 가지 방식으로 구성해서 여러분이 처음부터 끝까지 한 번에 읽어도 좋고, 마음에 드는 장을 골라 읽어도 지장이 없도록 했다. 각 장은 같은 포맷으로 돼 있다. 야구 이야기로 시작해, 앞서 묘사한 실수를 야기한 인지 편향과 오류를 설명한 다음, 다시 야구로 돌아와 또 다른 핵심 사례를 소개했다. 또한 독자들이 해당 편향의 존재를 밝힌 중요한 연구 논문이나 문헌을 찾을 수 있도록 미주에 소개해 두었다. 인간이 '예측 가능하게 비합리적인[미주2]' 방식으로 행동한다는 확고한 증거를 접하고 싶다면 도움이 될 것이다.

이 자리에서 강조해두고 싶다. 각 장에 소개하는 편향과 야구 이야기는 최대한 어울리게 짝 지으려 했지만 완벽하지는 않을 것이다. 나는 사람들이 어떤 과정을 거쳐 무슨 생각을 했는지 증명할 수 없다. 그 중 많은 부분은 무의식의 차원에서 벌어졌을 것이다. 일부러, 계획적으로 인지 편향에 빠지는 사람은 없다. 의사 결정을 되돌아 봐도 편향을 알아채기란 쉽지 않다. 나는 구단 임원들의 진술에 의존해 어떤 인지 오류가 있었는지 추정했을 뿐이다. 책을 읽으면서, "저자가 틀렸네. 저 결정의 이유는 저 편향이 아니잖아"라고 생각할 수 있다. 충분히 그럴 수 있다. 난 야구 이야기를 인지 편향의 확고한 증거로 제시하려는 게 아니다. 난 인지 편향에 대해 설명하고, 멋진 야구 이야기도 들려주려 한다(어떤 이야기는 아는 것일 테고, 어떤 건 내 바람대로 처음 듣는 이야기일 것이다.). 심리학 교수 제임스 샨투는 1989년 논문에서 이 어려움에 대해 이렇게 말했다. "실제로 편향이 존재하는 경우, 특정 휴리스틱과 논리적으로 연결 짓기란 쉽지 않다." [미주3] 나는 그저 인지 편향이 야구 이야기에 숨어 있을 거라 추론하여 둘을 묶었다.

브라이언 코헨[3]과 그의 친구들처럼, 나는 언제나 인생의 밝은 면을 보려한다. 그래서 이 책의 마지막 장에는 좋은 의사 결정 사례를 소개했다. 당시에는 이해하기 어려웠지만 시간이 지난 후 옳은 결정으로 판명된 사례들이다. 당시 의사 결정권자들에게 결정을 하게 된 과정을 물었고, 그들의 준비 과정, 오류를 피한 방법에서 배울 것이 무엇인지 엿보았다. 좋은 결정이 항상 좋은 과정에서 나오는 건 아니지만, 온 세상이 잘못됐다고 생각한 결정이 사실은 옳은 결정이었다면 그 이유가 무엇인지 찾아보며 배울 수 있을 것이다.

이 책에 새로운 통계 분석 방법이나 개념은 없지만, 당신이 이 책을 통해 더 지적인 야구팬이 되기를 희망한다. 나 같은 칼럼니스트건 중계진이

---

3) 1979년에 나온 영국 풍자 코미디 영화 '브라이언의 삶'의 주인공. 영화에 삽입된 '항상 삶의 밝은 면을 봐 Always look on the bright side of life'가 세계적인 히트곡이 됐다.

건, 혹은 텔레비전에 고래고래 소리를 지르는(나도 그 중 하나다) 팬이건, 우리 같은 외부인들은 '시스템 1'이 작동한 결과를 다시 검토할 시간이 있다. 감독이나 단장, 혹은 선수가 좋은 결정—뭔가를 하지 않기로 한 결정까지 포함해서—을 했는지 살펴보고, 어떤 시나리오가 벌어질 수 있었는지, 이 책에서 소개할 편향에 빠지지 않았는지까지 검토하면 훨씬 탄탄한 결론을 얻을 것이다. 그리고 TV에 더 똑똑하게 고함칠 수 있을 것이다.

[미주]

1. NobelPrize.org.

2. 댄 애리얼리의 표현을 차용했다. 그의 저서 『상식 밖의 경제학』(청림출판. 2018년)은 이 책 맨 뒤 추천 도서 목록에 올라있다.

3. J. Shanteau, "Cognitive Heuristics and Biases in Behavioral Auditing: Review, Comments and Observations," Accounting, Organizations and Society 14, nos. 1 - 2 (1989): 165 - 77, doi:10.1016/0361 - 3682(89)90040 - 8.

4. Ben Walker, "With Each Pitch at Series, Call Gets Louder for Robot Umps," Associated Press, October 29, 2019.

CHAPTER 01

'로봇 심판'이 추진되는 이유

'기준점 편향'은 스트라이크/볼 판정을 포함한
모든 판단에 어떻게 영향을 끼치는가

Anchoring Bias

최근 몇 년 간, 특히 포스트시즌 때면 #지금당장로봇심판(RobotUmpsNow) 이라는 해시태그가 트위터를 뒤덮는다. 스트라이크/볼 판정이 '사람이 하는 일'이라는 전통주의자들에 맞서, 판정을 자동화해야한다는 주장이다. 이 논쟁은 2019년 월드시리즈에도 어김없이 등장했다. 5차전 주심 랜스 바크스데일은 명백한 오심을 두 번이나 저지른 듯했다. 한 번은 명백한 스트라이크를 볼로 판정한 뒤, 워싱턴 포수 얀 곰스가 포구 뒤 너무 빨리 일어나 공을 볼 수 없었다고 책임을 돌렸다. 분노한 워싱턴의 데이브 마르티네스 감독이 바크스데일 주심에게 "잠 깨!"라고 소리를 지를 정도였다. 또 한 번은 너무나 명백한 볼을 스트라이크로 판정했다. 희생양이 된 워싱턴 7번 타자 빅터 로블레스는 분노에 차 펄쩍펄쩍 뛰었고 배팅장갑을 집어던졌다.[미주1] 두 경우 모두 오심이었고, 두 번 다 바크스데일이 작심하고 워싱턴의 발목을 잡으려는 듯 보였다. 한 번은 자신이 판정하기 전에 곰스가 스트라이크로 지레짐작을 한 게 잘못이라며 단죄했고, 또 한 번은 워싱턴 팀 전체가 자신의 판정에 불만을 가진 죄를 물은 듯했다. '사람이기에 할 수 있는 실수'였지만, 모양새가 아주 나빴다.

나는 자동판정을 열렬히 지지한다. 스트라이크/볼 판정은 매우 힘든 임무다. 사람이 제대로 해내기란 불가능에 가깝다. (포수가 시야를 가리는 상황에서는 더더욱) 오심 몇 번이면 경기 혹은 시리즈의 결과가 뒤바뀐다. 물론 반론의 근거도 명확하다. 현존하는 투구 추적 기술은 뛰어난 인간 심판보다 딱히 정확하지 않다는 주장이 대표적이다. 하지만 또 다른 주장, 판정이 '인간적 요소'이기에 오심도 경기의 일부로 인정해야 한다는 주장은 헛소리다. 이런 고난도 판정을 사람에게 맡겨서는 안 된다. 지금부터 소개할 내용처럼, 사람은 너무나 많은 심리적 편향에 취약하기 때문이다.

우리는 심판들이 최소한 두 가지 편견을 갖고 있다는 증거를 제시할 수 있다. 심판이 특정 선수에게 가진 편견을 이야기하는 것이 아니다. 제구력 좋기로 소문난 '김제구' 투수는 애매한 공에 스트라이크 판정을 더 많이 받는다든지, 평소 판정에 불만이 많은 '박투덜' 타자 타석에서 애매한 공에 스트라이크 판정이 더 많이 나온다는 식의 편향 말이다. 이런 편향이 존재한다면 자동 판정의 도입과 함께 사라질 것이다. 하지만 이런 편향의 증거는 강력하지 않고, 효과도 보편적이지 않다.

나는 심판들이 두 가지 인지 편향 때문에 고질적으로 저지르는 실수를 소개하려 한다. 이 실수들은 특정 심판, 혹은 대상 선수를 가리지 않고 만연해 있다. 사람은 누구나 인지 편향에 시달리며 심판은 투구 직후 즉시 판정을 내려야 한다. 생각이 바뀌더라도 판정을 번복할 길은 없다. 오심이라도 수정은 불가능하다. 오심은 인간 심판이 판정을 내릴 때에는 특이한 현상이 아니라 보편적인 상수다.

인간 심판을 괴롭히는 첫 번째 편향은 이전 공, 특히 바로 앞 투구에 대한 판정이 다음 공 판정에 영향을 끼친다는 것이다. 이론적으로 보면 앞 투구의 스트라이크/볼 여부는 투구 판정과 아무 상관도 없어야 한다. 각 투구는 모두 개별적인 사건이다. 만약 투수의 다음 공이 어떤 판정을 받을지 약간이라도 예측할 수 있다면, 타자들은 이 투수를 조금 더 쉽게 공략할 수 있을 것이다.

2016년에 발표한 논문에서 대니얼 첸과 토비어스 모스코위츠, 켈리 슈는 2008년부터 2012년까지 피치 F/X 시스템[1]을 통해 측정된 메이저리그의 모든 투구 데이터에 대한 연구 결과를 내놓았다. 그들은 두 번 연속 타자가 스윙하지 않고 지켜본 투구들에 대한 주심의 판정을 살펴보았다. 즉 인플레이 타구나 파울, 헛스윙 등 주심이 스트라이크/볼 판정을 하지 않은 결과를 제외한, 나머지 약 90만 쌍의 연속 투구 판정 결과를 연구했다. 모든 투구는 두 가지로 분류했다. 확실하게 스트라이크나 볼인 '명백한 투구', 그리고 스트라이크 존 경계 근처로 들어온 '애매한 투구'다. 연구에 따르면 '명백한 투구'의 99%는 올바르게 판정된 반면, '애매한 투구'의 판정 정확도는 60%에 그쳤다.

연구진이 가진 첫 번째 의문은, 주심이 앞선 공을 스트라이크로 판정했다면 그 다음 공을 볼로 판정할 확률이 높아지나 하는 점이었다. 연구진은 작지만 확실한 영향을 발견했다. 심판들이 앞선 공을 스트라이크로 판정하면 다음 공을 볼로 판정할 확률이 0.9% 높아졌다. 두 개 연속 스트라이크 판정을 한 뒤에는 다음 공을 볼로 판정할 확률이 1.3% 높아졌다. 이

---

1) '스포츠비전 Sportvision'사가 만든 투구 계측 시스템. 2006년부터 메이저리그 전 구장에 설치돼 모든 투구의 속도, 회전, 궤적을 측정했다. 데이터 대부분은 각 구단 뿐만 아니라 대중에게도 배포돼 세이버메트릭스계에 혁명을 일으켰다. 2017년부터 트랙맨 시스템으로 대체됐다.

효과는 다음 공이 '애매한 투구'일 경우 더욱 두드러졌다. '명백한 투구'에 비해 판정 편향이 10배에서 15배까지 컸다.

논문 저자들은 이 현상을 전형적인 '도박사의 오류'로 보았다. '도박사의 오류'란 적당히 무작위적이기만 하다면, 횟수가 제한되어 있어도 모든 결과가 비슷한 빈도로 나올 거라는 잘못된 믿음을 말한다. 동전던지기를 예로 들어보자. 사람들은 앞면이 5번 연속 나오면 다음은 뒷면이 나올 가능성이 높다고 느낀다. '뒷면이 나올 때가 됐다'라는 생각이 들기 때문이다. 이런 모습은 야구계에서도 자주 볼 수 있다. '최근 안타를 못 친 타자니 이제 칠 때가 됐다'라는 것. 물론 틀린 얘기다. 그러나 저자들은 이 심리 오류 때문에 심판들이 자신이 내리는 판정에 할당량을 설정할 가능성이 있다고 생각했다. 매 경기 스트라이크 판정의 빈도가 일정해야 한다고 느낄 수 있다는 거다.

다른 인지 편향인 '기준점 효과'를 이용하면 더 단순하게 설명할 수 있다. '기준점 효과'란 의사 결정과 무관한 사전 정보가, 특정 결과가 발생할 확률 추정에 영향을 끼쳐 의사 결정에도 영향을 주는 현상을 말한다. 심판의 직전 투구에 대한 판정은 다음 공 판정에 영향을 주지 않아야 이치에 맞다. 하지만 실제로는 그렇지 않다. 심판이 두 투구를 독립된 사건으로 보지 않기 때문이다. 심판 자신이 이런 편향을 인식하지 못하는 사이에 판정 결과의 비율을 정할 수 있는 것이다. "직전 투구를 스트라이크로 판정했으니까, 다음 판정은 공평하게 볼로 하는 게 좋겠어." 혹은 무의식적으로 이렇게 예상할 수 있다. "직전 공이 스트라이크였지. 투수가 두 개 연속 스트라이크를 던질 확률은 낮아. 그러니 다음 공은 볼일 가능성이 높아." 이유가 무엇이건, 심판의 마음은 직전 투구 판정으로부터 자유롭지 못하다. 그래서 다음 투구를 측정하는 심판 마음속 잣대는 한쪽으로 조금 쏠리게 된다. 다음 투구 판정에 오류가 생길 가능성이 높아지는 것이다. 스트라이크/볼 판정을 사람이 아닌 기계에게 맡겨야 하는 또 하나의 이유다.

'기준점 효과'는 1974년 트버스키와 카너먼이 발표한 역사적인 논문 『불확실성 속에서의 판단』에 처음 소개됐다. 이 논문의 한 챕터인 '조정과 기준점'은 일견 명확하게 들리지만 다중적인 의미를 지닌 명제로 시작한다. "많은 경우, 추정에 사용하는 근거는 결론에 끼워 맞춰진 것이다."[미주2]

우리가 어떤 추정을 해야 할 때, 생각의 과정은 백지에서 시작되는 게 아니다. 머릿속에서 관련이 있는 듯한 정보들로 시작해, 다른 변수들 혹은 기분 상태에 따라 이런 저런 조정을 거친다. 이 사고 과정은 〈정당한 가격 The Price is right〉이라는 게임과 닮았다. 이 게임의 참가자들은 특정 상품에 대한 가격을 제시받은 뒤, 실제 가격이 이보다 높을지 낮을지를 맞춰야 한다. (어떤 게임에서는 참가자들이 가격의 자릿수까지 조정해야 한다. '기준점 조정 게임'을 하는 중에 또 하나의 '기준점 조정 게임'을 하는 격이다.) 우리의 마음은 첫 기준점을 설정하고, 접할 수 있는 숫자들을 다 들여다본 뒤, 기준점으로부터 조정을 한다.

논문에서 제시한 결론 중 가장 충격적인 것은 게임 참가자들이 사안과 전혀 무관한 숫자를 기준점으로 사용한다는 사실이었다. 연구진은 추첨을 통해 0부터 100까지 숫자 중에 하나를 골라 참가자에게 제시했다. 그런 뒤 아프리카 국가들의 UN 가입 비율을 질문했다. 그 결과는 논문에 이렇게 설명되어 있다. "예를 들어, 추첨을 통해 10이라는 숫자를 본 참가자들이 아프리카 국가들의 UN 가입 비율을 추정한 중간값은 25%였다. 반면 추첨에서 45를 제시받았던 참가자들의 추정 중간값은 65%였다. 정확성을 위해 보정을 해도 기준점 효과는 줄어들지 않았다." [미주3] (1973년 연구 당시의 정답은 32%였다)

연구진은 이 현상을 '불충분한 조정'이라고 명명했지만, 그보다는 '황당한 기준점 잡기'가 어울릴 듯하다. 이 호칭은 연구진이 진행한 두 번째 실험에 더욱 어울린다. 연구진은 고등학생 두 집단에게 5초 안에 주어진 곱셈의 답을 추측해보라고 했다. 한 집단에는 $8 \times 7 \times 6 \times 5 \times 4 \times 3 \times 2 \times 1$, 다른 집단에는 $1 \times 2 \times 3 \times 4 \times 5 \times 6 \times 7 \times 8$을 문제로 냈다. 첫 집단이 추정한 중간값은 2250, 두 번째 집단은 512였다. [미주4]

베스트셀러 『상식 밖의 경제학』[미주5]을 쓴 행동경제학자 댄 애리얼리는 동료 드레이즌 플레렉과 함께 MIT에서 이런 실험을 진행했다. 실험 참가자들은 어떤 물건에 베팅을 해야 한다. 단, 그 전에 자신의 사회보장번호 끝 두 자리를 적게 했다. 놀랍게도 사회보장번호 끝자리가 50 이상인 사람들은 50 이하인 사람들보다 3배 넘는 돈을 베팅했다. 사회보장번호에는 아무런 의미가 없다. 주어진 과제와 아무 상관이 없으니 참가자들의 뇌에 어떤 영향도 끼치지 않아야 한다. 그러나 실제로는 참가자들이 눈앞에 적힌 숫자에 발목 잡혀 베팅액을 늘리거나 줄였다.

기준점 설정과 조정은 수많은 인지 휴리스틱 중 하나다. 휴리스틱이란 매일 들어오는 엄청난 정보들에 대처하고 수많은 결정들을 내리기 위해 인간이 사용하는 지름길이다. 식료품점에서 각 상품의 가격이 당신이 생각한 합리적인 가격과 일치하는지 따지느라 6시간씩 소비할 수는 없는 일이다. 6개의 식료품점을 한 시간씩 방문해 가격을 비교하는 것도 미친 짓이다. 당신은 가격이 적당한지 순식간에 판단한다. 때로는 잘못된 정보 때문에 결정이 뒤틀리기도 한다. (예를 들어, 세일 중인 상품 가격이 다른 가게에 비해 싸지 않거나, 원래 가격에서 별로 할인되지 않았을 수 있다.)

심판은 늦어도 2초 안에 판정을 내려야 한다. 그보다 길어지면 덕아웃에서 불평이 터져 나오고 중계진도 '판정이 늦다'라고 비판한다. 심판은 휴리스틱을 이용해 판정 속도를 높인다. 그들 스스로 휴리스틱을 이용하고 있다는 것을 인식하지 못하더라도. 나의 가설은 이렇다. 심판들은 적어도 직전 투구 혹은 그 전 몇 개의 투구를 기준점으로 설정하고, 이후 판정을 그에 따라 조정한다. 우리가 살펴본 판정 편향의 증거들은, 인간이라면 누구나 갖고 있는 인지 시스템 오류의 결과다.

야구에 나타나는 기준점 편향을 더 이야기하기 전에, 주심의 볼 판정에 영향을 끼치는 또 하나의 인지 오류를 소개하겠다. 토비아스 모스코위츠와 L.존 워터하임이 쓴 훌륭한 책 『스코어캐스팅 : 스포츠 경기의 승패에 영향을 끼치는 숨은 요소』를 읽은 분이라면 이미 알고 있을 것이다. 몇 년 전 베스트셀러가 된 『괴짜 경제학』과 비슷한 스타일의 책으로, 여러 스포츠 이슈를 다룬다. 홈 어드밴티지부터 NFL 드래프트 지명권의 가치, '수비가 강한 팀이 우승한다'라는 격언의 진위 여부, 그리고 시카고 컵스는 왜 저주 받았나 등등. (물론 저주는 깨졌다. 그래도 『스코어캐스팅』이 좋은 책인 건 분명하다.)

모스코위츠는 앞서 언급한 주심의 판정 정확도와 편향을 다룬 2016년 논문의 공동 저자이기도 하다. 논문에서 다룬 두 번째 편향이 책에도 소개돼 있다. 주심이 쓰리 볼에서는 볼 판정을 내리길 주저하고, 투 스트라이크에서는 스트라이크 판정을 주저한다는 것이다. 모스코위츠 등 공동 저자들은 이 현상을 '개입 회피'라고 부른다. 결과를 좌우하는 판정을 내리지 않으려는 경향을 말한다. (사실 이 현상은 또 다른 편향인 '부작위 편향'의 유사품이다. 결과가 같다면 행동을 취하기보다 취하지 않는 것이 자신에게 덜 해롭다고 보는 경향을 말한다)

『스코어캐스팅』에서 저자들은 2007년부터 2009년 사이에 기록된 115만 개의 투구에 대한 궤적 측정 및 판정 데이터를 연구했다. 전체 스트라이크/볼 판정의 정확도는 85.6%로 계산됐다. 하지만, 타자가 투 스트라이크에 몰려서 삼진 아웃 일보 직전까지 가면, 스트라이크 존 안에 들어온 투구를 심판이 정확하게 스트라이크로 판정할 확률은 61%로 떨어졌다. (풀 카운트는 표본에서 제외했다. 스트라이크든 볼이든 타석이 종료되기 때문에 '개입 회피'가 작동하지 않기 때문.) 잘못 판정하는 비율은 두 배로 증가했다. 승부에 더 큰 영향을 끼치는 판정을 약간이나마 회피하고픈 마음 때문일 것이다.

반대 상황, 즉 쓰리 볼 카운트에서 투구가 스트라이크 존을 벗어났을 때도 '개입 회피'가 보인다. 전체 상황에서 스트라이크 존을 벗어난 투구에 대한 판정 정확도는 87.8%지만, (풀 카운트를 제외하고) 카운트가 쓰리 볼일 때는 80%로 떨어졌다. 야구계의 속설대로 스트라이크 존이 투 스트라이크에서는 좁아지고 쓰리 볼에서는 넓어진 것이다.

저자들은 또한 가장 극단적인 볼카운트에서 심판들의 '개입 회피'가 가장 심해진다는 것도 밝혀냈다. 카운트 3-0에서는 완전히 존을 벗어난 투구를 스트라이크로 판정하는 빈도가 가장 높았고, 0-2에서는 존에 들어온 공을 볼로 판정하는 빈도가 가장 높았다.[미주6] 야구 경기를 많이 본 사람들에게는 전혀 놀랍지 않은 이야기다. 3-0에서는 스트라이크 존이 확 넓어진다는 걸 이미 체감하고 있다. 피치 F/X 전문가인 존 월쉬는 2010년 하드볼 타임스에 기고한 글에서, 볼카운트 3-0에서는 0-2일 때보다 스트라이크 존이 50% 이상 넓다는 걸 규명하며 "심판의 마음은 카운트에 따라 춤을 춘다"[미주7]라고 덧붙였다. 더 나아가 월쉬는 모든 카운트의 득점 가치를 들여다보았다. 각각의 볼카운트에 따라 이닝이 끝날 때까지 보통 몇 점이 더 나는지를 계산한 것이다. 가장 극단적인 카운트, 즉 3-0에서는 공격 쪽에 +0.22점, 0-2에서는 −0.11점이라는 식이다. 스트라이크 존의 크기를 늘렸다 줄이며, 심판들은 이 득점 가치의 차이를 없앴다. 두 상황의 추가 득점 가치를 모두 0에 가깝게 만든 것이다. 월쉬가 참조한 예전 글에서 데이브 앨런은, 볼카운트에서 스트라이크 하나가 늘어날수록 심판이 다음 공을 스트라이크로 판정할 확률이 투구가 스트라이크 존의 한가운데에서 1인치 멀어질 때와 비슷하게 낮아진다는 것을 밝혔다.[미주8] 앨런은 볼카운트와 투구 궤적이 휘어진 정도라는 변수를 제거하고 나면, 스트라이크 존의 크기 변화 효과는 거의 없다는 것도 발견했다.

이 현상을 설명하는 가장 손쉬운 방법은 '심판이 바보라서'겠지만, 사실은 그렇지 않다. (나는 심판이 바보라고 생각하지 않는다. 나는 메이저리그 환경에서 스트라이크와 볼을 정확하게 판정하는 건 인간의 한계를 넘어서는 일이라고 생각한다.) 에탄 그린과 데이비드 대니얼스는 2018년 발표한 논문에서 심판들이 일종의 '통계적 판정'을 한다고 주장했다.[미주9] 볼 카운트 혹은 타자가 들어선 타석 위치처럼 원래 이용하면 안 되는 정보들을 이용해서 판정 정확도를 높이며, 일종의 '베이즈식 업데이트(뒤에 설명할 테니 일단 계속 읽으시길)'를 수행해 경기가 진행될수록 더 정확하고 합리적인 판정을 한다는 것이다. 이렇게 하는 데 '베이즈 정리'를 알거나 의식적으로 이용할 필요는 없다. 베이즈 정리란 어떤 사건이 벌어질 확률을 그 사건과 관련된 사전 지식에 기반해 계산해 나가는 방법론이다.[미주10] 그린과 대니얼스는 심판들의 이런 직관적인 수정이 오랜 시간의 훈련과 지속적인 피드백으로 단련된 휴리스틱이라고 썼다. 야구인들은 이 직관을 '감'이라고 부를 것이다. 나는 이 현상을 로봇 심판이 도입되어야 할 또 다른 이유라고 생각한다. 심판이 적절한 스트라이크/볼 판정을 하는 데 경기 상황 같은 정보를 이용할 필요를 느낀다면, 그 자체로 현재의 판정 시스템에 문제가 있다는 것을 드러내기 때문이다.

선수에 대한 평판은 기준점 그 자체라 해도 과언이 아니다. 야구계에는 선수 평판이 차고 넘친다. 이 선수는 에이스이고, 저 선수는 2선발감이다. 앞서 등장한 '박투덜' 군은? 만년 후보다. '김투혼' 선수는 악바리에 똑똑하며 프로다운 타자이고 좋은 야구 선수의 표상 그 자체다. (정확히 어떤 기량 때문에 뛰어난 선수인지는 애매하지만 말이다.)

선수에게 붙은 이런 꼬리표는 팬이나 독자들에게 정보 대신 혼란을 주기 십상이다. 나는 이 꼬리표들이 야구계의 의사 결정을 가장 많이 왜곡시킨다 생각한다. 처음 생긴 지 시간이 꽤 지난 뒤에도 영향력을 발휘하는 꼬리표는 바로 '1라운드 지명자'다. 구단 관계자, 스카우트, 코치 모두가 선수를 평가할 때 참고하는 강력한 기준점이 된다.

대니 헐츤은 2011년 드래프트 1라운드 전체 2순위로 지명된 투수였다. 심각한 어깨 부상으로 선수 생명이 끝난 듯 보였지만 2019년 29살의 나이로 시카고 컵스에서 빅리그에 데뷔했다. 2014년을 통째로 쉬었고,

2015-16년을 합쳐서 10이닝 밖에 던지지 않았으며, 2017년에는 야구계를 떠나있었고, 2018년에도 거의 공을 잡지 않다가 컵스의 루키 리그와 트리플A 팀에서 고작 8.2이닝을 던졌을 뿐인 투수라고는 믿기지 않는 빅리그 데뷔였다. 어깨 이상 때문에 그 정도의 시간을 허비한 투수 대부분은 프로야구로 돌아오지 못한다. 모든 걸 딛고 빅리그로 돌아온 헐츤의 불굴의 노력만큼은 인정해야 한다.

헐츤이 메이저리그로 승격되면서, 유독 소문난 유망주가 많았던 2011년 드래프트는 비공식적인 기록을 세웠다. 1라운드 첫 지명자 29명이 모두 빅리그 무대를 밟은 것이다. 역대급 재능들로 가득 찬 듯 보였고 결국 그 예측이 현실이 된 드래프트 1라운드에서는 모두가 스타로 인정하는 선수가 최소한 6명 배출됐다. 게릿 콜[2], 앤서니 렌던[3], 프란시스코 린도어[4], 조지 스프링어[5], 하비에르 바에즈[6], 그리고 세상을 떠난 호세 페르난데스[7]가 그들이다. 스타까지는 아니더라도 메이저리그 주전급 선수도 대여섯 명 나왔다. 하지만 모든 1라운드 지명 결과가 그러하듯 성공하지

---

[2] 2011년 드래프트 전체 1순위 지명자. 피츠버그에서 데뷔해 2018년 휴스턴으로 트레이드 된 뒤 현역 최고 수준의 에이스로 도약했다. 2019년 시즌이 끝난 뒤 FA가 돼 뉴욕 양키스와 9년간 역대 투수 최고액인 3억 2400만 달러의 초대형 계약을 맺었다.

[3] 2011년 드래프트에서 1라운드 6순위로 워싱턴에 지명됐다. 2019년 올스타에 선정되며 워싱턴의 우승을 이끈 뒤, FA로 LA 에인절스와 7년 2억 4500만 달러짜리 계약을 맺었다.

[4] 2011년 드래프트 1라운드 8순위에 클리블랜드에 지명됐다. 2020년까지 4차례 올스타에 선정됐다.

[5] 2011년 1라운드 11순위로 휴스턴 애스트로스에 지명된 외야수. 2017년부터 3년 연속 올스타에 선정됐고 2017년 월드시리즈 MVP를 수상했다.

[6] 2011년 드래프트 1라운드 9순위로 시카고 컵스에 지명된 푸에르토리코 출신 유격수. 2018년과 2019년 올스타에 선정됐다.

[7] 쿠바 출신으로 여러 차례 시도와 실패 끝에 2008년 미국 망명에 성공했다. 2011년 드래프트 1라운드 전체 14순위로 플로리다 말린스에 지명됐다. 2013년 데뷔하자마자 올스타전에 출전했으며 신인왕을 수상했다. 2016년 9월 25일, 보트 사고로 23살의 젊은 나이에 세상을 떠났다.

못한 선수도 있었다. 16순위였던 크리스 리드는 2015년 단 2경기에서 4이닝을 던진 뒤 사라졌다. 23번 픽 알렉스 마이어는 총 22경기에 나와 평균자책점 4.63을 기록한 뒤 어깨 수술을 받고 야구인생이 끝났다. 장학금을 받으며 네브라스카 대학의 쿼터백이 될 수 있었으나 야구를 택해 고향팀 캔자스시티 로얄스와 계약한 버바 스탈링은 2019년에 데뷔했지만 2011년 1라운드 지명자들 중 가장 낮은 −0.8의 승리기여도를 기록 중이다.

하지만 한 번 1라운더는 영원한 1라운더다. 1라운드에 지명된 선수는 '1라운드 지명자'라는 꼬리표를 평생 달고 다닌다. 지명 구단이나 야구계 전체의 실수로 1라운드 감이 아님에도 1라운드에 지명된 것이 명백해진 뒤에도 마찬가지다. 1라운드에 지명되기만 하면, 트레이드 논의 때 더 나은 유망주로 평가된다.

그렇다면 1라운드 지명자들은 후순위에 지명된 선수보다 기량을 검증받을 출전 기회를 더 많이 받을까? 정답은 '어느 정도 그렇다'이다. 기록에 따르면 1라운더들은 메이저리그 출전 기회를 상대적으로 더 많이 얻는다. 하지만 그 차이는 내 예상보다 작았고, (나는 직관적으로, 각 팀들이 1라운더에게 훨씬 더 많은 기회를 줄 거라 생각했다.) 다른 변수들이 많이 개입했다.

나는 1992년부터 문제의 2011년까지, 총 20년의 드래프트 1, 2라운드 지명자들 중 지명한 팀과 계약한 선수들을 살펴보았다. 1라운드 지명자는 859명, 2라운더는 580명이었다. 두 라운드에 지명된 선수 숫자가 이렇게 다른 건 '보상 픽'[미주11]을 1라운드에 포함시켰기 때문이다.

1라운드 지명자들 중 33.8퍼센트가 메이저리그 데뷔에 실패했다. 2라운드 지명자들 중 52.9%가 빅리그 데뷔에 실패하는 것과 비교하면 큰 차이다. 각 팀 스카우트 책임자들에게 이 차이는 특히 크게 느껴진다. 드래프트에서 지명한 선수 중 몇 명이 빅리그에 데뷔하느냐는 스카우트 책임자가 능력을 평가받는 잣대 중 하나이기 때문이다. 이 현상은 1라운드 지명 선수가 메이저리그에 오르기 위한 기회를 더 많이 제공받는다는 걸 암시할 수 있다. 구단에서 대놓고 밀어줄 수도 있고—"이 친구는 1라운더니까 기회를 더 주자"— 출전 시간, 오프시즌 교육리그 출전 배정, 또는 어느 코치의 지도를 받게 할지 등 간접적인 지원을 통해서일 수도 있다. 1라운드 지명자와 계약하기 위해 거금을 투자한 팀 입장에서, 그 선수가 성공할 수 있도록 다른 선수보다 더 많은 시간과 돈을 투자하는 것일 수 있다. (이 현상은 '몰입 상승 효과'라 불린다. 과거의 결정이 잘못됐더라도 수정하지 않고 오히려 정당화에 몰입하는 경향을 말한다. 11장에서 '매몰 비용 오류'를 다루며 다시 이야기할 것이다.)

　하지만 더 그럴 듯한 설명은, 1라운드 선수들이 2라운드 선수들보다 전반적으로 기량이 낫다고 보는 것이다. 그러니 1라운드에 뽑힌 것이다. 드래프트에서 기량 좋은 순서대로만 선수를 선발하는 건 불가능하지만, 그렇다고 순전히 운에만 의존하는 것도 아니다. 마이크 트라웃[8]과 2018년 내셔널리그 MVP 크리스티안 옐리치, 2018년 아메리칸리그 사이영상 수상자 블레이크 스넬은 모두 1라운드 출신이었다. 2018년 아메리칸리그 사이영상 투표에서 득표 순위 6위까지의 선수들은 모두 1라운더였고. 내셔널리그 사이영상 투표 2-3위도 마찬가지였다. 2019년 양대

---

8) 자타공인 현역 메이저리그 최고선수. LA 에인절스 소속으로 2011년 빅리그에 데뷔해 2020년까지 8차례 올스타, 3차례 리그 MVP에 선정됐다. 2019년, 당시로서는 프로스포츠 사상 최고액인 12년 4억 2600만 달러에 연장 계약을 맺었다.

리그 올스타 75명 가운데 24명이 1라운드 지명자였다. 드래프트 출신 올스타 가운데 무려 35%가 1라운더였던 셈이다. '베이스볼 레퍼런스'에 따르면 2019년 승리기여도 톱10 중에 6명이 1라운더, '팬그래프스'의 승리기여도에서는 톱10중 5명, 톱17중 11명이 1라운드 출신이었다. 모든 1라운드 지명자가 스타 혹은 좋은 선수가 되는 건 아니지만, 다른 어떤 라운드보다도 압도적으로 많은 스타 선수가 탄생한다.

그렇다면 1라운드 맨 뒤쪽과 2라운드 맨 앞에 지명된 선수들을 비교해보는 건 어떨까? 그들의 기량차는 그리 크지 않을 것이다. 드래프트의 이른 라운드에서는 비교적 합리적인 선택이 이뤄지겠지만, 드래프트 전문가들조차 팀들이 최적의 순서대로만 선수를 지명한다고 말하지는 않는다. 35순위와 36순위 선수의 기량 차이는 거의 없다. 기량 차이가 미미한데도 지명 라운드에 따라 주어지는 기회의 차이가 크다면, 앞 라운드 맨 뒤쪽과 뒤 라운드 맨 앞쪽 선수들의 성장 과정을 비교하면 증거를 찾을 수 있을 것이다.

실제로 어느 정도 증거처럼 보이는 것들이 있다. 20년 동안의 1라운드 마지막 10픽과 2라운드 첫 10픽을 비교하면 미세하게 1라운더들에 대한 선호가 높다는 것이 드러난다. 1라운드 후순위 선수들의 55.4%가 메이저리그에 진출한 반면, 2라운드 앞순위 선수들은 52.9%가 빅리그를 밟았다. 예상보다 작은 차이였다. 빅리그에 데뷔는 했지만 성적이 신통치 않았던 선수들을 살펴보면 두 라운드의 차이는 커진다. 1라운드 후순위에서는 빅리그 통산 WAR 5가 안 되는 선수들이 84%나 됐던 반면, 2라운드 앞 순위에서는 73%로 줄었다.

위에 설명한 차이들의 잠재적 이유로 고려해야 할 다른 변수들도 있다.

첫 번째는 각 팀들이 이 기간 동안 드래프트를 엄청나게 잘 했을 수 있다. 대부분의 드래프트에는 절대 1라운드에서 뽑히지 말았어야 할 1라운더와, 1라운드에 뽑혀야 마땅했지만 2라운드 이후로 밀린 선수들이 속출한다. 하지만 우리가 살펴본 기간 동안은 팀들의 선택이 탁월해서, 상위 지명자들이 메이저리그에 오르는 비율이 특별히 높았을 수 있다.

또 다른 변수는 전체 드래프트에서 1라운드 마지막 10픽과 2라운드 첫 픽의 순서가 늘 같지 않다는 점이다. 1라운드의 픽 숫자는 해마다 조금씩 바뀐다. 노사협약이 새로 맺어지면 드래프트 픽 순서 규칙도 바뀐다. 또한 FA 계약 여부에 따라 각 팀은 픽을 더 얻기도 하고 잃기도 한다. 그래서 우리 연구에 사용된 20픽의 전체 드래프트에서의 지명 순서는 연도별로 조금씩 다르다. 1라운드와 보상 지명을 합한 숫자는 최대 64픽(2005년)부터 최소 30픽(1995년)까지 다양했다. 1라운더의 숫자가 적은 해에는 각 팀들이 그들에게 조금 더 많은 기회를 줄 거라고 생각했지만, 차이는 미미했다.

내게는 조금 더 검증해보고 싶은 가정이 있다. 누군가 그 방법을 찾아낸다면 좋겠다. 바로 단장들이 기준점 효과 때문에 트레이드 때 1라운더들을 과대평가할 거라는 가정이다. 기준점 효과가 선수에 대한 평가를 좌지우지하는 직접적인 결과일 수도 있고(1라운더라니, 훌륭한 선수임에 분명해!), 혹은 트레이드를 추진하는 단장들이 기준점 효과의 영향을 받을 사람들의 평가를 의식하는 것일 수도 있다(1라운더를 받아 오다니, 우리 단장 일 잘했네!).

1라운드 지명자들은 확실히 더 자주 트레이드된다. 2019년 7월 31일 트레이드 데드라인 때, 1라운드 지명자 12명이 트레이드에 포함됐다. 그 중 10명은 아직 마이너리거이거나 빅리그에 완전히 자리를 잡지 못한 선수들이다. 디트로이트는 베테랑 닉 카스테야노스와 셰인 그린을 보내면서 유망주 4명을 받아왔다. 그 중 3명은 1라운더, 나머지 1명은 2라운더였다. 세 명의 1라운드 출신 선수들은 모두 기대에 못 미치고 있었다. 애리조나와 휴스턴은 2019년 트레이드 데드라인의 가장 큰 트레이드를 단행했다. 애리조나가 에이스 잭 그레인키를 휴스턴으로 보내면서 4명의 선수를 받아왔다. 그들 중에는 휴스턴의 직전 두 해의 1라운드 지명자들이 포함됐는데 그들은 모두 2019년에 부진해서 가치가 떨어져 있었다. 2라운더도 한 명 포함됐는데 부상 중이었다. 다시 한 번 강조하지만, 이건 아직 순전히 가정일 뿐이다. 하지만 나는 상위 순번 지명 선수들이 포함된 모든 트레이드들을 재평가했다. 나 또한 '기준점 편향'에 취약했을 것이기 때문이다.

'기준점 편향'은 우리 뇌에 깊이 새겨진 사고의 지름길이기 때문에 세상만사에 허다하게 나타난다. 야구계만 들여다봐도 그 효과가 얼마나 광범위한지 알 수 있다. 주심이 스트라이크/볼 판정 때 '기준점 편향'에 취약하다면, 투수와 타자들도 의식적이건 무의식적이건 간에 적응을 해야 할 것이다. 경기마다, 혹은 한 경기나 한 이닝 내에서도 스트라이크존이 변할 것이기 때문이다. 앞에 설명한대로 심판이 네 번째 볼, 혹은 세 번째 스트라이크를 선언하는 걸 꺼린다면, 투수와 타자가 그런 카운트에 대처하는 방법은 확실히 달라질 것이다. 만약 감독이 어떤 선수에 대한 첫 인상을 기준점으로 삼는다면, 즉 스프링캠프에서 처음 마주쳤을 때의 모습 혹은 빅리그 첫 몇 경기에서 어떤 활약을 펼쳤는가가 감독의 뇌 속에서 기준점이 된다면, 감독이 그 선수를 기용하는(혹은 하지 않는) 방법에 큰 영향을 끼칠 것이다. 만약 어떤 단장이 선수의 드래프트 지명 순위나 계약금을 사고의 기준점으로 삼는다면, 다른 단장들은 이 중대한 약점을 공략해 트레이드 때 이득을 챙길 것이다. 혹은 반면교사 삼아 피해가야 할 함정으로 생각할 수도 있다. 방구석 1열의 팬들도 '기준점 편향'의 함정에 빠질 수 있다. 상위 지명됐거나 나 같은 전문가들이 유망주 랭킹에서 높은 곳에 올려놓은 선수를 과대평가할 테니까.

'기준점 편향'을 어떻게 극복할 수 있을까? 많은 인지 편향처럼 '기준점 편향'도 휴리스틱이다. 복잡한 평가 절차를 수행하기 싫거나 짧은 시간 동안 해내기 어려울 때, 당신의 마음이 대신 이용하는 판단의 지름길이다. 즉흥적 반응이기에, 종종 쓸모없거나 부정확하다. '기준점 편향'의 부작용을 피하려면, 의사 결정을 위한 정상적인 절차를 밟을 시간을 확보할 수 있을 때 반드시 그렇게 해야 한다. 검토해야 할 실제 변수들을 모두 나열하고, 그 변수에만 기반해 판단이나 계산을 해야 한다. 그래야 '기준점 편향'으로부터 자유로운 판단의 근거를 얻을 수 있다. 예를 들어, 한 단장이 트레이드 데드라인 직전에 트레이드 제안을 받았다고 생각해 보자. 두 명의 1라운드 출신 선수가 포함된 상대팀의 제안이 근사해 보인다. 시간이 얼마 남지 않았기에, 이 단장은 빨리 답을 해야 할 압박감을 느낀다. 두 명의 1라운더가 포함됐기에 이 제안이 훌륭하다고 무의식이 속삭인다. (혹은 낯익은 이름이기에 그렇게 느낄 수도 있다. 이 또한 인지 편향이다) 물론 공정한 거래일 가능성도 있다. 하지만 올바른 평가 없이— 즉 팀의 분석가 및 스카우트와의 대화, 필수적인 데이터 검토, 그리고 이런 정보들을 의사 결정에 반영하는 절차 없이는 제대로 알기란 불가능할 것이다.

때때로 최적의 해법은 의사 결정과정에서 사람을 완전히 배제하는 것이다. 메이저리그 사무국이 현존 기술의 정확도를 높이는데 투자를 하고, 스트라이크/볼 판정에 로봇 심판을 도입하기로 결정한다고 가정해보자. 부정확한 판정의 빈도가 획기적으로 줄어들지 않더라도, 적어도 어떤 공에 애매한 판정이 나는지는 어느 정도 예측 가능할 것이다. 왜냐하면 모든 애매한 판정은 스트라이크 존 가장자리에 집중될 것이기 때문이다. 기계는 사람과 달리 '기준점 편향'에 시달리지 않는다. 컴퓨터도 스트라이크 존에서 1인치 벗어난 공을 스트라이크로 판정할 수 있다. 하지만 기계는 이전 투구들에 대한 판정에 영향을 받아 가운데 공을 볼로 판정하지는 않을 것이다. 사람은 충분한 시간이 주어지지 않으면 편향 없이 어떤 결정을 내리는데 어려움을 겪는다. 당신이 직면한 것이 어떤 종류의 결정인지를 파악하는 것이, 편향의 함정을 피하기 위한 첫 번째 단계이다.

[미주]

1. Ben Walker, "With Each Pitch at Series, Call Gets Louder for Robot Umps," Associated Press, October 29, 2019.

2. Amos Tversky and Daniel Kahneman, "Judgment Under Uncertainty," Science, New Series, vol. 185, no. 4157 (1974): 1124 – 31.

3. Ibid.

4. 정답은 40320이다. 나는 대충 암산은 이렇게 했다. 5×4=20, 3×2×1=6, 120이 된다. 6을 곱하면 720이 된다. 거기에 7을 곱하면 약 5천, 다시 8을 곱하면 약 4만. 이게 56부터 시작해서 내림차순으로 곱하는 것보다 훨씬 쉽다.

5. 이 책과 『스마트 베이스볼』의 편집자인 맷 하퍼가 편집을 맡았다.

6. Tobias Moskowitz and L. Jon Wertheim, Scorecasting (New York: Three Rivers Press, 2012), pp. 14 – 17.

7. John Walsh, "The Compassionate Umpire," Hardball Times, April 7, 2010.

8. Dave Allen, "Does the Umpire Know the Count?" BaseballAnalysts.com, April 6, 2009.

9. Etan A. Green and David P. Daniels, "Bayesian Instinct," August 19, 2008. Available at SSRN.

10. 특히 베이즈 정리를 이용하면 다른 세 가지 사항을 알고 있는 경우, 조건 A에서 사건 B의 확률을 계산할 수 있다. 조건 A가 자체적으로 참일 확률, 사건 B가 발생할 확률, 그리고 사건 B가 발생할 때 조건 A가 주어질 확률. 공식은 P(B|A)=P(A|B)×P(A)/P(B)이다. 여기서 P(x)는 x의 확률을 뜻한다.

11. FA 선수를 떠나보내거나, 전년도 드래프트 지명자와 계약에 실패한 팀은 보상으로 그해 드래프트에서 추가 지명권을 얻는다. 이 책에서 나는 추가 지명권을 앞 라운드에 포함시켰다. 1라운드와 2라운드 사이의 보상픽은 1라운드로, 2라운드와 3라운드 사이의 보상픽은 2라운드로 넣었다. 이런 분류가 업계의 관행이다.

CHAPTER 02

빙산의 크기를 일각으로
판단하지 말라

'가용성 편향'이 스포츠계 담론 형성에 끼치는 영향

Availability Bias

테드 윌리엄스의 1941년 시즌은 그야말로 역대급이었다. 타율 0.406, 출루율 0.553, 장타율 0.735로 모두 1위였다. 이후로 시즌 타율 4할의 벽을 넘은 선수는 아무도 없다. 37개의 홈런과 147개의 볼넷도 모두 메이저리그 전체 1위였다. '베이스볼 레퍼런스'에 따르면 그해 윌리엄스가 기록한 WAR 10.6은 역대 29번째로 높은 기록이다.[미주1] 그해 승리기여도 2위였던 조 디마지오보다 1.5승 앞섰다.

예리한 독자들이라면 여기서 이야기가 어디로 흘러갈지 눈치챘을 것이다. 1941년의 디마지오는 숫자 56을 빼고는 이야기할 수 없다. 단순한 야구 선수가 아니라 당대 최고의 국민적 스타였던 디마지오는 1941년 시즌에 56경기 연속 안타를 기록했다. 지금까지도 깨지지 않은 최다 경기 연속 안타 기록이다. 그 이전에도 그 이후에도, 이 기록에 10경기 이내로조차 근접한 선수는 없었다. 디마지오의 연속 안타 행진은 야구계를 넘어 국민적 관심사가 됐고, 야구의 인기를 폭발적으로 끌어올렸다.

시즌이 끝난 뒤 ―그 시대 대부분의 시즌에서 그랬듯, 양키스가 월드시리즈 우승을 차지했다― 전원 백인 남성으로 구성된(이후 78년 동안 이 구성은 거의 바뀌지 않았다) 미국 야구기자협회는 윌리엄스 대신 디마지오를 아메리칸리그 MVP로 선정했다. 이 사례는 야구 역사상 가장 불공정한 수상자 선정 사례 중 하나로 남아 있다. 디마지오의 시즌은 훌륭했지만, 윌리엄스의 시즌이 명백하게 나았다. 이런 논의 자체가 불필요할 정도였다.

뉴욕 타임즈의 존 드레빙거 기자는 투표 결과를 전하는 기사에서 확신에 찬 논조로 디마지오의 수상을 칭송했다. 1941년 11월 12일 '그레이 레이디' 지에 기고한 글에 이렇게 썼다.

> 야구기자들은 디마지오의 56경기 연속 안타 기록이, 그의 월등한 수비력과 주루 능력까지 어우러져, 윌리엄스의 타율 0.406, 37홈런을 능가한다고 확신했다. 비록 윌리엄스가 두 부문 모두 리그 1위였더라도. 1939년과 1940년 타격왕에 오른 양키스의 스타(디마지오)는 지난 시즌에도 0.357의 고타율을 기록했다. 그리고 역대 최고 기록인 56경기 연속 안타로 MVP 수상에 쐐기를 박은 것이다. [미주2]

『더 키드 : 테드 윌리엄스 불멸의 인생』이라는 책의 저자 벤 브래들리 주니어는 이 생각에 동조하지 않았다. 그의 의견도 그리 합리적이지는 않았지만 말이다.

> 좋은 이미지와 기자들과의 끈끈한 관계 덕에 조는 MVP를 3회 수상하며 두 번 받은 데드에 앞섰다. 1941년 테드의 4할이 넘는 타율에도 불구하고, 디마지오의 MVP 수상은 납득 가능한 측면이 있었다. 조의 연속 안타 행진과 양키스의 우승이 그 이유다. 하지만 월등히 나은 성적을 올린 윌리엄스를 제치고 디마지오가 수상한1947년의 투표

결과는 이해하기 어렵다. [미주3]

　물론 우리는 당시 투표 결과를 현재의 잣대로 해석하고 있다. 당시에는 디마지오가 상을 탄 게 별로 이상한 일이 아니었다. 2003년 '베이스볼 프로스펙터스'에 실린 기사에서 마크 아무어는 "1941년에는 윌리엄스가 수상했다면 대이변이었을 것이다"라고 썼다. 연속 안타 기록과 양키스의 우승, 그리고 윌리엄스의 소속팀 보스턴이 1위 양키스에 17경기나 뒤졌던 정규시즌 순위가 그 이유라는 것이다.

　당시 언론 매체들은 연속 안타 기록이 투표권자들의 마음을 사로잡은 결정적 이유라고 평가했다. AP 통신의 당시 기사를 보자. "디마지오는 1941년 시즌에 139경기에 나와 타율 0.357을 기록했다. 하지만 디마지오가 더욱 탁월했던 점은 56경기 연속으로 안타를 치고 나간 사실이다." 디마지오가 친 30개의 홈런이나 리그 1위였던 125타점[미주4]은 언급조차 되지 않았다. 나중에 휴스턴 애스트로스가 창단될 때 구단주들 중 한 명이었고, 당시에는 UP 통신의 기자였던 조지 커크세이는, 더 강한 어조로 디마지오의 연속 안타 기록이 MVP 투표 결과를 가른 결정타라고 주장했다.

　투표한 기자들이 자세히 설명하지는 않았지만, 디마지오가 선택된 근본적인 이유는 팀에서 차지하는 비중이다. 투표인단의 결정을 뒷받침할 근거는 아주 많다. 메이저리그 사상 최고 기록이 된 디마지오의 경이적인 연속 안타 행진은 양키스의 급상승세에 원동력이 됐다. 결국 양키스는 정규리그의 패권을 차지한 데 이어 월드시리즈까지 제패했다. 디마지오의 기록 행진이 시작된 5월 15일에 양키스는 4위

로 처져 있었고 선두 클리블랜드에는 5경기 반차로 뒤져 있었다. 연
속 안타 행진이 마감됐을 때 양키스는 1위에 올라 있었다. [미주5]

커크세이가 말한 것처럼 당시에 기자들은 누구를 찍었는지 밝히지 않
았다. 최근 5년 동안 투표 내용과 이유를 밝히는 게 유행이 됐지만, 여전
히 많은 기자들이 자신의 선택을 밝히고 설명하기를 거부하고 있다. 그래
서 우리는 윌리엄스가 훨씬 나은 성적에도 불구하고 디마지오에게 진 정
확한 이유를 알 수가 없다. 다만 최근에도 역대 MVP 선정 결과를 분석한
기사들 대부분이 연속 안타 행진이 디마지오의 수상 이유라고 본다. 밥
월러스와 필 데이비스[9]의 말을 빌리자면, "좋지 않지만, 이유임에 분명
하다."

오늘날 관점에서 보면, 연속 안타 기록이 윌리엄스의 전체적인 대활약
을 누른 셈이다. 그럼 왜 투표인단이 이런 결정을 내린 건지 궁금해진다.
연속 안타 행진은 진기록이지만, MVP의 취지와는 맞지 않다. MVP의 가
운데 글자 V (가치 Value)에 대한 해석이 제각각이라는 걸 감안하더라도
그렇다. 언론 보도와 역사 연구를 읽으며 내가 세운 가설은 이렇다 : 당시
에 연속 안타 행진이 너무 강렬했기에, 투표인단이 그걸 빼고 디마지오와
윌리엄스에 대해 생각한다는 건 불가능했을 것이다.

우울한 소식으로 가득했고 결국 12월에는 2차 세계대전까지 터지게
될 1941년, 디마지오의 연속 안타 행진은 몇 안 되는 긍정적인 소식이었
다. 북미 지역의 모든 신문들이 AP 통신의 기사를 받아 소식을 전했고,

9] 1954년에 나온 뮤지컬 영화 〈화이트 크리스마스〉의 주인공들.

경기 전적보다 연속 안타가 이어졌는지를 먼저 다뤘다. 이 소식을 접하지 않기란 불가능했다. 시즌이 끝날 때쯤 미국 국민들은 디마지오의 이름을 들으면 '졸팅 조 Jolting Joe'라는 그의 별명보다 연속 안타 기록이 먼저 떠오르지 않았을까.

쉽게 떠오르는 사건이나 사례가 있으면, 우리는 그것을 과대평가한다. 필요 이상으로 중요성을 부여하거나, 그 사례가 전체를 대표한다고 추정한다. 이 현상을 '가용성 편향'이라 한다. 가장 이해하기 쉬우면서 자각하기는 가장 어려운 인지 편향 중 하나다. 자연스러울 뿐 아니라 쉽기 때문이다. 우리의 뇌는 우리가 시키는 걸 하게 되어 있다. 어떤 의문을 떠올리면, 뇌는 하드드라이브에서 관련된 정보를 찾아낸다. 하지만 뇌가 항상 아카이브를 샅샅이 뒤지는 건 아니다. 당신이 상세하고 풍부한 전체 정보를 원할 때, 뇌는 한 가지 조각만 내어줄 수도 있다.

앞서 소개한 행동경제학의 거목 카너먼과 트버스키는 가용성 편향을 '시각적 연관에 의한 현상'이라고 묘사했다. 자주 본 기억이 있는 사건이나 현상을 실제보다 더 자주 일어났다고 오판하는 인지적 환각이라는 것이다. 한 마디로 샘플링의 오류다. 우리는 뇌가 전체를 개괄할 적절한 사례를 뽑아 보여줄 거라 생각한다. 그럴 때도 있다. 하지만 그렇지 않을 때도 있다. 뇌를 완전히 믿어서는 안 된다.

예를 들어 특정 지역의 이혼율을 추정할 때, 사람들은 그 지역에 사는 이혼한 지인을 떠올린다. 정치인이 선거에서 질 확률을 추정할 때, 그가 지지를 잃었던 여러 사례를 먼저 떠올린다. 두 경우 모두, 사건 발생 빈도나 확률에 대한 추정은 머리에서 떠오르는, 즉 '가용한' 사례들의 영향을 받았다.[미주6]

나는 올해 13살인 딸에게서도 '가용성 편향'의 사례를 발견했다. 딸을 2019년 시카고 리글리필드에서 열린 '언더아머 전미 선수권'이라는 고교 유망주들의 시범 경기에 데려간 적이 있다. (내 딸은 야구를 전혀 좋아하지 않는다. 그래서 일종의 뇌물을 써서 꼬드겼다. 경기 전날 시카고의 맛집 탐방을 제안했다. 다행히 그녀는 맛있는 음식을 즐겼고 다음날 경기와 홈런 더비도 재미있었다고 말해주었다.) 우리는 경기 전에 주요 선수들의 출신 학교와 고향, 키와 몸무게 등의 정보가 담긴 안내책자를 얻었다. 대부분 고교 졸업반의 톱 유망주들이었다.

그녀는 곧바로 책자에 나온 41명 중 2명(즉 5퍼센트 미만)을 제외한 나머지 선수들이 모두 키가 6피트 이상이라는 걸 알아챘다. 그녀는 내게 프로 야구 선수가 되려면 키가 6피트보다 커야 하냐고 물었다. 그 질문은 충분히 합리적이었다. 야구계는 오랫동안 키 큰 선수들을 편애해왔기 때문이다. 스카우트 업계에서 6피트는 일종의 기준점처럼 쓰였다. 실제로는 아무 의미 없는 임의의 숫자지만. (6피트는 약 183센티미터다. 183이라는 숫자는 6과 비교하면 딱 떨어지는 숫자가 아니다. 도량형이 다른 나라라면 키의 임의적 기준점이 180cm으로 내려오지 않았을까?)

이 책을 쓰고 있는 2019년 9월초 현재, 올 시즌 메이저리그에 한 경기라도 출전한 선수는 1368명이다. 이 중 키가 6피트보다 작은 선수는 전체의 14.5%인 199명이다. 언더아머 대회에서 6피트 미만 선수들이 차지한 비율의 3배가 넘는다. 기가 6피트 미만인 메이저리그 선수들의 비율을 언더아머 대회의 예시만으로 추정한다면, 실제의 ⅓로 적게 추정하게 되는 셈이다.

(여기서 숨은 이슈 하나를 거론하지 않았다. 야구 선수들의 등록 신장은 항공편 스케줄

만큼[10]이나 엉터리다. 키가 5피트 11인치라고 등록된 선수는 5피트 10인치로 등록된 선수보다 48% 많다. 그런데 딱 6피트로 등록된 선수는 5피트 11인치인 선수보다 무려 89%나 많다. 6피트 1인치인 선수는 6피트인 선수보다 고작 1% 많다. 많이 수상쩍은 분포다.)

내 딸의 말은 일리가 있다. 야구계에는 키가 6피트 이상이거나 그렇다고 주장하는 선수를 분명히 선호한다. '베이스볼 팩토리'라는 야구 전문 매체가 우리가 보러 간 대회의 참가 선수 중 특히 눈여겨 볼 유망주들을 꼽았는데 모두 키가 6피트보다 컸다. 6피트 1인치보다 작은 선수가 드래프트 전체 1순위로 지명된 건 2004년[11]이 마지막이었다.

이 현상은 전형적인 가용성 편향이다. 내 딸이 본 유일한 야구선수들의 표본은, 야구 선수 전체를 보여주는 좋은 사례가 아니다. 최고 중의 최고들만 모였고, 메이저리그 팀들과 스카우트들의 기호—즉 더 키가 크고, 더 빨리 뛰고, 더 빠른 공을 던지고, 더 힘이 센—를 충족시키는 선수들이다. 메이저리그에는 이 기준에 맞지 않는 선수들이 많으며, 그 중에는 아주 뛰어난 선수들도 있다. 하지만 팀들은 여전히 이런 신체적 특성을 가진 선수들에게 끌린다. 당시 대회에 모인 선수들은 이런 편향을 보여준다.

『생각에 관한 생각』에서 카너먼은 가용성 편향이 어떻게 작용하는지 두 가지 사례와 명제를 통해 제시한다.

첫 번째 : "비행기 추락 사고가 지난달 우연히 두 건 발생한 뒤로, 그는 이제 기차를 고집한다. 어리석은 일이다. 사고 발생 위험은 변한 게 없다.

---

10) 미국의 항공편 스케줄은 부정확하기로 악명 높다
11) 샌디에이고가 전체 1순위 지명권으로 5피트 9인치, 175cm인 고교 유격수 유망주 맷 부시를 선택했다. 부시는 이후 폭력, 약물 문제 등으로 철창 신세까지 졌다가 투수로 전향한 뒤 빅리그 무대를 밟았다.

다만 '가용성 편향'에 빠졌을 뿐이다."

모든 사람들은 비행기 추락 소식을 들으면 똑같은 두려움을 겪는다. 나는 한 컨설팅 회사에서 일하던 1994년, US에어 427기가 피츠버그 인근에서 추락했다는 소식에 사무실 전체가 침묵에 빠졌던 순간이 잊혀지지 않는다. 컨설팅 회사 직원들은 비행기를 탈 일이 많다. 그 사고 때문에 비행기를 탈 때 생기는 리스크에 변화가 생긴 건 아니었지만, 132명의 승객이 모두 사망했다는 소식에 그 작은 사고 확률이 갑자기 크게 보이게 된 것이다. 즉 '가용성 편향'을 유발한 것이다.

그 다음 장에서 카너먼은 정반대의 사례, 즉 일종의 '불가용성 편향'을 보여준다.

"그는 실내 공기오염을 대수롭지 않게 생각한다. 그에 대한 기사를 본 적이 별로 없기 때문이다. 이 또한 '가용성 효과'다. 통계를 검토했어야 한다."

이 문장은 모든 경우에 적용된다. 한두 가지의 사례로 충분히 알만큼 알았다고 느껴질 때도, 반드시 전체적인 통계를 살펴야 한다.

2016년 뉴욕에서는 퀸즈에서 혼자 조깅하던 젊은 여성이 살해된 사건을 포함해 몇 건의 살인 사건이 일어났다. 이 때문에 '묻지마 살인'에 대한 공포가 커졌다. 뉴욕 타임스의 마이클 윌슨은 이런 종류의 살인이 극히 드물다는 걸 지적했다. 2014년에 "낯선 사람이 저지른 살인은 전체 살인 사건의 11%에 불과하다"는 FBI 통계를 인용했다. 여기에는 살인자와 피해사의 관계가 밝혀지지 않은 경우는 포함되지 않았다.[미주7]

아마도 이런 경우의 가장 대표적인 사례는 실종 아동들에 대한 통계일 것이다. 모든 부모는 낯선 타인으로부터 아이가 폭행이나 납치를 당할까봐 노심초사한다. 아이들에게 '모르는 사람은 위험해'라고 가르친다. 이 표현이 처음 등장한 1960년대부터 그래왔다. 하지만 실제로 아동 납치 사건의 절대 다수는 가족이나 친구, 친지가 범인이다. 뉴햄프셔대학 아동범죄 연구소장인 데이비드 핑클호어는 2013년에 발표한 논문에서 "타인이나 잘 모르는 사람에게 납치된 아동은 전체 실종 아동의 1/10000에 불과하다"[미주8]라고 썼다. 국립 실종 학대 아동 센터도 타인에 의한 납치는 아동 실종 사건의 극히 일부에 불과하다고 밝혔다.[미주9]

하지만 이런 경우들이 점점 늘어나는 것처럼 느껴지지 않나? 점점 더 많은 아이들이 낯선 사람에게 납치당하거나 공격당하는 것 같지 않나? 핑클호어는 세상을 떠들썩하게 했던 클리블랜드의 아동 납치 사건에 대한 글에서, 이 또한 사실이 아니라고 강조했다. "아동 실종 사건 전문기관의 통계에 따르면 이런 사건들은 줄어들고 있다. 또한 FBI의 통계에 따르면 모든 연령대에서 실종되는 사람은 줄어들고 있다. 1997년부터 2011년 사이에 31퍼센트가 감소했다."[미주10]

우리는 왜 낯선 사람이 아이들에게 끼치는 위협을 실제보다 더 심각하다고 느낄까? 두 가지 측면에서 '가용성 편향'이 작용하기 때문이다. 어린이가 납치되고, 정말 드문 경우지만 나쁜 결과로 이어진다면, 뉴스의 헤드라인을 장식한다. 대부분 전국적인 뉴스거리가 된다. 나쁜 결과가 아닌 경우에는 뉴스거리가 되지 않는다. "오늘 지미가 등굣길에도 하굣길에도 납치되지 않았다"라는 이야기는 기사감이 못된다. '납치되지 않은 아이들'에 대한 기사는 없다. 이 주제에 대해 우리가 접하는 정보들은 균형이 완전히 깨져 있다. 온통 나쁜 소식뿐이다. 우리의 뇌는 눈에 띄는 사례들이 매우 비극적이지만, 전체 인구와 비교했을 때 극히 드물고 발생 확률이 매우 낮다는 사실을 인식하지 못한다. 절대 다수의 어린이들은 이런 사고를 겪지 않는다. 극소수의 사고를 당한 아이들은 대부분 친구나 가족, 선생님, 성직자들에게 피해를 입는다. '모르는 사람은 위험해'라는 표현은 '가용성 편향'의 극단적 사례다.

안드레 도슨의 1987년 시즌은 이상한 MVP 선정 투표의 또 다른 사례다. 여기서 변수가 된 건 도슨이 그해 컵스에서 뛰게 된 멀고도 험했던 과정이다. 투표인단은 플레이오프에 오르지 못한 하위권 팀 선수에게는 표를 주지 않던 관행까지 깨면서 ―도슨의 소속팀 컵스는 그해 6팀이던 내셔널리그 동부지구의 꼴찌였다― 도슨을 MVP로 선정했다. 불합리하며 불가능해 보인 투표 결과였다.

1970년대 중반부터 1995년까지 메이저리그 역사는 경기장 안에서 벌어진 일 만큼 많은 경기장 밖 사건들로 가득 차 있다. 구단주들과 설립 초창기의 선수노조가 20년 가까이 대립하며 한 차례 시즌 중의 장기 파업 (1981년), 여러 번의 단기 파업, 그리고 마침내 1994년 전면 파업까지 벌어졌다. '하드 샐러리캡'[12]을 도입하려는 구단주들의 시도에 맞선 선수들의 파업으로 그해 월드시리즈가 취소됐다. 이 기간 동안 구단주들은 선수들이 자유계약선수(FA : Free Agent)제도의 도입 이후 얻은 이익을 도로 빼앗으려 시도했다. 1975년 12월, 피터 사이츠 중재인은 야구 역사를 바꾸는 결정을 내렸다. FA가 될 권리가 있다고 주장한 두 투수 앤디 메서스미스와 네이브 맥널리의 손을 들어준 것이다. 두 선수는 구단과 연봉 계약

---

12) 샐러리캡이란 팀 전체 연봉 총액을 제한하는 제도다. 그 중에서도 '하드' 샐러리캡은 팀 연봉 총액이 일정 액수를 넘지 못하게 하는 강력한 제한을 뜻한다. 반대로 '소프트' 샐러리캡은 일정 액수를 넘었을 때 흔히 '사치세'로 불리는 벌금을 낸다든지, 신인 지명권을 제한하는 등의 간접적 불이익을 주는 제도를 통칭한다.

에 합의하지 못하면 자동으로 1년 계약이 연장된다는 규정의 허점[13]을 파고들었다. 이 규정은 그때까지 구단주들이 선수들의 자유를 묶은 '보류 조항'의 핵심이었다. 선수들에 대한 통제권을 포기하지도 않고, 정당한 임금도 주지 않으려는 구단주들의 욕망은 대규모 담합으로 이어졌다. 구단주들은 FA 선수들에 대한 영입 경쟁을 하지 않아 몸값을 낮추기로 담합했다. 선수노조가 단체협약 위반을 지적하며 소송을 제기했고, 구단주들은 무려 2억 8000만 달러의 배상금을 선수들에게 지불해야 했다.

도슨은 3년 연속 FA 시장에서 구단주들이 담합을 꾀하던 시기의 두 번째 해, 소위 '제2차 담합'[14]의 가장 심각한 피해자 중 한 명이었다. 1986년에 도슨은 0.285/0.338/0.478에 20홈런, 78타점을 기록했고 6년 연속 골드글러브를 수상했다. 당대에는 좋은 수비수로도 인식됐다는 증거다. 하지만 그해 겨울 어떤 팀으로부터도 계약 제안을 받지 못했다. 결국 도슨의 에이전트인 딕 모스는 시카고 컵스의 댈러스 그린 단장에게 금액을 써넣지 않은 1년짜리 계약서를 제시했다. 컵스가 주는 대로 받겠다는 의미였다. 그린은 올스타 3회 수상에 빛나는 도슨에게, 직전 시즌 몬트리올에서 받은 연봉의 절반에 불과한 당시 최소 연봉인 50만 달러를 제시했다. 그린 본인도 2010년 시카고 트리뷴과 인터뷰에서 "당시 안드레에게는 별로 좋지 않은 계약이었다. 특히 계약 이후 도슨이 펼친 활약에 비

---

13) 두 선수는 1974년 시즌이 끝난 뒤 구단과 연봉 협상을 벌였지만 합의에 이르지 못했다. 결국 두 선수는 계약서에 서명하지 않았고 '1년 자동 계약 연장 조항'이 발동됐다. 두 선수는 1975년 시즌이 끝나면 구단의 자동 계약 연장 권리가 소멸되기에 자유계약선수가 된다고 주장했다. 구단주들은 이 주장에 반발했고, 양측의 중재역을 맡았던 피터 사이츠 중재인이 선수 측의 손을 들어준 것이다.
14) 메이저리그 선수노조는 1985년부터 3년 연속 구단주들이 FA 선수들에 대한 담합으로 단체 협약을 위반했다고 주장하며 중재를 요청했다. 3차례 모두 중재인들은 사실상 선수노조의 승리를 선언했다. 도슨이 MVP를 수상하고도 1년 계약조차 받지 못한 1986년 겨울은 3년 연속 담합 파문의 두 번째에 해당한다.

추어 보자면 더더욱 그렇다."[미주11]라고 시인했다. 하지만 당시 컵스의 모기업이던 트리뷴 컴퍼니(시카고 트리뷴의 소유주이기도 하다)는 그런에게 그 이상의 지출을 허락하지 않았다.

결국 1987년 추가 보너스로 20만 달러, 담합 보상금으로 100만 달러[미주12]를 받게 되는 도슨은 그해 홈런과 타점에서 생애 최고 기록을 세웠다. 역사상 처음으로 경기당 홈런이 1개를 넘어서게 만든 이른바 '탱탱볼15)'의 도움을 받아[미주13], 도슨은 빅리그 전체 1위인 49홈런, 137타점을 기록했다. 그때까지의 MVP 투표에서는 타점왕이 대단히 유리했다. 바로 전해인 1986년에 내셔널리그 타점 1위 마이크 슈미트가 MVP를 수상했고, 1985년에는 아메리칸리그 타점왕 돈 매팅리가 MVP에 올랐다.

도슨의 MVP 수상이 대이변이었던 건 소속팀의 순위 때문이다. 컵스는 그해 내셔널리그 동부지구의 꼴찌였다. 역사상 꼴찌팀 선수가 MVP를 수상한 경우는 도슨이 처음이었다. 예전보다는 덜 하지만 지금도 꽤 많은 사람들은, 플레이오프에 진출하거나 최소한 진출 경쟁이라도 벌인 팀 소속이 아닌 선수는 "가장 가치 있는" 선수일 수 없다고 생각한다. 말도 안 되는 생각이지만, 이렇게 생각하는 사람들은 아직도 많다. 야구 글쓰기로 밥벌이를 하는 사람들조차, 선수의 가치를 동료들의 플레이로 평가하고 있는 것이다.

도슨은 어떻게 이런 장애물을 넘어섰을까? 아마도 그해 투표인단은 바로 그 봄에 도슨의 이름을 뉴스에서 수도 없이 들은 덕에 도슨의 활약을 더 잘 인지했던 것으로 보인다. 특히 MVP 선정의 중요한 기준이던 두 항

---

15) 당시 현지 언론이 붙인 이름은 '래빗 볼 Rabbit ball'. 홈런수가 폭증하며 공이 달라졌다는 의혹이 불거졌지만, 정확한 원인은 밝혀지지 않았다.

목, 홈런과 타점에서 1위라는 것을 명확히 알았을 것이다. 컵스 소속으로 첫 타석에 들어서기도 전에 도슨은 국민적 관심사였다. 시즌 내내 도슨에 대한 기사에는 오프시즌에 있었던 사건들이 함께 언급됐다. 도슨을 모르기란 불가능했던 것이다. 도슨의 MVP 수상을 다룬 뉴욕 타임스의 기사도 계약에 대한 언급으로 시작한다. "지난 봄, 계약도 소속팀도 없었던 안드레 도슨은 천신만고 끝에 시카고 컵스와 계약하고…" [미14] 시카고 트리뷴의 기사도 비슷한 톤이다. 첫 문장에서 도슨이 이 수상 덕에 "컵스로부터 목돈을 받게 됐다"라고 쓴 뒤, 두 번째 문장에서 "지난봄 퇴짜 맞은 FA 슬러거였던 도슨이 어떻게 구걸하듯 컵스의 문을 두들기게 됐는지" [미주15] 설명했다. 기사 후반에는 거의 수포로 돌아갈 뻔 했던 도슨의 구직 활동을 상세하게 묘사했다.

나만 이렇게 생각하는 게 아니다. 2011년 ESPN 홈페이지의 '스윗 스팟'이라는 칼럼 코너에서, 칩 벅도 똑같은 이야기를 했다. "도슨의 1987년 NL MVP 수상에는 두 가지 결정적 이유가 있다. 1) 인상적이지만 속이 조금 빈 타격 기록 2) 그해 3월 컵스에 계약을 백지 위임한 역경을 딛고 결국 담합을 극복한 흥미로운 스토리. 다른 무슨 이유가 있겠는가?" [미주16] 벅이 하고 싶었던 말은 투표인단이 계약 과정 때문에 도슨에게 조금 더 점수를 줬다는 거지만, 결국 나와 같은 생각이다. 계약 과정에 대한 스토리 때문에 시즌 중에도 도슨은 훨씬 더 많은 언론의 주목을 받았고 투표인단의 머리에 도슨의 이름이 각인됐다는 것이다.

도슨은 그해 내셔널리그에서 최고의 기량을 보였거나 가장 가치 있는 선수가 아니었다. '베이스볼 레퍼런스'의 승리기여도에 따르면, 도슨은 전체 야수들 가운데 19위에 불과했다. 리그 1위는 이후 명예의 전당에 헌액될 토니 그윈이었다. 그윈은 당대 최고의 교타자로 인정받고 있었지만 소속팀인 샌디에이고 파드레스가 컵스보다 더 나쁜 승률로 꼴찌였다. 승리기여도 2위는 에릭 데이비스였다. 데이비스는 37홈런에 50 도루를 기록해 '30-30클럽'에 가입했고, 소속팀 신시내티 레즈도 고공 질주 끝에 리그 2위에 올랐다.

수상자 선정 투표에서 '가용성 편향'이 드러난 또 다른 좋은 예는 1999년 아메리칸리그 골드글러브 투표일 것이다. 라파엘 팔메이로는 거의 1년 내내 지명타자로 출전했음에도 불구하고 1루수 부문 골드글러브를 수상했다. 투표 결과는 곧장 엄청난 비난을 받았고 골드글러브의 권위까지 훼손되었다. 결국 1958년 이 상을 제정한 롤링스사[16]는 2013년부터 수상자 선정 기준에 객관적 기록 분석을 포함시키게 된다.

팔메이로는 거의 모든 경기를 1루수로 출전한 1997년과 1998년에 아메리칸리그 1루수 부문 골드글러브를 수상했다. '전년도 수상자'의 이점—골드글러브를 수상 확률을 높이는 가장 확실한 방법은 예전 수상 경력이다—과 좋은 수비수라는 명성만큼은 확실했던 셈이다. 경제학자 허버트 A.사이먼은 회고록 『내 삶의 모델들』에서 이 현상을 '마태 효과'라고 명명하면서 이렇게 썼다. "수상 경력은 또 다른 수상을 낳는다… 충분히 유명해지면, 그 사람의 이름은 수상자 선정 위원회가 꾸려지자마자 자동적으로 거론된다." [미주17] '마태 효과'라는 용어는 사회학자 로버트 K. 머튼이 1968년에 발표한 논문에 처음 등장한다.[미주18] 신약성서 마태복음 25장 29절의 구절에서 착안한 용어다. "무릇 있는 자는 받아 풍족하게 되

---

16) 미국의 스포츠용품 제조사. 특히 메이저리그 선수들이 가장 애용하는 글러브 제조사로 유명하다. 1957년에 리그 최고 수비수에게 주는 '골드글러브 상'을 제정해 지금까지 후원하고 있다.

고 없는 자는 그 있는 것까지 빼앗기리라."

팔메이로가 34살의 적지 않은 나이에도 여전히 타격 실력이 뛰어났다는 점도 수상에 도움이 됐을 것이다. 골드글러브가 수비 실력만 따지는 상임에도 불구하고, 두루 잘하는 선수가 수상한 경우는 차고 넘친다. 어떤 수비 지표를 들여다봐도 평균 이하의 유격수였던 데릭 지터는 골드글러브를 5회 수상했다. 마지막 수상은 36살 때였다. 수비 실력보다는, 이미 명예의 전당행을 사실상 확정했던 지터의 위상이 영향을 끼쳤을 것이다.

하지만 1999년 팔메이로는 텍사스 레인저스의 1루수로 고작 28경기에 출전했을 뿐이다. 팔메이로 본인이 수상 후보로 밀었던 리 스티븐스가 텍사스의 주전 1루수였다. 골드글러브 역사상 팔메이로보다 해당 포지션 출전 경기가 적었던 수상자는 당연히 아무도 없다. 이름을 밝히지 않은 AP 통신 기자는 수상 결과에 대해 이렇게 말했다. "몇몇 감독과 코치들은 올해 야구에 별 관심이 없었던 것 같다." [미주19] 팔메이로 본인도 투표 결과에 실소를 보냈다. 하지만 그는 다음과 같은 겸손한 소감으로, 투표 결과의 본질을 꿰뚫었다. "이 투표 결과를 납득할 수 있는 방법은 하나뿐이다. 내가 과거에 최고의 1루수 중 한 명으로 쌓은 업적을 야구인들이 인정한 것이다."

당시 골드글러브 투표에서는 해당 리그의 코칭스태프만 투표권을 가졌다. 지도자들은 각 포지션에 출전한 모든 선수들의 이름이 적힌 투표용지를 받고 그 중 한 명을 찍었다. 투표용지를 집으로 가져가 관련 기록들을 살펴보고, 경기 영상도 들여다보고, 스카우트들에게 전화도 해보며 신중하게 표를 던질 선수를 고른 지도자도 물론 있었을 것이다. 하지만 나는 그런 지도자의 숫자가 많지 않았을 거라 확신한다. 훨씬 많은 수의 지도자들은 그냥 많이 들어보았기에 '수상자로 어울릴 듯한' 이름에 체크했을 것이다. 아메리칸리그 1루수 부문 후보 중에는 팔메이로라는 이름이 가장 친숙했을 것이다. 지난 2년 동안 수상자였고, 평균 이상의 수비수라는 명성이 있었으며, 게다가 좋은 타자였다. 그의 이름은, 비유적으로 말하자면 다른 이름들에 비해 큰 글씨로 크게 보였을 것이다. 똑같은 이유로 지터는 골드글러브를 5번이나 받았다. 한 시즌도 리그 최고 수비력의 유격수였던 적이 없음에도 불구하고 말이다. 후보자들 중 가장 뛰어나고 유명한 선수였기에, 가장 돋보인 이름이었던 것이다. (전국 중계방송이 가장 많은 양키스 소속이었던 점도 이유 중 하나였을 것이다)

'가용성 편향'을 제거할 방법은 없다. 우리의 기억이 작동하는 방식이며, 새로운 코드를 심어 수리할 수 있는 버그도 아니다. 그나마 해결책을 제시하자면 우리의 의사 결정에 '가용성 편향'이 끼치는 영향을 최대한 억제하려 노력하는 것뿐이다. 다시 말해, 사고 과정의 초반에 '가용성 편향'이 등장한다는 것을 인정하고, 그것을 극복하기 위한 절차를 밟아나가는 것이다. 가장 간단한 방법은 의사 결정 과정에 단계 하나를 추가하는 것이다. 관련 정보를 충분히 모았는지, 즉시 머릿속에 떠오르거나 얻기 쉬운 정보로만 판단하는 것은 아닌지, 결론을 내리기에 충분히 풍부한 표본 크기를 확보했는지를 의식적으로 확인하는 것이다. 저서 『표준 편차』에서 게리 스미스는 독자들에게 머리에 쉽게 떠오르지 않는 데이터들을 우선석으로 고려하라고 조언한다. 그것이 '생존 편향'[17]과 '가용성 편향'

---

17) "'생존 편향'은 생존에 실패한 사람들의 가시성 결여로 인해 비교적 가시성이 두드러지는 생존자들의 사례에 집중함으로써 생기는 편향을 말한다. 이 편향은 '낙관주의 편향'과 '과신 오류'를 일으키는 원인이 된다" –강준만 '감정 독재', 인물과사상사, 2015, p.141

을 줄이는 전략이라는 것이다.

> 우리는 자연스럽게 우리 눈에 보이는 것으로부터 결론을 도출한
> 다. 노동자들의 임금, 파손된 전투기, 성공적인 회사 같은 것들이다.
> 하지만 우리는 회사를 떠난 노동자들, 돌아오지 못한 전투기들, 실패
> 한 회사들처럼 눈에 보이지 않는 것들에 대해서도 생각해야 한다. 보
> 이지 않는 데이터는 보이는 데이터만큼이나, 아니 어쩌면 더 중요할
> 수도 있다.[미주20]

결론을 내릴 때 충분한 표본 크기를 확보하는 습관은 '가용성 편향'과
맞서 싸우는 데 있어 또 다른 강력한 무기가 된다. 쉽게 얻을 수 있거나
뇌리에 떠오르는 것을 넘어서서 추가 정보를 찾게 될 것이기 때문이다.

나는 작가로서 팩트를 거론하거나 글에 담는 가설이나 의견의 근거를
제시할 때, 오류투성이인 내 기억에 의존하는 습관을 버리려고 애를 써
왔다. 또 야구 칼럼니스트로서 일한 13년 동안 많은 기존 지식들을 폐기
했다. 그 중에는 내 최근작 『스마트 베이스볼』에서 썼던 것들도 많다. 이
후 접한 데이터들 때문에 특정 선수나 집단, 혹은 리그 전반에 대한 기존
의 생각이 바뀌었기 때문이다. 내가 이런 문제와 가장 흔히 마주치는 경
우는, 어떤 선수를 스카우트하러 가서 눈에 띄는 무언가를 발견했을 때
다. 예를 들어 우타자가 (커브나 슬라이더 같은) 브레이킹 볼에 특히 약해 보
인다든지, 유격수가 3유간에서 송구를 하기에 어깨가 너무 약해 보이는
경우다. 야구계 경력 초반에 몇 차례 실수를 저지른 뒤, 나는 내가 본 대
로 기록하면서도 언제나 다른 방식으로도 검증해보려 노력했다. 그 우타

자에 대한 데이터를 찾아본다든지, 혹은 그 유격수를 더 자주 봤거나 다른 경기에서 관찰했던 스카우트에게 물어보는 식으로. 나는 여전히 직접 관찰을 통해 많은 정보를 얻지만, 그 정보들에는 태생적 한계가 있다는 가정 하에 선수에 대한 평가를 시작한다. 그 정보들은 내 스스로 얻은 것이기에, '가용성 편향'이 개입할 수밖에 없기 때문이다.

스포츠 팬이 '가용성 편향'을 알고 나면, 스포츠 기사와 중계방송에서 '가용성 편향'이 개입된 내용을 걸러낼 수 있게 된다. 평소 수비력이 나쁜 선수가 모처럼 하이라이트 감의 호수비를 펼쳤을 때 해설자가 그 선수가 좋은 수비수라고 칭찬한다든지, 칼럼니스트가 어떤 팀의 최고 선수를 깎아 내리고 최근 결정적 안타를 몇 개 친 다른 선수를 칭찬하는 경우가 대표적이다. 라디오와 TV 방송에서 이런 경우가 특히 많은데, 나 스스로도 자주 체험했다. 라이브 방송 중에는 말을 계속 이어가야 하기 때문에, 머릿속에 떠오르는 것들이 걸러지지 않고 입으로 나오게 된다. 당연히 내용이 좋을 수가 없다. 논의 주제에 대해 미리 공부하지 않고 근거들을 찾아놓지 않고 기억 연상에만 의존하게 되면 청취자들에게 잘못된 정보를 전달할 위험이 높아진다. (방송을 하면 할수록, 점점 이런 표현들을 많이 쓰게 된다. "정답은 저도 모르지만, 이건 말씀드릴 수 있을 것 같은데…" 혹은 "제가 정보를 충분히 갖고 있지 않습니다". 무성의하게 느껴질 수 있지만, 부정확하거나 사실을 오도하는 발언보다는 낫다.)

야구팬인 당신에겐 이런 제약이 없다. 방송에서 어떤 선수를 칭찬하거나 깎아내리는 말을 들으면, 객관적인 증거가 있는지, 아니면 그냥 생각나는 대로 말한 건지를 의심하라. 야구 중계방송에는 여전히 시대착오적인 고정 관념들이 가득하다. 가장 큰 이유는 '가용성 편향'이다. 다른 근거가 없을 때, 고정 관념은 편리하고 명쾌해 보이기 때문이다.

[미주]

1. 1901년부터 현재까지 야수들 중에서 순위다.

2. John Drebinger, "Yankee Ace Tops Williams in Poll," New York Times, November 12, 1941, p. 37.

3. Ben Bradlee Jr., The Kid: The Immortal Life of Ted Williams (Boston: Little, Brown, 2013).

4. "Most Valuable Player Award Voted Di Maggio," Philadelphia Inquirer, November 12, 1941, pp. 37 – 40.

5. George Kirksey, "Joe DiMaggio Edges Ted for Most Valuable Award," Boston Daily Globe, November 12, 1941, p. 22.

6. Amos Tversky and Dan Kahneman, "Availability: A Heuristic for Judging Frequency and Probability," Cognitive Psychology 5, no. 2 (September 1973): 207 – 32.

7. Michael Wilson, "Killed by a Stranger: A Rarity, but a Rising Fear," New York Times, August 18, 2016, Section A, p. 19.

8. David Finkelhor, "Five Myths about Missing Children," Washington Post, May 10, 2013.

9. Jonathan Allen, "Kidnapped Children Make Headlines, but Abduction Is Rare in U.S.," Reuters, January 11, 2019.

10. Finkelhor, "Five Myths about Missing Children."

11. Fred Mitchell, "Green Recalls Blank Check," Chicago Tribune, January 7, 2010.

12. Baseball-Reference.com.

13. '베이스볼 레퍼런스'에 따르면, 메이저리그의 경기당 홈런은 1986년 0.91개에서 1987년 1.06개로 늘었다가 1988년 0.76개로 떨어졌다.

14. Michael Martinez, "Dawson Named NL MVP," New York Times, November 19, 1987, pp. 47 – 48.

15. Fred Mitchell, "MVP! MVP! Dream Comes True for Cubs' Dawson," Chicago Tribune, November 19, 1987, section 4, p. 1.

16. Chip Buck, "Mysterious Case of the '87 Award Season," ESPN.com, March 1, 2011.

17. Herbert A. Simon, Models of My Life (Cambridge, MA: MIT Press, 1996), p. 234.

18. obert K. Merton, "The Matthew Effect in Science," Science, January 5, 1968, pp. 56 – 63. If Merton's name is familiar to you, it might be because his son, Robert C. Merton, is a Nobel Prize – winning economist.

19. "Palmeiro Supported Stevens for Award," Associated Press, November 10, 1999.

20. Smith, Gary, Standard Deviations: Flawed Assumptions, Tortured Data, and Other Ways to Lie With Statistics (New York: Harry N. Abrams, 2014), p. 42.

CHAPTER 03

(지려고) 최선을 다했음에도 '불구하고' 이길 때가 있다?

'결과 편향' 혹은 승리라는 결과에 묻히는 모든 과정

Outcome Bias

　　　　　　야구는 결과의 게임이다. 최선을 다해도 최악의 결과가 나오기도 한다. 야구 역사에는 과정 대신 결과만 기록된다. 과정과 결과의 아귀가 맞지 않더라도.

　2001년 월드시리즈는 몇몇 선수들의 엄청난 활약 덕에 두 팀 감독의 현격한 수준 차이가 묻혀 버린 경기다. 뉴욕 양키스의 조 토레 감독이 고수였다면 애리조나 다이아몬드백스의 밥 브렌리 감독은 초짜 수준이었다. 양키스가 우승 일보 직전까지 간 건 브렌리의 무더기 실수 덕분이었다. 애리조나는 에이스 두 명의 영웅적인 호투와 마리아노 리베라의 좀처럼 보기 드문 블론 세이브 덕에 간신히 우승을 차지했다. 덕분에 초보 감독이던 브렌리는 영원히 월드시리즈 우승 감독으로 역사에 이름을 남겼다. 실점을 자초하고 필요 이상의 장기전을 만든 여러 전술 실수에도 불구하고.
　좋은 감독이 아니라는 증거가 적나라하게 드러났지만, 애리조나는 브렌리와 계약을 유지했다. 2004년 중반, 29승 50패로 리그 최저승률의 부진에 빠지자 그제서야 브렌리를 해고했다.

브렌리의 실수 행진은 월드시리즈 1차전이 열리기도 전에 시작됐다. 19세기 야구 교본대로 타선을 짠 것 같았다. 2001년 애리조나 타선의 핵심은 루이스 곤잘레스였다. 37살의 나이에 이전 최고치의 두 배에 가까운 57홈런을 친 곤잘레스는 내셔널리그에서 배리 본즈와 새미 소사에 이어 세 번째로 뛰어난 타자였다. 장타만 잘 쳤던 것도 아니다. 출루율 0.429로 내셔널리그 6위였다. 안타나 볼넷, 몸에 맞는 공으로 전체 타석의 43%에서 출루에 성공했다. 그래서 곤잘레스는 상대 투수에게 이중고를 안겼다. 볼을 던지면 다 골라내 걸어 나갔고, 볼넷을 안 주려고 가운데로 던지면 쳐서 담장을 넘겼다.

브렌리는 곤잘레스를 3번 타순에 기용했다. 당시에도 그 이후에도 꽤 오랫동안 표준이었던 타순 배치였다. 팀 내 최고타자를 3번에 기용하고, 앞선 두 타자가 출루하면 3번 타자의 홈런이나 장타로 대량 득점을 노린다는 이론은 1900년대 초반부터 야구계의 상식이었다. 지금 우리는 이 타순 배치가 최선이 아니란 걸 안다. 팀 내 최고타자는 2번이 적격이다. 왜냐하면 세 가지 측면에서 기여도가 최적화되기 때문이다. 주자가 있는 상황에서 등장할 기회가 많고, 한 경기에 타석에 들어설 횟수가 늘어나 출루 기회도 늘어난다. 타순이 내려갈수록 시즌 전체 타석은 줄어든다. 그래서 곤잘레스의 3번 기용은 좋지 않은 선택이었다. 하지만 당시엔 많은 감독들이 같은 실수를 하고 있었으니 넘어가도록 한다.

브렌리의 진짜 실수는 곤잘레스의 3번 기용이 아니라 그 앞 타순에 배치한 선수였다. 브렌리는 1차전 1번 타자로 유격수 토니 워맥을 선택했다. 대단히 고루한 생각이었다. 초창기 야구의 통념은 가장 발이 빠른 타자를 1번에 놓는 것이었다. 이 가설의 약점은 아무리 발이 빨라도 1루는 훔칠 수 없다는 거다. 워맥은 1루로 살아나가는 능력이 낙제점이었다. 2001년 워맥의 출루율은 2000년과 똑같은 0.307이었다. 즉 이 정도 출루 능력이 원래 실력이었다. 이건 대단히 나쁜 수치다. 2001년 내셔널리그에서 규정 타석(보통 502타석)을 채운 77명 가운데 워맥의 출루율 순위는 71위였다. 2001년 애리조나에서 400타석 이상 들어선 9명의 타자 가운데 워맥은 출루율 꼴찌였다. 출루율이 0.330보다 낮은 타자가 워맥 말고는 당시 선수 경력 막바지였던 35살의 노장 맷 윌리엄스[18]뿐이었다. 그러니까 브렌리는 팀 내 타자들 가운데 출루할 가능성이 가장 낮은 타자를, 가장 자주 타석에 들어서는 타순에 집어넣은 것이다.

브렌리는 워맥을 2001년 시즌에 73차례 1번 타순으로 기용했다. 그러니 월드시리즈 1차전의 선택은 새로운 게 아니었다. 그래서 더욱 나쁜 선택이었다. 브렌리가 1번 타순에 워맥 다음으로 자주 기용한 선수는 유틸리티 내야수 크레이그 카운셀이었다. 카운셀은 2001년 63차례 1번 타순에 기용돼 출루율 0.359를 기록했다. 팀 내에서 곤잘레스와 마크 그레이스에 이어 출루율 3위였다. 브렌리는 1차전에서 카운셀을 2번 타순에 배치해 1번 타자 선택의 실수를 조금이나마 만회했다. 하지만 브렌리는 월드시리즈 내내 카운셀의 기용에 여러 차례 실수를 저지른다.

이것은 사고 과정의 오류였다. 브렌리는 중요한 정보(타자들의 출루율)를 무시하거나, 정보의 의미를 이해하지 못했다. 이유가 무엇이건 완전히 어이없는 결정을 내렸다. 하지만 그 결정은 중요하지 않았다. 애리조나가 9대 1로 1차전을 승리했고, 타선 구성의 비효율성은 경기 결과에 별 영향

---

18) 2020년 현재 KBO리그 KIA 타이거즈 감독.

을 끼치지 않았다. 정규시즌에 홈런이 4개 밖에 없던 카운셀은 1회말 동점 솔로 홈런을 치는 작은 활약을 펼쳤다.

브렌리는 다음날에도 똑같은 타선을 짰다. 타선 구성의 오류는 양키스의 2차전 선발 투수 때문에 더 두드러져 보였다. 1차전에 우투수 마이크 무시나가 선발 등판했던 양키스는, 2차전에 좌투수 앤디 페티트를 내세웠다. 야구에서 타자들은 일반적으로 반대 손으로 던지는 투수의 공을 잘 친다. 좌타자는 좌투수보다 우투수의 공을 잘 치는 식이다.

토니 워맥은 좌타자다. 원래도 잘 못 치는 타자지만 좌투수를 상대할 때는 거의 쓸모없는 수준까지 떨어진다. 2001년 워맥의 좌투수 상대 출루율은 0.235에 불과했다. 그때까지 자신의 커리어에서 최악이었다. 페티트는 그해 좌타자들의 출루율을 0.284로 억제했다. 즉 워맥이 원래 좋은 타자가 아닌데다가, 모든 타자에게 강하지만 특히 좌타자에게 강한 페티트의 특성을 감안하면 약점이 극대화되는 셈이다. 두 선수의 이런 특성에도 불구하고, 브렌리는 워맥을 또 다시 1번 타자로 기용했다. 워맥은 4타수 무안타에 그쳤다. 역시 좌타자인 2번타자 카운셀도 마찬가지였다. 그래서 3번 곤잘레스는 3타석 모두 주자 없는 상황에서 들어섰고, 9회말 카운셀이 마지막 아웃을 당하는 장면을 대기타석에서 지켜봐야 했다.

다시 한 번, 라인업 구성은 승부에 아무런 영향을 끼치지 않았다. 랜디 존슨이 양키스 타자 단 4명만 출루시키며 완봉승을 거뒀고 애리조나는 4대 0으로 이겨 2연승을 달렸다. 브렌리의 용병술은 애리조나에 해를 끼쳤지만, 경기 결과를 바꿔놓을 정도까지는 아니었던 셈이다.

3차전에서는 양키스가 2대 1로 이겼다. 워맥은 9번 타순으로 내려갔고 스티브 핀리가 곤잘레스 앞 2번에 배치됐다. 로저 클레멘스와 마리아노 리베라가 애리조나 타선에 딱 7번 밖에 출루를 허용하지 않았지만, 애리조나의 라인업만 보면 1, 2차전보다 훨씬 나았다. 하지만 4차전에서 브렌리는 또 한 번 치명적인 오류를 저질렀고, 이번에는 애리조나의 패배와 직결됐다.

애리조나의 마무리투수는 22살의 한국투수 김병현이었다. 언더핸드 투구폼 때문에 종종 '잠수함'이라고 불리는 투수였다. 대부분의 투수들이 위쪽에서 아래로 내려오는 궤적의 공을 던지는 '오버핸드' 투구폼인 반면, 잠수함 투수들의 공은 타자들이 볼 때 땅에서 올라오는 것처럼 보인다. 김병현은 1년 내내 잘 던졌지만, 팔 스윙이 낮은(사이드암 혹은 언더핸드) 대부분의 투수들처럼 플래툰 스플릿, 즉 좌타자보다 우타자를 훨씬 잘 잡는 경향을 보였다. 낮은 쪽에서 던지는 투수들의 경우, 반대쪽 타석의 타자들이 공을 던지는 순간 투수의 손을 더 잘 볼 수 있다. 그래서 이런 유형 투수들의 최대 무기인 '디셉션(숨김 효과)'이 사라진다.

2001년 김병현은 좌타자에게 난타 당하지는 않았지만 우타자에 비해 고전한 것은 분명했다. 시즌 내내 홈런 10개를 맞았는데 그 중 8개를 좌타자에게 허용했다. 그 전 해에는 우타자에게 홈런을 더 맞았지만 좌타자 상대 피출루율이 0.385나 됐다. 김병현을 우타자를 상대로 투입하는 건 당연한 선택이었지만, 결정적 상황에서 좌타자를 상대로 기용하는 것에 대해서는 브렌리가 잠깐이라도 고민을 해야 마땅했다.

브렌리는 8회말 선발 커트 실링을 대신해 김병현을 투입했다. 당시로서는 혁신적인 기용 방법이라 할만 했다. 당시 감독들은 적은 점수 차로 앞서 세이브 요건이 갖춰진 9회에만 마무리투수를 등판시키는 것을 선호했다. 이건 말이 안 되는 방식이었다. 실제 경기 상황이 아니라 세이브라는 인위적인 기록에 맞춘 용병술이기 때문이다. 전통적 관념보다 한 이닝 앞서 김병현을 투입한 대목만큼은 브렌리가 인정을 받을 만하다.

애리조나가 3대 1로 앞선 상황에서 김병현은 8회 3명의 우타자를 3자 범퇴로 돌려세웠다. 그리고 역시 우타자인 9회말 선두 타자 데릭 지터도 잡아냈다. 그리고 이 경기에서 처음 만난 좌타자 폴 오닐에게 단타를 맞았다. 이제 홈런 한 방이면 동점이었다. 다음 두 타자는 스위치타자인 버니 윌리엄스, 그리고 좌타자인 티노 마르티네스였다. 이 둘은 2001년 양키스 팀 내 홈런 1, 2위였다. 브렌리는 포스트시즌 로스터에 두 명의 좌투수를 보유하고 있었다. 두 좌투수 중 한 명을 투입해 두 타자 모두 혹은 마르티네스 한 명 만이라도 상대시킬 수 있었다.

그렇게 하는 대신, 브렌리는 김병현으로 밀어붙였다. 김병현은 윌리엄스를 삼진 처리했지만 마르티네스에게 동점 투런 홈런을 맞고 말았다. 브렌리는 김병현을 10회에도 교체하지 않았고, 결국 데릭 지터가 끝내기 홈런을 터뜨려 양키스의 4대 3 승리를 이끌었다.

하지만 4차전에서 브렌리의 실수는 이것만이 아니었다. 이건 모두가 기억하는 실수일 뿐이다. 1번 타순에 복귀한 워맥은 카운셀과 곤잘레스 앞에서 3차례 출루했다. 그때마다 브렌리는 카운셀에게 희생 번트를 지시했다. 워맥의 한 베이스 진루(두 번은 1루에서 2루로, 한 번은 2루에서 3루로)와 아웃카운트를 맞바꾼 것이다. 희생번트는 대부분의 경우에 팀에 해가 되는 작전이다. 대량득점의 가능성은 확 낮추는 반면 한 점이라도 낼 확률은 거의 높이지 못하기 때문이다. 특히 이 경우에 브렌리의 선택은 터무니없는 미친 짓에 가까웠다.

루이스 곤잘레스는 2001년 내셔널리그 홈런 3위였다. 메이저리그 역사에서 유례를 찾을 수 없는 엄청난 홈런쇼를 펼치던 배리 본즈, 그리고 새미 소사에게만 뒤졌다. 홈런이 멋진 이유는 이미 출루한 주자 모두가 홈런이 나오는 순간 득점한다는 점이다. 규칙에 그렇게 돼 있다. 어느 베이스에 있는지, 공이 담장을 넘어가는 순간 득점이다. 어디에 있든 1점이다. 2루나 3루에 있다고 해서 1루에 있을 때보다 점수를 더 얻는 게 아니다. 모두 1점씩이다. 홈 플레이트에서 열리는 파티에 모두 공평하게 초대받는 것이다.

위맥의 진루를 위해 카운셀—타자로서 가진 최고의 능력이 출루인—이 출루할 기회를 포기한 브렌리의 결정은 어떻게 봐도 상식 밖이었다. 곤잘레스는 단타와 볼넷, 몸에 맞는 공(또!)을 한 번씩 기록했지만 위맥은 단 한 번도 득점하지 못했다. 브렌리가 위맥이 출루한 세 번의 기회에서 카운셀에게 희생번트를 지시하지 않았다면 9회말의 비극은 일어나지 않았을 지도 모른다. 곤잘레스가 주자 두 명을 불러들일 수 있는 기회가 생겼을 것이기 때문이다. 경기 막판 작은 폭의 리드를 날리지 않는 가장 좋은 방법은 막판으로 가기 전에 큰 폭의 리드를 잡는 것이다. 브렌리의 작전은 점수 차를 벌릴 확률을 줄였고, 애리조나가 리드를 내주고 결국 경기까지 내줄 상황을 만드는데 일조한 것이다.

브렌리의 김병현 기용 방식과 9회 상황, 그리고 다른 몇 가지 오류들에 대해서는 당시에도 비판이 쏟아졌다. 당시 '베이스볼 프로스펙터스'에서 나의 동료였던 조 쉬한은 다음 날 아침 칼럼 제목을 "브렌리가 자초한 패배" [미주1]로 달았다. 희생번트들을 "바보 같고, 수동적이며, 비생산적이며, 자학적"이라고 표현했는데, 이건 그나마 순화된 편이었다. 쉬한은 또한 브렌리가 실링의 7차전 등판 가능성을 대비해 8회에 일찍 김병현으로 교체했다면, 9회 윌리엄스/마르티네스는 다른 투수로 상대했어야 했다고 주장했다. 브렌리는 첫 번째 가정은 시인했다. '뉴욕 타임즈'의 머레이 체이스 기자와 인터뷰에서 실링의 7차전 등판 가능성도 "확실히 염두에 뒀다"라고 말했다. '뉴욕 포스트'의 앤드루 마찬드도 브렌리가 비슷한 생각을 내비쳤다고 보도하며, 그런 생각은 "닥친 경기의 승리에 집중하고 이후 경기는 나중에 생각하겠다"라고 주장했던 브렌리의 월드시리즈 출사표와 상반된다고 썼다. (마찬드는 또한 브렌리가 언론의 비판을 '최악의 기레기질'이라 말했다고 보도했다. 요즘도 비슷한 일들이 종종 벌어진다.)

브렌리는 다음 날 5차전에서도 똑같은 행동을 했다. 9회에 '세이브 상황'이었기 때문에 마무리투수를 기용해야 하는 의무가 있는 것처럼[미주 2] 또 김병현을 투입했다. 4차전에서 김병현은 61구를 던졌다. 2001년을 통틀어 한 경기 최다이자, 그때까지의 메이저리그 경력에서 두 번째로 많은 투구수였다. 투수들의 피로가 구위 저하와 부상 가능성을 높인다는 게 알려진 요즘 같았으면 무조건 하루 휴식이 주어질 만한 투구수였다. 애리조나는 2대 0으로 앞선 채 9회말을 시작했다. 김병현은 스위치 히터 호르헤 포사다에게 2루타를 허용했고, 3타자 뒤에 우타자 스캇 브로셔스에게 동점 투런 홈런을 맞았다. 양키스는 결국 연장 12회 접전 끝에 3대 2로 이겨 시리즈 전적 3승 2패로 앞서갔다. 이제 월드시리즈는 애리조나로 장소를 옮겨 6차전, 그리고 필요하다면 7차전으로 이어지게 됐다.

애리조나는 6차전에서 대승을 거뒀고, 7차전에서 9회말 역전극을 펼쳤다. 6차전 선발투수였던 랜디 존슨이 8회에 구원 등판해 열세를 1점차로 유지한 뒤, 9회말 곤잘레스가 명예의 전당에 헌액된 마무리투수 마리아노 리베라로부터 빗맞은 끝내기 안타를 뽑아냈다. 여기서도 브렌리는 가만히 있지 않았다. 9회에 두 번이나 번트를 시도했는데, 이번에는 리베라가 브렌리를 구했다. 첫 번째 번트 때 1루 주자를 2루에서 잡으려다 악송구를 범해 노아웃 1-2루 위기를 자초했다. 브렌리는 대타 제이 벨(2001년 출루율 0.349)에게 또 번트를 지시했고 이번에는 2루 주자가 3루에서 아웃됐다. 다음 3타자가 2루타, 몸에 맞는 공, 그리고 끝내기 안타를 기록하고서야 애리조나 구단의 창단 최초이자 지금까지도 유일한 월드시리즈 우승을 확정했다.

그 9회말은 밥 브렌리의 감독 경력을 상징하는 순간이 됐다. 애리조나가 득점을 올리지 못했다면 양키스가 월드시리즈를 제패했을 것이고, 브렌리가 최소한 팀의 1승 이상을 어떻게 날렸는지에 대해 기사가 쏟아졌을 것이다. 그런 일은 벌어지지 않았고, 이런 분석은 연구자들의 몫이 됐다. 애리조나가 우승하면서 밥 브렌리는 '월드시리즈 우승 감독'이 됐다. 감독에게 이 칭호는 평생의 동반자다. 브렌리가 평생 야구를 본 적이 없는 사람처럼 경기를 운영했음에도 불구하고, 선수들의 노력으로 우승을 이뤘다는 사실은 중요하지 않았다. 지금도 미디어에서 브렌리에 대해 보도할 때는 2001년 월드시리즈에 대한 언급이 포함된다. 2019년 4월 브렌리가 샌디에이고의 매니 마차도와 페르난도 타티스 주니어에 대해 인종차별적 비하발언[미주3]을 했을 때도 마찬가지였다.

물론 월드시리즈 우승의 주역은 브렌리가 아니었다. 선수들이 이룬 성취였고, 브렌리의 결정들은 팀에 해를 끼쳤다. 브렌리에게 승리의 공을 돌리는 것은 야구 보도의 전형─월드시리즈 우승의 1등공신은 감독이며, 선수들은 장기판의 말에 불과하다─이지만, 결과와 과정을 분리하는 오류다.

　이런 오류를 낳는 심리적 실수에 붙은 이름이 바로 '결과 편향'이다. 우리 모두는 좋은 과정이 좋은 결과를 낳고, 나쁜 과정은 나쁜 결과를 낳았을 거라고 믿고 싶어 한다. 그래서 결과를 보면 과정이 좋았는지 나빴는지를 알 수 있다고 믿는다. 인생이 결정론적이라면 이 믿음은 참이겠지만, 실제로는 그렇지 않다. 때로는 모든 걸 제대로 해도 불운에 뒤통수를 맞는다. 때로는 모든 걸 틀리게 했는데 결과는 잘 나오기도 한다. 그래서 우리는 '결과 편향'에 시달린다.

　『생각에 관한 생각』에서 대니얼 카너먼은 '결과 편향'을 '과신'에 의한 편향 혹은 환상 중 하나로 다루고 있다. 여기에는 야구 이야기도 등장한다. 카너먼은 '결과 편향' 혹은 '사후 과잉 확신 편향'에 의해 가장 잔인하게 평가받는 직업 중 하나로 3루 주루코치를 꼽았다. (물리치료사, CEO, 재무 설계사, 사회 복지사 등도 이름을 올렸다)

　좋은 결정이었으나 결과가 나쁘면 우리는 그 결정자를 쉽게 비난하고, 결과가 나온 뒤 좋은 결정이었음을 알게 된 경우에는 결정자를 칭찬하는 데 인색하다. '결과 편향'은 분명히 존재한다. 결과가 나쁘면 벽에 뻔히 쓰인 불길한 글자도 못 읽느냐며 비난하기 일쑤지만, 사실 그 글자는 보이지 않는 잉크로 쓰여 나중에야 식별이 가능하다는 사실을 망각한 것이다.

　카너먼은, CIA가 2001년 9.11 테러 2달 전 알 카에다가 대규모 공격을 준비하고 있다는 정보를 입수했지만, 조지 테닛 당시 CIA 국장이 그 정보를 조지 부시 대통령 대신 콘돌리사 라이스 국가안보보좌관에게 가져갔다는 폭로가 테러 이후에 나온 사례를 언급한다. 9.11 이후 정보기관의 '실패'에 대한 분석은 대부분 CIA나 다른 기관들이 테러가 계획되고 있다는 내용의 정보를 입수했다는 데 초점을 맞춘다. 그 내용과 상반되거나 무관한 정보들의 양은 무시된다. 『블랙 스완』, 『행운에 속지마라』의 저자인 나심 탈레브는 2004년 뉴욕 타임스에 기고한 '예상치 못한 일을 예측하는 법 배우기'[미주4]라는 제목의 칼럼에서, 9.11 조사위원회가 '사후 과잉 확신 편향'에 사로잡혀 미래의 테러 대비 방안을 재검토할 기회를 날려버릴 수 있다고 썼다. "키에르키고르의 말을 빌자면, 미래는 앞으로 나아가지만 뒤로만 보인다." 위원회가 과거를 들여다보면서 첩보의 오류를 발견하는 것은 쉬운 일이다. 조사위원들이 각 직책의 책임 소재만 따지면 되기 때문이다. 위원회의 임무는 책임질 사람 혹은 사물을 찾아내는 것이었다. 탈레브가 주장하듯, 9.11 테러는 그 크기와 정교함 때문에 발생 빈도가 극히 낮아서 상상조차 쉽지 않은 사건이었고, 그 상상력의 한계 때문에 테러가 가능했을 거라는 전제는 중요하지 않았다. 일이 벌어지고 난 뒤에, 사태를 예측했어야 한다고 말하는 건 쉽다. 하지만 실제 상황에서는 이렇게 극단적으로 드물고 역사적으로 중요한 사건을 예측하는 건 불가능에 가깝다. 미리 알았다면 멈추거나 바꾸었겠지만, 사건 자체의 속성 때문에 쉬운 일은 아니었다.

1998년 출간된 논문 『결정 평가에서의 결과 편향』에서 조나단 배런과 존 C.허쉬는 이렇게 썼다. "항상 지적받지만 좀처럼 고쳐지지 않는 오류가 행위의 결과를 바탕으로 의도를 평가하는 것이다."[미주5] 그들은 또한 1974년 낸 책 『운영자를 위한 결정 분석』에서 "결정자들은 결과에 의해서 평가되면 안 된다"라고 말했다. 모든 과정을 완벽하게 소화하고도 질수 있다. 드래프트에서 좋은 선수만 뽑거나, 당신의 팀에 일방적으로 유리해 보이는 트레이드를 하고도 불운, 선수의 부상 혹은 예상치 못한 변수 때문에 결과가 나쁠 수 있다. 결과론에 기댄 사후 비평이 가진 근본적인 문제다. 우리의 본성에는 결과에 기대어 과정을 평가하는 경향이 있다. 비록 좋은 결과가 나오지 않았더라도, 결과로 이어지는 과정이 충실해서 좋은 결과를 낳을 가능성을 높였는지를 묻는 일은 거의 없다.

배런과 허쉬의 논문에는 학부생들에게 의사 결정 과정과 결과에 대한 설명을 주고서, 결정자들의 능력과 의사 결정의 수준을 평가하게 한 5가지 연구 결과가 포함되어 있다. 저자들은 5가지 실험 모두에서 '결과 편향'의 일관된 증거를 발견했다. 저자들은 '결과 편향'의 존재와 꾸준한 등장을 몇 가지 추론으로 설명했다. 몇몇 사람들은 운이나 예지력에 대한 믿음을 갖고 있으며, 대부분의 사람들은 나쁜 결과가 나쁜 과정을 증명한다는 가용성 휴리스틱을 이용한다. 또한 실험에 참가한 학생들이 보인 경향 중에 가장 나빴던 것은, 결정자가 알고 있던 정보들 중 결과와 모순된 것처럼 보이는 걸 믿으려하지 않는 경향이었다. 저자들은 이렇게 결론을 내린다. "연구 결과를 보면 사람들은 과정에 대한 평가를 결과에 대한 평가와 헷갈려한다."

'결과 편향'은 스포츠계를 넘어서 각 업계의 지도자들에 대해 생각하고 논하는 방식도 왜곡시킨다. 카너먼은 "성공한 회사의 CEO는 유연하고, 체계적이며 결단력 있다고 불린다. 1년이 지나고 회사 실적이 나빠졌다고 상상해보자. 그 CEO는 이제 혼란스럽고 완고하며 권위적이라고 묘사될 것이다."

이런 현상이 야구 감독들에게 그대로 벌어진다. 팀의 기대를 뛰어넘는 성적에 제일 먼저 찬사를 보내는 사람들이, 부진하면 가장 먼저 비난을 쏟아낸다. 해마다 정규시즌이 끝나면 야구기자회 소속 기자들이 MVP와 신인왕, 올해의 감독상에 대한 투표를 진행한다. 30명의 기자가 투표권을 행사한다. 올해의 감독상은 가장 논란이 많은 상이었다. 감독의 직무를 평가할 방법을 아무도 모르기 때문이다. 야구 분석가들의 공통적인 추정은, 한 시즌 팀 성적에 감독이 끼치는 영향은 좋건 나쁘건 간에 전통적 관념보다는 적다는 것이다.

상의 모호한 성격에다가 "팀 전력보다 많은 승을 올린 팀의 감독 고르기"라는 투표 경향 때문에, 투표 결과는 온갖 종류의 사후 왜곡과 결과 편향으로 가득하다. 또한 수상한 감독에 대한 평이 순식간에 바뀌는 경우도 흔하다. 1983년에 제정된 뒤 이 상을 받은 감독은 69명이다. (한 차례 공동 수상이 있었다). 그중 35명은 해고되거나 중도 사임했다. 놀라운 것은 분위기가 바뀌는 속도다.

- 한 명은 정규시즌 종료 뒤 수상자 발표 전에 해고됐다(2006년 플로리다의 조 지라디).
- 6명은 다음 시즌 중 혹은 종료 뒤에 해고됐다.
- 12명은 수상 2년 뒤 시즌 중 혹은 종료 뒤에 해고됐다.
- 8명은 수상 3년 뒤 시즌 중 혹은 종료 뒤에 해고됐다.

올해의 감독상을 받은 19명의 감독이 수상 2년 안에 쫓겨난 것이다. 기간을 1년 더 늘리면 27명으로 늘어난다. 전체 수상자의 39%이며 거의

5명 중 2명이다. 이 정도 해고 확률이라면 감독들은 모두 조지 스캇[19]처럼 수상을 거부해야 할 판이다.

이 현상에는 두 가지 설명이 가능하다. 나는 둘 다 일리가 있다고 본다. (나는 한 차례 투표를 해 봤고, 앞으로 하지 못해도 상관없다.) 첫 번째 설명은 기자들이 좋은 감독을 고르지 못한다는 것이다. 기자들은 감독들이 얼마나 큰 영향을 끼치는지 알 수 없고, 영향을 인지하더라도 그 양을 측정할 수 없다. 그래서 결과 편향에 의존해 시즌 전 예상에 비해 많은 승을 기록한 팀의 감독을 뽑는다. 팀 성적은 감독과는 아무 상관이 없을 수도 있다. 몇몇 선수들이 예상치 못하게 생애 최고의 시즌을 보낼 수 있고, 시즌 전 예상 자체가 틀렸을 수도 있다. 하지만 감독은 팀을 지휘하는 책임자처럼 보이기 때문에 팀의 성공에 공을 인정받는다.

두 번째 설명은 팀이 감독의 역량을 잘 파악하지 못하기 때문에 채용과 해고가 거의 임의로 이루어진다는 것이다. 여기서도 사후 왜곡이 벌어진다. 우리는 어느 정도의 경기를 이길 거라 예상했지만, 우리 생각보다 팀의 승수가 적기 때문에, 감독을 비난하자는 식이다. (스포츠계의 옛 격언대로, '선수를 경질할 수는 없다.') 이건 '결과 편향'의 또 다른 결과다. 우리는 승리와 패배를 감독의 공과로 돌리고, '감독이 몇 승 몇 패를 했다'라고 말한다. 경기를 뛴 건 선수들이다. 감독은 비록 결과에 작은 영향을 주긴 하지만 그 모든 승리와 모든 패배에 책임을 지기에는 너무 작은 역할을 수행한다.

우리는 많은 감독들이 형편없는 선수들을 데리고는 나쁜 성적을 내고,

---

19) 1970년 오스카 남우주연상 수상자로 선정됐지만, '연기는 모두 유니크하다'는 소신 때문에 수상을 거부했다.

좋은 선수들과 함께 할 때는 좋은 성적을 내는 걸 봐왔다. 대표적인 사례가 조 토레다. 토레는 1995년 시즌 초반 세인트루이스 카디널스에서 해고됐다. 그때까지 894승 1003패를 기록했고 포스트시즌 진출은 딱 한 번이었으며 포스트시즌 승리는 한 번도 못했다. 뉴욕 양키스가 아메리칸리그 올해의 감독상을 받은 지 12개월도 안 된 벅 쇼월터를 해고하고 토레를 새 감독으로 선임한 사건에 대해 (평생 양키스 팬이었던) 조 쉬한은 1997년판 '베이스볼 프로스펙터스'에 이렇게 썼다 : "현역 최고의 감독 중 한 명인 벅 쇼월터는 사임으로 내몰렸고, 그저그런 감독 중 한 명인 조 토레가 그 자리를 차지했다." [미주6]

쉬한의 글이 나올 때 토레는 이미 양키스에서 한 차례(1996년) 월드시리즈 우승을 차지한 뒤였다. 이후 그는 세 번 더 정상에 오르고, 두 차례 아메리칸리그 우승을 차지했으며, 결국 명예의 전당에 입성한다. 쉬한은 정곡을 찔렀다. 그 당시에는 아무도 토레의 선임이 양키스를 업그레이드시켰다고 생각하지 않았다. 하지만 토레에 대한 인식은 그가 물려받은 선수단 때문에 완전히 바뀌게 된다. 조 토레가 지휘한 양키스에는 이후 명예의 전당에 들어갈 선수가 4명, 단골 올스타가 여러 명 포함돼 있었던 데다 나중에는 로저 클레멘스까지 추가된다. 토레가 이전에 해고됐던 세 번의 경험에서 뭔가를 배웠을 수도 있다. 하지만 어쩌면 그 자신은 변한 게 없는데 생애 최고의 선수들을 만난 덕을 봤을 수도 있다. 명예의 전당 투표인단도 '결과 편향'에 발목 잡힌 것이다.

결과와 과정이 일치하지 않는 것처럼 보이면, 우리는 과정에 대한 평가가 적절했는지 자문해야 한다. 결정의 주체들이 필요한 정보를 충분하게 가지고 있지 않았을 수도 있고, 우리가 결정 주체들이 어떤 정보를 가지고 있었는지 모를 수도 있다. 2011년 7월, 휴스턴 애스트로스는 그 당시 팀 내 최고 선수였던 외야수 헌터 펜스를 필라델피아에 내주고 내야수 존 싱글튼과 제럿 코자트 등 유망주 네 명을 받는 트레이드를 단행했다. 트레이드 직후에 나는 코자트를 휴스턴 구단의 유망주 랭킹에서 1위에 올렸다. 당시에 알려지지 않았던 사실은 싱글튼이 오랫동안 약물 중독에 시달렸다는 점이다. 결국 그는 마이너리그에서 여러 차례 마리화나 양성 반응으로 적발됐다.[미주7] 2014년, 두 번째 출전 정지 징계를 받았을 때 싱글튼은 재활 프로그램을 시작하면서 스스로를 '약물 중독자'라고 불렀다. 2018년에 싱글튼은 도핑 테스트에서 '약물 남용' 결과가 나왔고 (MLB 사무국은 보통 어떤 약물인지는 밝히지 않는다) 100경기 출전 정지 징계를 받았다. 휴스턴은 결국 싱글튼을 방출했다.

이 트레이드는 휴스턴에게 완전히 재앙이었다. 코자트는 트레이드 이후 부상과 도박 스캔들로 야구 인생을 망쳤다. 트레이드에 포함된 다른 선수들, 조시 자이드와 도밍고 산타나도 이렇다 할 활약을 하지 못했다. 산타나는 이후 카를로스 고메즈와 마이크 파이어스를 데려오는 트레이드에 포함돼 팀을 떠났는데, 이 트레이드 역시 휴스턴이 큰 재미를 보지 못했다. 만약 싱글튼이 헌터 펜스 트레이드의 핵심 선수라면, 우리는 휴스턴의 트레이드 결정을 어떻게 평가해야할까?

＊만약 휴스턴이 트레이드 당시에 싱글튼의 약물 문제를 알았다면 ― 싱글튼은 MLB로부터 출전 정지 처분을 받지 않았고, 당시 야구 취재기자였던 나는 이 문제를 인지하지 못했다 ― 트레이드를 하겠다는 결정은

잘못된 것이었다. 휴스턴은 싱글튼의 약물 문제와 그것이 선수 생활에 끼칠 영향을 무시했거나 적절하게 대처하지 않았다.

　＊하지만 싱글튼의 약물 문제를 몰랐다면, 휴스턴은 준수한 결정을 했지만 나쁜 결과를 얻었다고 할 수 있다. 트레이드 파트너였던 필라델피아는 이 문제의 심각성을 몰랐을 수도 있고, 혹은 알고도 그 정보를 휴스턴에게 알리지 않았을 수 있다. (여기서 필라델피아가 뭔가를 잘못했다고 비난하는 건 절대로 아니다. 하지만 트레이드 때 선수의 부상 혹은 개인 사정에 대한 핵심 정보를 숨기는 경우는 꽤 있다.) 그런 경우라면 트레이드 당시 애스트로스가 갖고 있었던 정보를 고려할 때 그들은 좋은 결정을 했다고 볼 수 있다. 좋은 결정을 했지만 그들이 가질 수 없었던 정보 때문에 결과가 나빴을 뿐이다.

　혹은 휴스턴이 싱글튼의 약물 문제에 대해 충분히 조사를 하지 않았거나 조사를 하고도 아무 것도 찾지 못했을 수도 있다. 이 경우는 특정 과정에서 문제가 일어나 결정권자에게 잘못되거나 불충분한 정보가 전달됐고, 결정권자는 주어진 정보 내에서 최선의 결정을 한 것이다. 이 재앙과 같은 트레이드—휴스턴은 팀 내 최고 선수를 내주고 실질적으로 아무 것도 얻지 못했다—가 좋은 과정/나쁜 결과가 될 수 있는 시나리오는 많다. 하지만 특히 스포츠계에서는 좋은 트레이드가 아니면 나쁜 트레이드, 성공이 아니면 실패라는 흑백논리가 지배적이다.

　트레이드 과정의 진실이 무엇이건, 휴스턴은 트레이드에서 '폭망'했다. 2011년 리그 전체 최저 승률로 마친 휴스턴은 2012년과 2013년에도 꼴찌에 머물렀다. 하지만 2015년부터 리빌딩의 성과가 나타나기 시작해 와일드카드전 진출에 성공했다. 2017년에는 아메리칸리그 서부지구 우승을 차지한 뒤 팀 역사상 최초로 월드시리즈를 제패했다. 그들은 헌터 펜스 트레이드 때문이 아니라 그 트레이드에도 불구하고 우승을 일궈냈다. 뒤돌아보자면 우승이라는 좋은 결과도 최악의 트레이드를 성공적인 것으로 바꾸지는 못한다.

2012년 발표된 『사후 과잉 확신 편향』[미주8]이라는 논문에서 닐 J. 로스와 캐슬린 D. 보스는 '사후 의존 과잉 편향' 혹은 '결과 편향'을 피할 수 있는 방법 하나를 증거에 기반해 제시한다. 다소 투박하지만 직설적으로 '정반대를 고려하라'는 것이다. 그들은 이 방법을 간단하게 정의한다. '결정자들이 실제로는 일어나지 않은 결과가 어떻게 일어날 수 있는지 검토하고 설명하도록 장려한다.' 밥 브렌리의 번트와 불펜 자폭 이야기로 돌아가 보자. 마리아노 리베라가 7차전 9회말을 잘 막아내 애리조나가 월드시리즈를 졌다―송구 실책도, 빗맞은 안타도 없이―고 상상해 보자. 이 가정은 별로 어렵지 않다. 특히 당신이 그 경기를 봐서 애리조나가 패배 일보직전이었다는 걸 안다면. 평행 우주론을 적용하자면, 그 9회말에만 수많은 다른 우주가 탄생했을 순간들이 있었다. 그 대부분의 평행 우주들에서 양키스는 리드를 지켜 4년 연속 우승을 차지했을 것이다.

애리소나가 월드시리즈를 졌다면 ― 랜디 존슨과 커트 실링, 두 선발투수의 초인적인 활약에도 불구하고― 경기 이후의 이야기들은 애리조나가 어떻게 자멸했는지에 집중됐을 것이다. 나는 '자멸'이라는 단어를 우연히 고른 게 아니다. 모든 비난의 화살은 브렌리를 향했을 것이다. 루이스 곤잘레스 타석 앞에서 이해할 수 없는 번트들, 김병현 기용 방식에 대한 실수 등 이유는 차고 넘친다. 월드시리즈 전체의 마지막 한 이닝 결과만 바꾸는 걸 상상해 봐도, 브렌리의 작전들이 전혀 다른 결과를 낳을 수 있었고, 팬들의 인식과 언론 보도가 브렌리의 실수에 집중될 수 있었다는 걸 쉽게 알 수 있다.

이 논문에서 두 저자는 사안에 대한 전문성이 '사후 과잉 확신 편향'을 막는 무기가 되는지도 검토한다. 다시 말해, 사안에 대해 많이 알면, 편향의 함정에 덜 빠지는가? 저자들은 '전문성 그 자체는 편향에 대한 방어막이 아니'라고 말한다. 인간이라면 누구나 편향에 취약하다. 저자들이 2004년에 같은 주제에 대한 여러 연구들을 들여다보는 메타 분석을 해 본 결과, 전문성과 사후 과잉 확신 편향 감소 사이에 아무런 연관이 없었다. '우리는 전문가들이 기억 왜곡은 덜 하지만 미래 예측에 있어서는 사후 과잉 확신 편향이 더 심하다는 가설을 세울 수 있을 것 같다.'

쉽게 말해, 저자들이 세운 가설은 이렇다. 전문가들은 자신의 예측 혹은 판단을 잘못 기억할 가능성은 낮지만, 어떤 사건이나 결과를 미리 예측하는 능력을 과신한다. 즉 전문가라고 해서 '사후 과잉 확신 편향'에서 자유롭지 않다. 단지 편향이 나타나는 방식이 다를 뿐이다.

팬들 사이에서도 결과 편향은 쉽게 찾을 수 있다. 결정이나 결정자가 드러나지 않는 과정은 배제한 채 오직 결과만으로 사후에 평가하는 건 너무 쉽기 때문이다. 이번 오프시즌만 봐도 그렇다. 샌프란시스코는 게이브 캐플러를 새 감독으로 선임했다. 캐플러는 필라델피아를 이끈 2년 동안 한 번도 플레이오프에 진출하지 못했다. 그럼 캐플러는 좋은 감독이 아닌가? 필라델피아의 부진이 선수들의 책임은 아닌가? 당신이 샌프란시스코 팬이라면 이 차이는 중요하다. 캐플러 선임 혹은 캐플러를 선임한 프런트에 대한 당신의 견해에 근거가 되기 때문이다. 피츠버그 파이리츠는 벤 셰링턴을 새 단장으로 영입했다. 셰링턴은 4년 전 보스턴 레드삭스 단장에서 해임된 인물이다. 셰링턴이 단장으로 재임하는 동안 보스턴은 2013년 월드시리즈 우승을 차지했지만 2012년과 2014년에는 꼴찌로 추락했다. 셰링턴은 우승의 주역인가 꼴찌 추락의 원흉인가? 아니면 둘 다인가? 셰링턴이 FA 계약과 트레이드, 프런트 인사에서 의사 결정을 할 때 거친 과정은 어떠했나?

나는 캐플러와 셰링턴의 영입을 모두 지지하는 쪽이다. 두 사람이 전 직장에서 보인 의사 결정 과정이 좋았다고 생각하고, 실패로부터 배워서 두 번째 기회에서는 더 잘할 능력을 가졌다고 믿기 때문이다. 단순히 결과만으로 평가해서는 두 사람의 장점과 약점, 그리고 무엇보다 잠재력을 제대로 알아낼 수 없다.

[미주]

1. Joe Sheehan, "The Daily Prospectus: Game Four," BaseballProspectus.com, November 1, 2001.

2. 그렇지 않다.

3. 오스틴 퍼트, "월드시리즈 우승 감독이 무슨 생각으로 그런 말을 했는지 모르겠다. 이유가 뭐든, '다 꺼져' 같은 윽박은 스스로에게 하는 게 낫겠다."
"VIDEO: Diamondbacks Announcer Makes Strangely Offensive Comment About Fernando Tatis Jr.," 12up.com, April 12, 2019.

4. Nassim Nicholas Taleb, "Learning to Expect the Unexpected," New York Times, April 8, 2004, Section A, p. 29.

5. J. Baron and J. C. Hershey, "Outcome Bias in Decision Evaluation," Journal of Personality and Social Psychology 54, no. 4 (1988): 569 – 79.

6. Joseph Sheehan et al., Baseball Prospectus 1997, Rave내셔널리그ock Media LLC.

7. 메이저리그 사무국은 마리화나 검사를 40인 로스터에 오른 선수는 하지 않지만 마이너리그 선수들을 대상으로는 시행하고 있다. 적발되면 다른 금지약물처럼 처벌도 한다. 마리화나가 합법화되는 주가 늘고 있어서, 다음 번 노사 단체협약에서는 이 부분에 대한 변화가 있을 것으로 전망된다.

8. N. J.Roese and K. D. Vohs, "Hindsight Bias," Perspectives on Psychological Science 7, no. 5 (2012): 411 – 26, doi:10.1177/1745691612454303. 9. It's a quantum physics reference. Just work with me here.

CHAPTER 04

항상 해 왔던 대로

'집단 사고'가 야구의 그릇된 통념을 강화하는 이유

Illusory
Truth Effect

거짓은 빠르게 날아다니고, 진실은 그 뒤에 절뚝이며 걸어온다.
진실이 드러났을 때는 언제나 한 발 늦은 뒤다.

- 조나단 스위프트

'다음 타자의 보호 효과'[20]란 허상이다. 전작 『스마트 베이스볼』에서 다른 사람들이 이미 해놓은 치밀한 연구를 인용하여 설명해 놓았다. 메이저리그 타자들이 다음 타순에 배치된 타자가 누구냐에 따라 성적이 달라진다는 통념은 사실이 아니다. 이 책에서 이 이야기를 다시 꺼낸 이유는 그 개념이 허구라고 다시 한 번 증명하기 위함이 아니다. (재미있긴 하겠지만) 숱한 반대 증거에도 불구하고 야구계에 이런 거짓과 미신이 계속 살아 있는 이유를 알아보기 위해서다.

---

20) Lineup Protection. 다음 타순에 강타자를 배치하면, 앞타자들이 득을 본다는 개념. 상대 투수가 위기 상황에서 강타자를 만나지 않기 위해 앞타자들과 정면승부를 할 것이고, 치기 좋은 공을 던질 확률이 높다는 가정이다. 예를 들어 2020년 프로야구 최고 외국인타자 로하스(KT) 앞 타순에 배치되는 조용호, 황재균 등은 치기 좋은 공을 더 자주 만날 거라는 논리다. 반대로 강타자 뒤에 약한 타자를 배치하면, 상대 투수는 강타자를 피해 갈 거라는 주장. 여러 통계 연구를 통해 부정되었다.

'다음 타자 보호 효과'의 논리는 이렇다. '김거포' 선수는 팀의 최고 강타자이고 보통 2번 타순에 배치된다. (지금도 강타자의 2번 배치를 반대하는 통념이 남아 있다.) 김거포 다음에는 누구를 배치해야 할까? '보호 효과' 가설에 따르자면, 그 다음에 약한 타자를 배치하면 상대 투수는 김거포 선수를 피해갈 것이다. 치기 좋은 공을 주지 않기 위해 볼넷을 내줄 리스크도 감수할 것이다. 다음 타자가 약하기 때문이다. 하지만 다음 타순에 강타자가 배치돼 있다면, 투수는 할 수 없이 김거포 군과 정면승부를 해야할 것이다. 스트라이크를, 그리고 아마도 직구를 더 많이 던지는 볼배합의 변화 때문에 김거포 선수가 강한 타구를 쳐 출루하거나 타점을 올릴 확률이 늘어날 것이다.

이 가설은 적어도 메이저리그에서는 사실이 아니다―나는 이 주제에 대한 마이너리그나 아마추어 야구의 데이터는 접하지 못했다―. 사실이 아니라는 게 대중적으로 알려진 지 최소한 25년이 넘었다. '베이스볼 프로스펙터스'에서 2006년 발간한 야구 통계 분석 에세이집 '베이스볼 비트윈 더 넘버스 Baseball Between the numbers'에는 '보호 효과 가설'이 허구임을 입증하는 글들이 많이 실려 있다. 나는 이 책이 여러 팀의 프런트 오피스와 감독실에 비치된 것을 목격했다. 그럼에도 불구하고 2019년 현재에도, 많은 사람들이 '보호 효과'라는 복음을 전도하고 있다. 그 중에는 절대 안 그럴 것 같고 그러지 말아야 하는 사람들이 포함되어 있다.

＊신시내티 레즈와 워싱턴 내셔널스의 전 단장인 짐 보우든은 2019년 한 칼럼에서, 닉 카스테야노스가 "디트로이트에서 뒷타순의 보호를 받지 못해 헤매고 있다"고 썼다.[미주1]

* 조 매든[21]은 카일 슈와버[22]의 타순을 5번에서 2번으로 옮기면서, "슈와버는 더 나은 보호 효과를 누릴 자격이 있다"고 말했다.[미주2]

* MLB닷컴의 LA 다저스 담당기자 켄 거닉이 쓴 기사는 전체가 타순 보호 효과에 대한 이야기다. 코디 벨린저가 약한 후속 타자들 때문에 승부를 기피당하고 있어서 데이브 로버츠 감독이 데이빗 프리스와 맥스 먼시를 벨린저 뒤에 놓는 타순 조정을 했다는 것이다. 기사는 너무나 작은 샘플들에서 뽑아낸 결론들로 가득 차 있다.[미주3]

* 은퇴 이후 명예의 전당 입성이 기정사실인 디트로이트의 간판스타 미겔 카브레라는 2019년 부진의 이유로 많은 나이(36세)와 성치 않은 몸 대신 빈약한 타순 보호를 꼽았다. "예전에는 프린스 필더[23]가 내 다음에 쳤죠. 지금은 내 뒤 타순이 누구인지 알죠? 엄청난 차이죠."[미주4]

이 글을 쓰고 있는 2019년, 시즌이 몇 주 남은 현재까지 나온 글 몇 개만 금방 고른 것이다. 미국 사회 전반의 지적 수준이 땅에 떨어진 요즘이라 이런 글들이 나오는 게 아니다. 2015년 '팬그래프스'에 실은 글에서 데이빗 로리라는 선수와 감독들에게 타순 보호 효과가 존재하는지, 혹은

---

21) 2008년부터 2014년까지 탬파베이 레이스의 감독으로 일하며 두 차례 아메리칸리그 올해의 감독에 선정됐다. 2015년 시카고 컵스의 지휘봉을 잡고 내셔널리그 올해의 감독상을 받았으며, 이듬해 컵스를 108년 만의 월드시리즈 우승으로 이끌었다. 2020년부터 LA 에인절스의 감독을 맡고 있다.
22) 2015년 시카고 컵스에서 데뷔한 왼손 강타자
23) 2005년부터 밀워키, 디트로이트, 텍사스에서 12년 동안 뛰며 319홈런을 친 왼손 강타자. 목 디스크 때문에 2016년 32살의 이른 나이에 은퇴했다.

그것이 경기에 영향을 끼치는지를 물었다. 에반 롱고리아[24]와 릭 포셀로[25], 마크 테세이라[26]의 답은 저마다 달랐지만, 보호 효과가 존재한다는 확고한 믿음만큼은 똑같았다. 롱고리아의 답은 이랬다. "바보 같은 질문이라고 생각합니다. 질문 자체에 답이 담겨있습니다. 미겔 카브레라 같은 타자가 다음 타자라면, 나는 치기 좋은 공을 많이 보게 될 것입니다. 빅리그 초짜인 신인이 내 다음이라면 정반대일 것이고요." 포셀로는 완전히 일축했다. "야구 경기를 본 사람이라면 보호 효과를 알 수밖에 없죠." 현재 ESPN의 해설자인 테세이라는 조금 조심스럽게 표현했다. "많은 변수가 있지만, 상식적으로 생각하자면 다음 타순에 강타자가 있으면 현재 타자는 치기 좋은 공을 많이 보게 됩니다. 요즘 야구에서는 이런 매치업도 고려해야 하지요." [미주5]

최근 프런트 오피스에서는 사라지고 있지만, 선수단과 코칭스태프 사이에서는 여전히 지배적인 통념이다. 올해도 많은 감독들이 매든처럼 라인업을 바꾼 이유로 보호 효과를 거론했다. (매든은 6월초, 카를로스 곤잘레스[27]를 뒤 타순에 배치한 두 경기에서 하비에르 바에즈가 맹타를 휘두른 이유로 보호 효과를 꼽았다.) 이런 사례들로부터 우리는 적어도 몇몇 경우에서 감독들이 라인업을 구성하는 근거가 보호 효과에 대한 신념이라고 추론할 수 있다. 캔

---

24) 2008년 아메리칸리그 신인왕. 3차례 3루수 부문 올스타로 뽑히며 10년 동안 탬파베이 레이스의 간판스타로 활약했다. 2018년에 샌프란시스코로 트레이드됐다.

25) 2016년 보스턴 소속으로 아메리칸리그 다승왕에 우르며 사이영상을 수상했다. 2020년 뉴욕 메츠와 FA 계약을 맺었다.

26) 2003년 텍사스 레인저스에서 데뷔해 3차례 올스타, 5차례 골드글러브를 차지했던 스위치 히터 강타자. 은퇴 후 2017년부터 ESPN 해설자로 일하고 있다.

27) 2010년 내셔널리그 타격왕. 3차례 올스타에 선정됐고 밀워키에서 전성기를 보냈다. 2019년, 현역 마지막 시즌을 클리블랜드와 시카고 컵스에서 뛰었다.

자스시티의 네드 요스트 감독은 8월 20일, 호르헤 솔레어의 타순을 2번으로 옮기면서, '솔레어를 더 잘 보호하기 위해서'라고 설명했다.[미주6] 그 전까지 솔레어는 4번이었는데, 5번에 배치된 체슬러 커스버트가 35타수 무안타의 부진에 빠지는 바람에 보호 효과가 전무했다는 것이다. (커스버트의 무안타 행진은 그 뒤 8월 24일까지 계속돼 40타석까지 이어진다.) 요스트와 매든은 둘 다 월드시리즈 우승 감독이며 매든은 올해의 감독상을 3번이나 받은 명감독임에도 이 미신을 떨치지 못한 것이다. 물론 독자들은 지금쯤 수상 경력에 큰 의미가 없다는 걸 알고 있겠지만.

  그럼 대체 왜 이런 근거 없는 신화가 존속하는 것일까? 부분적으로는, 이것이 선수와 코치, 스카우트, 그밖에 그라운드 위에서건 밖에서건 프로야구계 서열의 맨 밑바닥부터 올라온 모든 사람들에게 대를 이어 교리처럼 주입돼 온 격언이기 때문이다. 모두가 진실이라고 믿기 때문에 진실이 된다. 한 사람이 두 사람에게 말하고, 또 그 두 사람이 다른 두 사람씩에게 말하다 보면 모두에게 전파된다. 야구계는 한 다리만 건너면 다 아는 사이들이고, 또 다양성도 그리 크지 않은 획일화된 집단이기에— 대부분의 구단 프런트 오피스를 찾아 가 보면, 단 한 명의 여성이나 흑인도 만날 수 없는 경우가 대부분이다— 진실이 공개돼있고 찾기가 쉬운 시대에도 거짓말이 반복재생산되는 것이다.

  왜 우리는 허위라는 것이 밝혀지고 쓸모가 없어진 한참 뒤에도 그 거짓에 집착할까? 뭔가를 진실이라고 반복적으로 듣고 나면, 우리의 마음은 그것을 사실로 받아들일 뿐만 아니라 '기본 시각'으로 새겨 넣는 것일까? 그래서 의식적인 노력을 통해 마음에서 제거해야 하는 것일까?

바로 그렇다. 이 현상은 '진실 착각 효과'라고 불린다. 스포츠계를 넘어, 거짓 정보와 소셜미디어의 시대에 사는 우리가 직면한 심각한 문제이다.

템플 대학교와 토론토 대학교의 연구자 3명이 1977년 발표한 논문에서 '진실 착각 효과'를 처음 제기했다. 그때는 이 인지 오류에 지금의 이름을 붙이지는 않았다. 저자들은 몇 주 동안 특정 명제를 여러 번 반복해서 들은 사람들은, 진실 여부와 상관없이 그 명제를 '진실'이라고 여길 확률이 더 높다는 것을 발견했다.[미주7]

이 대목에서 잠깐 생각해 보자. 어떤 내용을 더 많이 들을수록, 더 진실이라고 생각한다니… 실제로 그것이 진실인지와는 상관없이 말이다. 이제 최근 반복해서 들었던, 명백한 거짓말들을 떠올려 보자. 진화는 '하나의 이론일 뿐이다.' (틀린 말이다. 진화론은 과학적 방법으로 수없이 반복돼 증명됐다.) '5초 규칙'이란 것도 있다. 음식이 땅바닥이나 더러운 표면에 떨어져도 5초 안에만 집어 먹으면 괜찮다는 거다. (음식은 다른 표면에 닿는 동시에 미생물로 오염된다. 손에서 떨어지는 순간, 이미 늦은 것이다.) 인간은 뇌 용량의 10%만 사용한다. (그야말로 넌센스다.) 매운 음식은 위궤양을 유발한다. (박테리아, 헬리코박터 파일로리가 진짜 범인이다.) 비타민C를 많이 섭취하면 감기에 걸리지 않는다. (사실이 아니라고 여러 번 증명됐지만, 여전히 비타민 C 보충제는 잘 팔린다.) 음식 X, 영양소 Y가 심장질환/암/당뇨 위험을 높인다. (이 명제는 사실을 지나치게 단순화한 것이다. 그래서 종종 계란처럼 절대 다수 사람들의 식생활에 해롭지 않은 음식을 악마화한다.)

1977년의 첫 번째 논문에서는 대단히 우아한 연구 방법이 사용됐다. 실험 참가자들은 5주 동안 3번의 테스트를 치렀다. 테스트마다 여러 주제들이 섞인 60개의 그럴 듯한 문장들을 주고, 각 문장들이 참일 가능성을 1부터 7까지 숫자로 매겨보도록 했다. 전체 문장의 1/3은 테스트마다 똑같이 포함되었다. 나머지 120개(테스트마다 40개씩)는 테스트마다 달랐다. 피험자들은 세 번째 테스트에서, 반복되는 문장을 그렇지 않은 문장보다 더 많이 참이라고 평가했다. 비록 그 문장이 거짓이더라도 말이다. 심지어 첫 번째 테스트의 2주 뒤에 치러진 두 번째 테스트에서도, 반복되는 문장이 참으로 평가될 확률은 눈에 띄게 높아졌다.

더 쇼킹한 건, 해당 주제에 대한 사전 지식이 있더라도 이 효과로부터 자유롭지 못했다는 것이다. 2015년 '실험 심리학 저널'에 실린 연구에는 '진실 착각 효과는 피험자가 사전 지식이 있더라도 발생한다'라고 돼 있다.[미주8] 어떤 내용을 반복적으로 들으면 뇌가 더 쉽게 '처리'한다는 것이다. 또한 이 연구에는 '사람들은 대조 효과가 나은(즉 쉽게 읽히는) 폰트로 쓴 문장을, 덜 대조적이라 눈에 덜 띄는 폰트로 쓰인 문장보다 '참'이라고 볼 확률이 높다'[미주9]라는 이전 연구도 인용돼 있다. 크게 말하라. 그리고 커다란 글씨로 써라. 그러면 사람들이 믿을 것이다.

연구에 나온 두 실험에서는 피험자들이 '처리의 용이함'을 첫 번째 단서로 삼는다는 것을 밝혔다. 자신들이 갖고 있던 사전 지식을 무시해가면서 말이다. 저자들은 실험 참가자들이 '용이한 처리 조건'―즉 실험 참가자들이 어떤 내용을 반복해서 듣거나 이해하기 쉬울 경우― 하에서는 사전 지식을 종종 무시한다는 것을 발견했다. 이 현상의 원인에 대한 가설 중 하나는, 사람들이 과거에 정보를 어디서 얻었는지 검토하는 '출처 점검'을 하기 어렵다는 것이다. 옛날에 알게 된 것들을 검토할 때는 '뇌 깊숙한 곳'을 어렵게 뒤져야 한다. 반면 지금 읽거나 듣고 있는 것의 출처는 상대적으로 평가하기 쉽다. 두 번째 가정은, 뭔가를 참이라고 인정하는 것이, 뇌 깊숙한 곳에서 반론에 필요한 지식을 소환해 의심하는 것보다 쉽다는 거다.

저자들은 또한 피험자들이 원래 지식과 새로 접한 주장 사이에 '부분적 일치' 정도만 있어도 만족한다는 것을 발견했다. 예를 들어, "모세가 방주에 몇 종류의 동물을 태웠는가?"라는 질문을 들었을 때, 피험자들은 종종 이상한 게 없다는 듯 답을 했다. 왜냐하면 우리 머리에 저장된 성경에 대한 지식과 이 질문에는 '부분적 일치'가 있다. 방주에 각 동물마다 두 마리씩을 태운 사실은 맞기 때문에, 모세가 아니라 노아라는 사전 지식은 무시해버린 것이다.

이 현상은 특히 지금의 세태에 큰 함의를 갖는다. 예를 들어 선진국들은 백신의 안전성과 효과에 대해 일부 사람들이 퍼뜨린 위험하고 잘못된 정보의 파도와 싸우고 있다. 그 자들은 홍역처럼 전염성이 대단히 높은 질병이 전국가적 유행병이 되지 않도록 막기에 인프라가 부족한 개발도상국에도 잘못된 메시지를 전파하고 있다. 거짓말을 반복하기만 해도 사람들이 믿게 만들 수 있다면, 혹은 조금이라도 참이라고 생각하는 확률을 높일 수 있다면, 그런 허구를 퍼뜨리는 자들과 맞서 싸우기 위해선 완전히 새로운 전략이 필요할 것이다.

나는 이 글을 2019년 9월에 쓰고 있다. 올해 들어 지금까지 미국에서만 1241건의 홍역 환자가 확진되었다. 홍역은 백신을 통해 거의 완벽하게 막을 수 있는 전염병이다. 불과 19년 전, 미국은 홍역을 박멸했다고 선언했다. 발생 환자는 100만 명당 1명 이하로 떨어졌다. (국내 발생이 없어도 누군가 국외 여행을 하면 환자가 발생할 수 있다.) 최근 홍역 발생건수가 다시 늘어난 가장 큰 이유는 허위 정보의 확산이다. 1998년 출간된 홍역/볼거리/

풍진(MMR : 홍역 Measles/볼거리 Mumps /풍진 Rubella) 백신이 유아들에게 자폐스펙트럼장애를 유발한다는 사기성 연구가 그 시작이었다.

이야기를 더 하기 전에 분명히 해둬야겠다. MMR 백신은 자폐증을 유발하지 않는다. 자폐증을 유발하는 백신은 없다. 자폐증은 유전 요인이 강하고, 자폐스펙트럼장애가 있다면 임신 후반기의 태아에게서 징후가 뚜렷이 보인다. 백신이 자폐증을 유도한다는 주장은 틀렸다. 그런 말을 하는 사람들은 거짓말을 하고 있거나, 잘못 알고 있는 것이지만, 틀린 건 매한가지다. 이제라도 제대로 알고 말하도록 하자.

앤드루 웨이크필드는 지금은 철회된 이 논문의 주저자였다. 당시에 그는 자신이 자폐증의 잠재적 원인을 밝혀냈다는 뉴스를 열심히 퍼뜨렸다. 백신 제조사들을 상대로 고소를 고려하고 있던 일군의 변호사들로부터 펀딩을 받은 것도 이유였을 것이다. 훗날 웨이크필드가 이 연구에서 관찰한 어린이들에 대해 거짓말을 했다는 것이 드러났다. 그가 연구에서 퇴행성 자폐증이 있다고 주장했던 9명의 어린이 중 단 한 명만이 자폐증 진단을 받은 것으로 드러났다. 또 그는 글에 등장한 여러 어린이들이 백신을 맞기 전에도 발달 장애가 있었다는 사실을 밝히지 않았다.[미주10]

이성적인 세계라면, 이쯤 되면 소동이 끝났어야 한다. 하지만 실제로는 그렇지 않았다. '선데이 타임즈'의 브라이언 디어 기자가 2004년에 이 사기극을 폭로했고, 2010년에는 '랜싯'[28]지가 웨이크필드의 논문을 철회했다. 같은 해 영국 정부는 웨이크필드의 의사 면허를 취소했다. 그럼에도 불구하고, 백신이 자폐증을 유발한다는 주장은 계속 퍼져나갔다. 너무

---

28) 1823년 발간을 시작한 세계적인 주간 의학 저널

나 많은 매체들에서 반복적으로 이 주장을 다룬 나머지 —지금도 백신이 자폐증을 유발한다는 '논란'에 대한 기사를 쉽게 접할 수 있다. '논란'이라는 표현 때문에 아직 결론이 나지 않은 무언가가 있는 것처럼 읽힌다[미주11]— 여전히 많은 부모들이 아이들의 백신 접종을 거부한다. 모든 의학적 조언에도 불구하고. 질병통제예방센터의 데이터에 따르면 20만 명이 넘는 미국 유치원생들이 2017-2018학기에 MMR 백신을 맞지 않았다[미주12]

'백신이 자폐증을 유발한다', '타선 보호 효과는 실재한다' 같은 허구가 머릿속에 각인되면 좀처럼 지우기 어렵다. 팩트를 들이대도 마찬가지다. 2017년의 한 연구에서는 백신에 반대하는 사람의 관점을 바꾸려 했지만 실패한 세 가지 전략을 들여다보며, 이 사람들에게 백신에 대한 올바른 정보를 보여주는 것은 종종 역효과를 불러온다는 것을 밝혀냈다. '정반대의 의도하지 않은 역효과가 발생해, 백신에 대한 잘못된 믿음이 강화되고 백신 접종 의지가 더 약화되었다'[미주13]

슬프게도, 이것이 현실이다. 백신에 대한 거짓을 믿는 사람들에게 팩트를 제시하면, 거짓에 대한 확신이 더 강화된다.

나는 『스마트 베이스볼』에서 클러치히터에 대한 신화[29]도 비판했다. 물론 예전에 이 문제를 연구한 다른 이들의 덕을 봤다. 하지만 이 신화는 거의 좀비에 가까운 생명력을 갖고 있다. '클러치히터 신화'는 멸균소독

---

29) 스포츠에서 '클러치 Clutch' 상황이란, 접전의 결정적 승부처를 말한다. 야구계를 포함해 스포츠계에서는 클러치 상황에서 특별히 더 잘 하거나 못 하는 능력 차이가 존재한다는 통념이 있다. 야구에서는 결정적 상황에서 더 잘 치는 (듯한) 타자를 '클러치 히터'라고 표현한다.

기에 넣고 돌려도 멀쩡히 살아나와 투 스트라이크에서 결정적인 안타를 칠 지경이다.

2019년 'NBC 스포츠 필라델피아'에 실린 기사에서 코리 사이드만은 야구를 잘 모르는 일반인도 알기 쉽게 클러치히터 신화에 대해 설명했다.

모든 사람들이 '클러치'라는 개념을 믿는 건 아니다. 하지만 평생 스포츠를 해 왔거나 지켜 본 사람들은 '딱 보면 안다.' 어떤 선수가 클러치 상황에 강하고 그렇지 않은지를 잘 안다고 생각한다.

하지만 '클러치'란 존재하지 않으며, 최소한 정확히 계량화할 수 없다고 생각하는 사람들도 많다. 어떤 선수가 '중요한 상황에 강하다'는 이미지와는 아무 상관없이, 경기의 상황들은 무작위로 벌어진다.[미주 14]

나는 전적으로 후자에 속한다. 어떤 타자가 클러치 상황에 지속적으로 강하다는 증거는 존재하지 않기 때문이다. 사이드만도 기사에서 브라이스 하퍼가 2019년 MLB에서 클러치 상황에 가장 강했던 타자지만, 하퍼에게 '클러치 상황에 강한 유전자' 같은 게 있는 건 아니라고 썼다.

'비욘드 더 박스스코어[30)]'의 패트릭 브레넌도 2019년 8월 클러치 히터에 대한 분석을 공개했다. 2014년부터 2019년까지 두 시즌 연속 최소 300타석 이상 들어선 타자 434명을 살폈다. 찾아낸 건 아무 것도 없었다. 어느 시즌 특정 선수의 클러치 상황에서의 성적은, 그 다음해의 클러

---

30) Beyond the Boxscore. 스포츠 웹사이트 플랫폼 'SB 네이션'에 속한 세이버메트릭스 전문 매체.

치 상황 성적을 예측하는 데 도움이 되지 않았다. 그의 결론은 분명하다.

아무런 연관이 없다. 즉 '클러치에 강하다'는 건 반복되는 능력이 아니다. 중요한 상황에서의 성적은 다른 모든 상황만큼이나 들쑥날쑥하다. 요약하자면, '클러치에 강하다'라는 건 인상이지 능력이 아니다. 공격 기록이란 랜덤하게 분포돼 있고, 그에 따라 선수의 기량에 대한 통념이 좌우된다. 클러치 상황에서의 기록이 재미있는 건 확실하지만, 그것이 선수의 능력을 평가하는 잣대로 쓰여서는 안 된다.[미주 15]

하지만 바로 그렇게 쓰이고 있다. 2018년 명예의 전당 원로 위원회[31]는 해롤드 베인스의 헌액을 결정해서 야구계를 깜짝 놀라게 했다. 베인스는 준수한 선수였지만 현역 때나 은퇴 뒤에 명예의 전당 헌액 감으로는 거론된 적이 없었다. 원로위원회 멤버이자 현역 시절 베인스의 감독이었던 토니 라루사는 마법의 단어를 반복적으로 사용해 이 선택을 변호했다. "1990년 오클랜드에서 우리는 클러치 히터를 찾고 있었고, 결국 윌리 맥기와 해롤드를 영입했다. 해롤드는 항상 결정적인 타점을 올리는 능력이 있었다… 1992년을 기억해 보라. 데니스 애커슬리가 그렉 제프리스에게 적시타를 맞고 연속 세이브 기록이 중단될 위기에 처했을 때, 해롤드가 9회말 끝내기 3점 홈런을 날렸다. 그는 클러치 히터 중에서도 최고의 클러치 히터였다."[미주16]

---

31) 정식 명칭은 '오늘의 경기 시대 위원회 Today's Game Era Commitee'. 명예의 전당에 헌액된 야구 원로 16명으로 구성돼 2년에 한 번씩 헌액 후보들을 대상으로 투표를 통해 헌액 여부를 결정한다.

은퇴한 슬러거 데이비드 오티스가 2019년 6월 총에 맞아 쓰러졌을 때, 신문 기사에는 오티스가 "14년 동안 레드삭스에서 클러치 히터로 꽃을 피운"[미주17]이라는 표현이 빠지지 않았다. 선수들도 이 신화를 믿는다. 2019년 미네소타가 FA 마윈 곤잘레스를 영입했을 때, 전 팀 동료인 랜스 맥컬러스는 트위터에 곤잘레스가 "최고의 클러치 히터이자 최고 수비수 중 한 명"이라고 적었다.[미주18] 데릭 지터가 이미 입성해 있는 명예의 전당에 오티스가 가입하는 날에는, 그 둘이 얼마나 뛰어난 클러치 히터였는지 지겹도록 듣게 될 것이다. 사실 그들은 클러치 히터가 아니었다. 그들은 상황과 관계없이 위대한 타자였다. 다른 상황에서처럼 클러치 상황에서도 잘 쳤을 뿐이다.

2016년 내셔널리그 MVP인 크리스 브라이언트는 '언클러치 Unclutch'라는 꼬리표를 얻었다. 다른 상황에서보다 클러치 상황에서 못하는 선수를 일컫는 표현이다. 커리어 초반, 특히 2016년과 2017년에 브라이언트는 경기의 점수와 상황을 반영해 중요도가 높은 상황에서의 성적에 가중치를 부여하는 팬그래프스의 '클러치' 기록에서 꼴찌의 수모를 당했다. 폄하꾼들은 2년 연속 꼴찌라면 의미가 있을 수밖에 없다고 말할 것이다. 물론 브라이언트의 수모는 오래 가지 않았다. 2015년에 똑같은 '클러치' 기록에서 평균을 훌쩍 뛰어넘었고, 팬그래프스에 따르면 2019년 9월 15일 현재 내셔널리그에서 12번째로 '클러치한' 타자다. 시카고 선—타임스 지의 고든 위트마이어는 2019년 8월 한 칼럼에서 과거에 브라이언트에게 쏟아졌던 비난을 요약한 뒤 역설적으로 비꼬았다. "브라이언트는 '클러치 유전자'가 없다. 결정적 순간에 약하지 않다는 게 증명된 요즘에도 반격하는 말 한 마디가 없으니. 새가슴이다."[미주19]

어떤 타자가 클러치 상황에서 기량을 확 끌어올리는 마법 같은 힘이 있다는 생각은 우리의 감정선을 자극하기 충분하기에, 우리가 응원하는 선수의 영웅담을 만들 때 좋은 소재가 된다. 하지만 클러치 히터의 존재는 데이터로 입증되지 않는다. 내가 읽은 가장 강력한 반박은 '더 북 The Book'[32)에 있었다. 세 명의 저자는 클러치 효과라는 게 존재하더라도 그 크기는 너무나 작아서 누군가의 의사 결정에 영향을 끼치기에는 부족하다는 걸 알아냈다.[미주20] 존재한다손 쳐도, 그것은 중요하지 않다. 하지만 감독들과 선수들, 기자들은 경기에 대해 이야기하고 결정을 정당화할 때 여전히 클러치 효과를 이야기한다.

현실에서 사람들은 사전 지식이 있거나, 정보가 부정확하다는 경고를 받았을 때나, 혹은 정확한 새 정보를 받았을 때조차 부정확한 정보에 의존한다.[미주21] 잘못된 정보라도 이해하기만 쉽다면, 피험자의 뇌는 이 정보를 처리—이해와 유지—하는데 아무런 어려움을 겪지 않는다. 반대로 정보가 정확해도 명쾌하지 않은 방식이나 어려운 말로 전해지면 처리에 어려움을 겪는다. 자폐증의 정확한 원인은 여전히 연구 대상이지만, 여러 유전자들이 관련돼 있고 자궁 속에서부터 증상이 나타나는 것으로 보인다. '백신이 자폐증의 원인이다'라는 단순한 문장이 처리하기 훨씬 쉽다. 진실이라곤 털끝만큼도 포함돼있지 않지만. 타자의 성적은 한 시즌 혹은 심지어 여러 시즌에 걸쳐 임의로 변동하게 마련이고, 때때로 통계적 노이즈 때문에 클러치 상황에서 발휘되는 초인적인 힘 같은 특별한 능력을 가진 것처럼 보이는 경우도 있다는 것을 설명하려면 통계에 대한 어느

---

32) The Book : Playing the Percentages in Baseball. 톰 탱고와 미첼 리히트먼, 앤드루 돌핀이 2006년 펴낸 야구 이론서. 그때까지 나온 세이버메트릭스 이론을 집대성해 야구 연구가들의 필독서이자 고전이 되었다.

정도의 이해가 요구된다. 특히 임의적인 분포는 균일하지 않다는 걸 아는 게 중요하다. 3할 타자란 10타석마다 안타를 3개씩 치거나, 매달 꼬박꼬박 3할을 치는 타자가 아니다. 하지만 임의적인 변동이 발생했을 때 뭔가 숨은 이유가 있다고 믿는 게 훨씬 쉽다.

반 백신 시각을 근절하는데 실패한 3가지 전략에 대한 2017년 연구의 저자들은, 우리가 진실을 들어도 허위 정보에 집착하는 여러 가지 이유를 제시했다. 그 중 하나가 특히 지금의 논의에 적절하다. 사람은 무언가에 대한 신념이 생기면, 새로운 정보도 기존 신념에 부합하는 쪽으로 해석한다. 신념과 모순되면 새 정보를 완전히 기각한다. 깊이 각인된 신념에 어긋나는 증거를 기각해버리는 인간의 능력은 강력하고 모든 분야에 걸쳐 있다.

불행하게도, 저자들은 허위정보를 몰아내려는 시도를 반복하는 것, 예를 들어 '허구 vs 진실' 강의를 계속 듣도록 하는 것이 거꾸로 피험자들의 거짓에 대한 신뢰를 강화하기만 한다는 것도 발견했다. 왜냐하면 '역설적이지만 허위 주장의 익숙함을 더 증폭시켜 더 많이 믿게 만들고 더 널리 퍼지게 만든다… 사람들은 반복을 진실로 착각하는 경향이 있다. 이 현상은 '진실 착각 효과'로 불린다.' [미주22] 이래서 진실을 말하는 자는 곤경에 처한다. 허구를 믿는 자를 설득하기 위해 그 허구에 대해 말하는 것이 거꾸로 믿음을 강화하기 때문이다.

어떤 선수가 클러치 히터라고 믿는 열렬한 팬에게, 그 선수가 사실은 클러치하지 않다고 말하는 건, 반복 효과 때문에 거꾸로 그의 믿음을 강화할 수 있다. 그는 아마 당신이 준 팩트들을 자신의 기존 생각에 끼워 맞춰 새로운 설명을 만들어낼 것이다.

이런 현상은 스포츠 팬 뿐만 아니라 언론 종사자들에게도 쉽게 찾을 수 있다. 그들은 허구에 대한 믿음을 강화하는데 큰 몫을 한다. 데이비드 오티스가 2016년 시즌이 끝난 뒤 은퇴한다고 발표했을 때, 또 한 번 그를 '클러치 히터'로 지칭하는 기사들이 홍수처럼 쏟아졌다. 보스턴 글로브 는 "데이비드 오티스가 클러치란 무엇인가를 정의한 13번의 순간들" [미주23]이라는 특집 기사를 실었다. 폭스스포츠 닷컴에는 "데이비드 오티스가 가을야구에서 클러치란 무엇인가를 보여준 10장면" [미주24]이 실렸다. '매스라이브'의 기사는 오티스를 '미스터 클러치' [미주25]로 지칭했다. 이런 영웅담은 오티스가 결정적인 순간에 때린 특별한 안타들을 중심으로 전개된다. 이건 전형적인 '체리 피킹'—마음에 드는 데이터만 고르고, 마음에 안 드는 데이터는 버리는 행위—이다. 혹은 오티스가 월드시리즈 14경기에서 보여준 불방망이쇼를 조명하면서, 다른 포스트시즌 기록들이나 정규시즌의 클러치 상황 기록은 무시한다. 오티스는 보스턴의 야구장 안팎에서 사랑받는 인물이다. 레드삭스를 3차례 월드시리즈 우승으로 이끌었고, 2013년 보스턴 마라톤 테러 직후에는 감동적인 연설도 했다. 그리고 뉴잉글랜드 지역 최고 인기스타답게, 던킨 도너츠 광고에 뉴잉글랜드 패트리어츠의 스타 롭 그롱코스키와 함께 출연했다. 오티스는 클러치 상황이건 아니건 항상 위대한 타자였다. 하지만 '오티스'와 '클러치'의 결합은 너무나 자주 반복됐기에, 야구계에서 신앙 같은 믿음이 됐다.

스포츠계에서는 '진실 착각 효과'의 폐해가 그리 크지 않다. 하지만 의학계는 얘기가 다르다. 백신에 대한 허위 정보, 암이나 자폐증에 대한 가짜 정보, 혹은 유사과학을 절박한 환자나 환자 부모에게 파는 사기꾼들과 맞서 싸울 효과적 방법에 대한 연구가 진행 중이다. 웨이크필드의 연구

사기로부터 17년이 지났고, 그의 논문이 철회된 지 5년이 지난 2015년 갤럽 조사에 따르면 73퍼센트의 응답자가 백신의 불이익에 대해 적어도 '상당히' 들어봤다고 응답했다. (유용한 팁 : 백신의 불이익 같은 건 없다) 52퍼센트의 응답자는 백신이 자폐증의 원인인지 여부에 대해 개인적으로 "확신이 없다"라고 답했다. (유용한 팁 : 원인이 아니다) 그리고 6퍼센트 넘는 응답자는 백신이 자폐증의 원인이라고 답했다.[미주26] 2018년 미국 미생물학회의 후원으로 이뤄진 '리서치 아메리카'의 여론조사에 따르면, 응답자의 48퍼센트가 독감 백신을 "신뢰하지 않는다"라고 답했다. (독감 백신은 거짓말을 하지 않으며, 독감에 걸릴 확률을 낮춘다) 29퍼센트는 부모가 아이들에게 백신 예방 접종을 맞추는 일이 "별로 중요하지 않다"라고 답했다. (접종은 필수적이다. 당신의 자녀가 예방 가능한 질병을 불필요하게 앓기를 원하지 않는다면) [미주27]

공공기관이 올바른 정보를 전파할 수 있는 인프라가 확립되지 않은 지역에서는 이런 '허위 정보와의 전쟁'이 더욱 어렵다. 2019년, 20년 넘는 내전으로 초토화된 콩고 민주공화국의 키부 지역에서 터진 에볼라 바이러스 사태는, 허위 정보와 잘못된 믿음 때문에 더욱 악화되었다. 한 연구조사에 따르면 주민 4명 중에 1명이 바이러스 발병이 사실이 아니라고 믿었다.[미주28] 같은 연구에서 공공 기관의 능력에 대한 불신이 어느 정도인지도 물었다. 지역 기관에 대해서는 70퍼센트, 국가 기관에 대해서는 98퍼센트에 달했다. 전염병 대응이 허위 정보 및 대중의 불신과 싸우는 과제까지 겹쳐 더욱 어려워진 것이다.

'진실 착각 효과'와 맞서는 방법은, 자신의 의견에 대해 객관적 태도를 취하는 것이다. 당신의 기존 관점과 반대인 정보를 들으면, 당신의 관점이 틀렸거나 적어도 수정이 필요할 수 있다는 가능성을 인정하라. 새로운 정보의 출처를 검토해보고, 기존 지식의 출처가 믿을만한지, 아니면 자주 들어 뇌에 각인된 통념은 아닌지, 혹은 새로운 것으로 대체된 지 오래된 시대착오적인 정보는 아닌 지도 살펴보라. 당신의 마음은 언제나 자주 들어본 정보 쪽으로 쏠린다는 걸 기억하라. 비록 그 정보가 틀렸더라도. 그리고 다음 단계로 기존의 통념들에 대해 자문해보라. 책 원고나 기사를 읽고 오탈자나 오류를 찾아내는 팩트 체커처럼 생각할 필요가 있는 것이다.

더 힘든 일은 다른 사람들의 머릿속에 박힌 통념을 새로운 지식—예를 들어 타순 보호 효과는 허구이며, 백신은 안전하고 필수적이며, 기후 변화는 진짜다 등등—으로 바꾸려는 시도다. 영유아 백신 접종에 대해 저항하는 사람들을 통칭하는 '백신 기피자' 대응에 관한 연구 결과는 엇갈린다. 직접적 맞대응은 종종 역효과를 낳는다. 백신 기피자들로 하여금 더 고집불통으로 만들고, 터무니없는 관점을 더 확신하게 만든다.[미주29] 2015년에 나온 유럽 인지 과학 연구자 두 명의 논문에 따르면 공공기관, 특히 과학 관련 기관들에 대한 신뢰 감소가 백신 반대를 포함한 팩트 기반 주장에 대한 조직적 반대의 가장 주된 이유다. 미국질병통제센터(CDC. Centers for Disease Control)나 미국소아과학회(AAP. American Academy of Pediatrics)에서는 데이터에 근거해 백신이 안전하고 효과적이라고 한다고 사람들에게 말해보라. 듣는 사람이 CDC나 AAP 혹은 비슷한 기관을 신뢰하고 있다면 통할 것이다. 아니라면 듣는 사람은 새로 들은 정보를 왜곡해 기존 관념을 강화하는데 사용할 것이다.

내가 당신에게 클러치 히터나 타순 보호 효과가 허구라고 말했을 때,

당신이 나를 신뢰성 있는 소스(이건 논쟁의 여지가 있지만, 일단 넘어가자)라고 생각한다면 내 이야기를 믿으려 할 가능성이 높다. 이 새 정보를 현직 메이저리그 감독이나 전직 선수로부터 들었다면 더더욱 받아들이려 할 것이다.

야구계를 지배하는 또 다른 허구는 '최근 상승세 Hot Hand'다. 최근 몇 경기의 성적이 앞으로의 활약을 예측할 근거가 된다는 것이다. 감독 데뷔 시즌이었던 2018년 보스턴을 월드시리즈 우승으로 이끈 알렉스 코라는 '최근 상승세'가 선수 기용과 타순 구성에 영향을 끼치지 않도록 노력한다고 말했다. 터프츠 대학 국제정치학과 교수인 대니얼 드레즈너는 이 발언을 격찬했다. 보스턴의 플레이오프 여정 내내 코라가 "최신 편향 33)에 경도되지 않아서" 최근 상승세인 선수를 기용하는 오류를 범하지 않았다는 것이다.[미주30] 권위자가 한 발언은 더 유효하다는 생각도 오류일 수 있지만, 어쨌든 권위 있는 전문가가 남긴 중요한 메시지는 귀담아 들을 만하다.

'진실 착각 효과'와 맞서는 또 다른 방법은 대가의 심각성을 보여주는 것이다.[미주31] 2018-2019년 오리건과 워싱턴, 뉴욕, 미네소타 등 여러 지역에 홍역 감염이 발생하자 백신 기피가 드라마틱하게 감소했다. 워싱턴주 클락 카운티에서 MMR 백신에 대한 수요는 500퍼센트 급증했다.[미주32] 홍역의 위협에 대한 경각심이 높아진 것이다. 부모들에게 전염병들의 잠재적 위험성을 보여주는 것도 효과가 있었다. 홍역은 청력 상실, 뇌 손

---

33) Recency Bias. 시간적으로 가장 최근에 일어난 일일 수록 더 잘 기억돼 의사 결정에 영향을 끼치는 편향. [인지 편향 사전] P.98 참조

상을 유발할 수 있고, 환자 100명 중에 1명은 죽는다. 사망을 부르는 홍역의 후유증 중에는 SSPE라고 불리는 일종의 뇌부종도 있다. 이것은 홍역 감염 몇 년 뒤에 일어난다.

물론 스포츠에서는 심리 오류의 대가가 크지 않다. 타순을 잘못 짜거나 한 시즌 동안 점수를 몇 점 못내는 정도다. 하지만 MLB 팀들은 금융 투자자들처럼 아주 작은 전술적 이득이라도 추구해야 하는 조직이다. 한 시즌에 5점만 더 얻어도 플레이오프 진출에 필요한 1승을 추가할 수도 있다. 잘못된 믿음 때문에 치러야할 대가를 보여주면, 사람들은 새로운 정보에 좀 더 마음을 연다.

메이저리그 감독들은 타순을 짤 때 보통 단순한 선택만 한다. 오늘 2루수로 A를 넣을까 B를 넣을까? C의 타순은 3번으로 할까 6번으로 할까? 이런 선택에는 상대 선발투수 등 고려해야 할 변수들이 있다. 예를 들어 A가 왼손잡이고 B는 오른손잡이 타자라면, 감독은 상대 투수가 좌투수일 때 플래툰 이점을 고려해 B를 선발로 기용할 수 있다. 잘못된 통념을 가진 감독은, 데이터에 기반해 결정하는 상대 감독들과의 경쟁에서 뒤질 수밖에 없다. 또한 그 감독은 기존 관념과 일치하지 않는 데이터를 무시할 가능성이 높다. 감독 생각에 '최근 기세가 좋은' A를 B 대신 기용한다면 플래툰 이점을 포기하는 셈이다. 그 결정은 팀의 공격력을 감소시킨다. 시즌 전체로 놓고 보면 그 결정의 폐해는 크지 않을 수 있다. 하지만 1승의 의미가 극대화되는 포스트시즌에서는, 잘못된 선수 기용과 비효율적인 타순 배치는 시리즈의 승패를 가르는 결정적 변수일 수 있다.

[미주]

1. Jim Bowden, "Bowden: An Early Ranking of the Top 20 Free Agents Who Will Be Available This Offseason," The Athletic, August 14, 2019.

2. Marc Gonzalez, "Javier Baez to Undergo an MRI on His Ailing Left Thumb," Chicago Tribune, September 6, 2019.

3. Ken Gurnick, "Bellinger Gets Protection with Lineup Tweak," MLB.com, May 9, 2019.

4. Chris Nelsen, "Miguel Cabrera Scoffs at Power Outage: 'You Know Who's Hitting Behind Me?'" Detroit Free Press, May 4, 2019.

5. David Laurila, "Player's View: Does Lineup Protection Exist?" Fangraphs.com, May 5, 2015.

6. Lynn Worthy, "Royals' Ned Yost Talks Danny Duffy Progress, Lineup Changes," Kansas City Star, August 20, 2019.

7. Lynn Hasher, David Goldstein, and Thomas Toppino, "Frequency and the Conference of Referential Validity," Journal of Verbal Learning and Verbal Behavior 16, no. 1 (1977): 107 - 12.

8. Lisa K. Fazio, Nadia M. Brashier, B. Keith Payne, and Elizabeth J. Marsh, "Knowledge Does Not Protect Against Illusory Truth," Journal of Experimental Psychology: General 144, no. 5 (2015): 993 - 1002.

9. Ibid. 원래 연구는 Rolf Reber and Norbert Schwarz, "Effects of Perceptual Fluency on Judgments of Truth," Consciousness and Cognition 8, no. 3 (September 1999): 338 - 42. 글을 읽기 쉽게 만들면, 독자들이 내용을 참으로 여길 가능성이 높다는 걸 발견했다.

10. Smith, Standard Deviations.

11. 백신에 대한 근거 없는 미신과, 그것을 퍼뜨린 미디어의 행태에 대해 더 알고 싶다면 피터 호테즈의 훌륭한 책 『레이첼의 자폐증을 일으킨 건 백신이 아니다 Vaccines did not cause Rachel's Autism (Baltimore: Johns Hopkins University Press, 2018)』를 읽어보시길.

12. J. L. Mellerson, C. B. Maxwell, C. L. Knighton, J. L. Kriss, R. Seither, and C. L. Black, "Vaccination Coverage for Selected Vaccines and Exemption Rates Among Children in Kindergarten—United States, 2017 - 18 School Year." MMWR Morbidity and Mortality Weekly Report 67 (2018): 1115 - 22. Based on 94.3 percent vaccination rate and Department of Education enrollment estimates.

13. S. Pluviano, C. Watt, and S. Della Sala, "Misinformation Lingers in Memory: Failure of Three Pro-Vaccination Strategies," PLoS ONE 12, no. 7 (2017): e0181640.

14. Corey Seidman, "Here's the Proof That Bryce Harper Has Been MLB's Most Clutch Hitter in 2019," NBC Sports Philadelphia, August 16, 2019.

15. Patrick Brennan, "Revisiting Whether Clutch Is a Skill," Beyondtheboxscore.com, August 22, 2019.

16. Susan Slusser, "Ex-A's manager Tony La Russa Explains Harold Baines' Hall of Fame Election," San Francisco Chronicle, December 10, 2018.

17. "Former Twins, Red Sox Slugger David Ortiz Shot, Says His Father," Minneapolis Star-Tribune, June 10, 2019.

18. La Velle Neal, "Twins Reach Deal with Jack-of-all-trades Marwin Gonzalez," Minneapolis Star-

Tribune, February 23, 2019.

19. Gordon Wittenmyer, "Swing and a Myth: Kris Bryant Is a Lot Better at Clutch Hitting than You Probably Think," Chicago Sun-Times, August 17, 2019. In the same piece, Wittenmyer writes that Joe Maddon, the Cubs' manager, believes "against data" that there is such a thing as a clutch hitter.

20. Tom Tango, Mitchel Lichtman, and Andrew Dolphin, The Book: Playing the Percentages in Baseball (n.p.: Potomac Books, 2008), pp. 97–115.

21. See David H. Rapp and Jason L. G. Braasch, Processing Inaccurate Information (Cambridge, MA: MIT Press, 2014), pp. 3ff.

22. Pluviano et al., "Misinformation Lingers in Memory."

23. Dave D'Onofrio, "13 Moments When David Ortiz Defined Clutch," Boston Globe, November 8, 2016.

24. Foxsports.com, October 4, 2016.

25. Chris Smith, "David Ortiz's Postseason Greatness: Top 10 Moments of Ortiz's Red Sox Playoff Career," MassLive.com, September 2016.

26. Frank McBride, "In U.S., Percentage Saying Vaccines Are Vital Dips Slightly," Gallup.com, March 6, 2015.

27. "Americans' Views on Vaccines and Infectious Disease Outbreaks," May 2018, Research!America.

28. Patrick Phinck et al., "Institutional Trust and Misinformation in the Response to the 2018–19 Ebola Outbreak in North Kivu, DR Congo: A Population-Based Survey," Lancet, March 27, 2019.

29. H. Miton and H. Mercier, "Cognitive Obstacles to Pro-Vaccination Beliefs," Trends in Cognitive Sciences 19, no. 11 (2015): 633–36.

30. Daniel Drezner, "What Alex Cora Can Teach America's Leaders," Washington Post, October 30, 2018.

31. Miton and Mercier, "Cognitive Obstacles."

32. JoNel Aleccia, "Measles Outbreak Sends Vaccine Demand Soaring, Even Among the Hesitant," NBCNews.com, February 7, 2019.

CHAPTER 05

클레이턴 커쇼 1명당
잊힌 이름 10명이 있다

기저율 무시, 그리고 고교 투수 1라운드 지명이
여전히 나쁜 선택인 이유

Base-Rate Neglect

항상 해온대로만 하면, 결과도 항상 똑같다

　　　　　　　　　　　- 제시 포터. 1981년 10월 '우먼 투 우먼' 회의 연설에서

　베테랑 스카우트나 구단 관계자에게 드래프트에서 가장 위험한 선수 군이 뭐냐고 물어보면 대다수는 아마 '고졸 투수'라고 답할 것이다. 해마다 드래프트 1라운드에서는 2~10명 정도의 고졸 투수가 지명된다. 이 10대 투수들은 보통 강속구를 던지지만 신체적, 정신적으로 여전히 성장 중이며, 선수 경력이 엇나갈 수많은 가능성이 존재한다. 위험한 베팅임에도 불구하고 고졸 투수가 1라운드에 계속 지명되는 이유는 잠재력이 만개했을 때 얻을 이익이 감당해야 할 리스크보다 훨씬 크다는 믿음이다. 책 『머니볼』에서 잘 묘사했던 2000년대 초반의 오클랜드나 내가 일했던 시절의 토론토처럼 몇몇 구단이 고졸 투수를 아예 지명하지 않던 때도 있었지만, 이런 행보가 오래 가지는 않았다. 『머니볼』이 출간된 지 2년 밖에 지나지 않은 2005년, 오클랜드는 두 장의 2라운드 픽을 모두 고졸 투수 지명에 사용했다. 둘 다 메이저리그에 데뷔하지 못했다. (오클랜드는 2001년 1라운드에서 제레미 본더맨을 지명한 뒤, 지금까지 1라운드에서 단 한 명의 고

졸 투수도 지명하지 않았다.)

이 문제의 진실은 명확하다. 1라운드에 지명한 고졸 투수들은 다른 선수군(고졸 야수, 대졸 투수, 대졸 야수)에 비해 실패 확률이 높고 성공했을 때 잠재력도 크지 않다. 1라운드에서 고졸 투수를 뽑는 게 항상 나쁘다는 말은 아니지만, 메이저에 오르지 못하거나 데뷔를 해도 1라운더다운 활약을 못할 가능성에 대비해 드래프트 때 우선 순위를 낮게 잡아야한다. 드래프트 다음 순서에서 가치가 비슷한 고졸 투수와 다른 선수군의 한 명을 놓고 골라야 한다면, 후자를 선택해야 한다.

이런 사실이 알려진지도 꽤 시간이 흘렀다. 하지만 최근 데이터를 보면 현실은 바뀐 게 별로 없다. 여전히 많은 팀들이 1라운드에서 고졸 투수를 뽑는다. 데이터를 보면 1라운드에서 고졸 투수를 피해야 하는 게 명확하지만, 2019년까지 메이저리그 구단들이 1라운드에서 고졸 투수를 기피한다는 증거는 전혀 없다.

눈앞의 특정 대상에 집중하느라 그 대상이 속한 전체 집단에 대한 데이터를 무시하는 오류를 '기저율 무시'라고 부른다. 즉 눈앞의 특정한 케이스 때문에 어떤 행동을 하지 말아야 할 수많은 증거를 무시하는 현상을 말한다. 최근에 접했거나 특이해서 기억하기 쉽거나 처음 눈에 띄어서 돋보이는 정보들을 선호하다, 오랜 시간 동안 쌓인 방대한 데이터를 무시하는 것이다. 당연히 전자는 오답으로 이어질 확률이 높고, 후자는 큰 샘플 사이즈 때문에 예측력이 높다. 그래, 고졸 투수가 다른 선수군에 비해 위험하다는 건 나도 알아. 하지만 지금 내 눈앞에는 김대박 군이 있다고! 그 친구는 뭔가 다르다는 거, 알잖아? 그 친구라면 예외적으로 성공할 거

야… 이런 식이다. 당신의 스카우트는 눈앞의 이 소년만큼은 다르다고 확신하고 있는 것이다.[미주1]

가끔 정말 예외들이 등장하곤 한다. 캔자스시티는 2002년 전체 6순위로 잭 그레인키를 뽑으면서, 비록 18세의 어린 투수지만 대졸 투수들처럼 성숙하다고 주장했다. 그들의 의견은 옳았고, 그레인키의 잠재력에 대한 견해도 옳았다. 이 글을 쓰고 있는 현재, 그레인키는 2002년에 드래프트된 선수들 중에 가장 뛰어난 활약을 펼친 선수다. 두 번째 선수(역시 고졸 투수인 콜 해멀스)와의 격차도 상당하다. 하지만 그레인키는 말 그대로 예외였다. 그레인키 한 명이 대세를 바꾸지는 못한다. 고졸 투수의 1라운드 지명은 리스크는 크고 보상은 그저 그런 선택이기에, 줄어드는 게 합리적이다.

메이저리그 신인 드래프트는 대학생이 되지 않은 선수의 선발을 허용한다는 점에서 북미에서 가장 큰 두 프로스포츠(NFL과 NBA[34])와 다르다. 드래프트에 지원하기 위해서는 고등학교를 졸업했거나(혹은 졸업 예정이거나), 4년제 대학을 3년 다녔거나, 2년제 대학에서 1년 이상을 마쳤거나, 드래프트 시점에 21살이 됐거나, 드래프트 45일 안에 21살이 되어야 한다. 규칙이 복잡한데, 대부분의 선수들에게는 둘 중 하나다. 고교 졸업 후 바로 프로로 뛰어들거나, 4년제 대학에 진학한 뒤 2학년을 마치고 프로에 도전하는 것이다.

그래서 메이저리그 스카우트들부터 단장들까지 어려운 숙제를 풀어야 한다. 17, 18세 고교생들을 21, 22살인 대학생들과 비교해서 기량을 평

---

34) 1990년대 중반부터 케빈 가넷, 코비 브라이언트, 르브론 제임스 등 고등학교를 졸업하고 바로 프로에 진출한 선수들이 슈퍼스타로 떠올랐던 NBA는 2005년부터 고졸 선수의 신인 지명을 금지했다.

가해야 한다. 사과와 오렌지 중에 고르는 건 아니지만, 부사와 아오리 사과 중에 선택을 하는 것과 비슷하다. 비슷하지만 느낌이 다르다. 당신이 지켜봐 온 17살짜리 천재 소년과, 잠재력이나 운동능력은 덜 해 보이지만 메이저리그에 올라갈 시기는 최소 1년 이상 빠를 듯한 21살의 대졸 선수 중에 누구를 선택할 지를 결정하는 건 쉬운 일이 아니다.

투수의 경우에는 고졸 투수들이 다칠 확률이 더 높다는 사실 때문에 비교가 더욱 복잡해진다. 고졸 투수들은 졸업 이후에도 몸이 커지고 신체적으로 성숙해진다. 그리고 대학에 진학한 투수들은 숫자가 점점 줄어든다. 자연스런 기량 퇴화 때문일 수도 있고, 혹은 곧 잊힐 눈앞의 승리 때문에 투수들을 혹사시키는 대학 지도자들이 지금도 존재하기 때문일 수도 있다.

그래서 메이저리그 구단들의 프런트는 인식론적 질문에 직면한다. 전통적인 관점으로는, 고졸 투수들은 다른 선수들보다 리스크가 크다. 하지만 더 많은 보상이 리스크를 상쇄하는 것 아닌가? 지난 5년간 빅리그 최고의 투수였던 클레이턴 커쇼는 고졸 투수다(2006년 LA 다저스에 전체 7순위로 지명됐다.). 1라운드 25순위로 지명됐던 그레인키는 믿을 수 없을 만큼 뛰어난 활약을 펼쳤다. 해멀스도 그랬고, 맷 케인도 그랬다. (2002년 드래프트 1라운드에서는 통산 승리기여도 20 이상을 기록하게 될 고졸 투수가 6명이나 지명됐다. 앞서 소개한 그레인키와 해멀스, 케인 외에 스캇 카즈미어와 조시 존슨, 존 레스터가 그들이다.) 고졸 투수를 선호하는 쪽에서는 이 선수들을 그들의 주장을 뒷받침하는 근거로 제시한다. 그리고 고졸 투수를 뽑지 않았을 때의 위험을 걱정한다. 커쇼나 그레인키, 로이 할러데이 같은 선수를 가질 수 없게 되는 것이다.

이 질문에 대한 답은 쉽게 찾을 수 있다. '베이스볼 레퍼런스'에서 메이저리그 역사상 모든 드래프트 결과를, 뽑힌 선수들의 개인 기록과 연동시켜 놓았기 때문에 검색 조건만 잘 입력하면 된다. 1라운드 고졸 투수 지명은 나쁘지 않은 선택인가? 다시 말해, 1라운드 고졸 투수 지명의 '기저율'은 다른 카테고리의 선수들과 비교했을 때 비슷한가?

물론 그렇지 않다. 비슷했다면 우리는 이런 이야기를 하고 있지 않을 것이다. 고졸 투수 1라운더들 중에 스타 선수가 더러 나온 건 사실이다. 하지만 이런 대박은 매우 드물어서, 다른 정보의 뒷받침 없이 고졸 투수에게 1라운드 픽을 소모하는 것은 나쁜 전략이라고 말하기에 충분하다.

나는 1985년부터 2012년, 즉 통산 승리기여도 10을 축적한 고졸 투수가 마지막으로 나온 해까지의 모든 1라운드 지명 결과를 통해, 고졸 투수들과 다른 선수들의 성적을 비교해보았다. 예를 들어, 1라운드에 지명된 선수들이 통산 승리기여도 10이 넘을 확률은 각 카테고리별로 얼마나 될까?

1985-2012	WAR 10 이상	전체 지명 선수	%
고졸 투수	26	159	16.4%
대졸 투수[미주2]	59	240	24.6%
고졸 타자	57	219	26.0%
대졸 타자	64	179	35.8%

높은 부상 빈도 때문에 투수는 지명 당시의 기대에 미치지 못하거나 완전히 망해버리는 경우가 타자보다 훨씬 많다. 그래서 고졸이건 대졸이

건 투수의 성공 확률이 타자보다 낮은 건 놀랍지 않다… 하지만 그 중에서도 1라운드 지명 고졸 투수들이 성공할 확률은 특히 낮아서, 그들이 지금도 이렇게 자주 뽑힌다는 사실이 믿기지 않을 정도다.

1라운드 중에서도 최상위 지명, 즉 각 드래프트의 톱10 지명 선수들만 살펴보면 어떨까? 최고 중에서도 최고의 고졸 투수만 지명되기 때문에, 실패 확률은 낮으면서 훨씬 높은 잠재력을 현실로 만들지 않을까?

1985-2012	WAR 10 이상	전체 지명 선수	%
고졸 투수	10	47	21.3%
대졸 투수	29	92	31.5%
고졸 타자	28	72	38.9%
대졸 타자	32	64	50.0%

톱 10픽을 가지고서 고졸 투수를 지명한다는 건, 고스톱에서 쓰리고를 부르는 것과 같다. 대박을 기대하지만, 다른 선수들에 비해 쪽박을 찰 수도 있는 리스크도 크다.

짐작했겠지만, 톱 10픽으로 지명된 고졸 투수 중 10명은 그야말로 초대박이었다. 두 명은 명예의 전당행을 예약했다. 클레이턴 커쇼와 잭 그레인키는 지명한 팀을 위해 말이 필요 없는 엄청난 이득을 안겼다. 다른 두 투수, 조시 베켓과 매디슨 범가너는 통산 승리기여도 30을 넘겼으며 지명 팀의 월드시리즈 우승에 결정적으로 기여했다. 베켓은 보스턴으로 트레이드 된 뒤 두 번째 우승 반지도 얻었다.

다섯 번째 투수, 케리 우드는 야구 역사상 '만약 이랬다면?' 류의 이야기에 가장 자주 등장한 주인공 중 하나다. MLB 역사상 두 번째 20탈삼진 경기를 달성했고, 내셔널리그 신인왕을 수상했다. 팔꿈치 인대가 끊어져 1999년을 통째로 날렸지만, 이후 복귀해 3시즌 동안 평균 이상의 선발 투수로 활약했다. 2003년에는 내셔널리그 삼진 1위에 올랐고, 월드시리 즈 진출 일보 직전까지 갔던 시카고 컵스 선발 로테이션의 주축으로 활 약했다. 불행하게도 고등학교 시절부터 —우드는 드래프트 며칠 뒤 열린 더블헤더 두 경기에 모두 선발 등판했다— 더스티 베이커 감독이 정규시 즌 마지막 7경기 중 6경기에서 120구 이상 던지게 만든 2003년까지 이 어진 기나긴 혹사 때문에, 우드는 27살 이후로는 준수한 선발투수의 기 량을 잃었다. 1995년 전체 4순위로 지명된 우드는 성공적인 드래프트 결 과였다. 드래프트 이후 9년 동안 승리기여도 27.5를 기록했다. 그리고 우 드는 고졸 투수를 상위 지명했을 때 감당해야 할 리스크를 보여주는 사 례이기도 하다.

톱 10픽으로 지명되고도 통산 승리기여도 10을 넘기지 못한 37명의 나머지 고졸 투수들 중에는 낯선 이름들이 대부분일 것이다.[미주3] 드래프 트 날 한 번 듣고는 다시는 듣지 못한 이름도 많을 것이다. 맷 호브굿, 크 리스 그룰러, 클린트 에버츠, 콜트 그리핀, 마이크 스토돌카, 맷 위트랜드, 마크 필립스, 조 토레스, 조시 거들리, 바비 브래들리, 그리고 커크 프레슬 리는 평생 다 합쳐서 빅리그 타자 0명을 상대했다.

이런 위험성에도 불구하고 고졸 투수를 선택하려면 약간 주술 같은 합 리화가 필요하다. 그래, 상위 지명된 고졸 투수들의 실패 확률은 높고, 그 선택의 기회비용은 더 높아. (준수한 활약을 펼쳐줄 가능성이 높은 야수를 선택할 수도 있었기에.) 하지만 우리는 바로 이 친구는 예외라고 생각해. 이런 논리 는, 적어도 어느 정도는, 다른 팀은 몰라도 바로 우리 팀의 단장부터 말단 스카우트들까지 포괄하는 선수 평가자들은 기저율의 예외가 될 선수가 누군지 가려낼 능력이 있다는 주장이다. 물론 그럴 수도 있다. 어떤 팀이나 개인이 특별한 비법으로 고졸 투수들 중 성공 확률이 높은 유망주를 잘 골라낼 수도 있다. 하지만 내가 들여다 본 28번의 1라운드 지명에서, 통산 승리기여도 10 이상을 기록하게 될 고졸 투수를 1라운드에서 3명 지명한 팀이 3팀에 불과했다. 4명 지명한 팀은 하나도 없었다. 1990년 스티브 카세이, 1993년 크리스 카펜터, 1995년 로이 할러데이를 각각 1라운드에 지명한 토론토 블루제이스만이 성공 확률 100%였다. 토론토는 이 기간 동안 5명의 고졸 투수를 1라운드에 지명해 위 3명과 계약했고 2명과는 계약이 불발됐다. 결론적으로, 고졸 투수들 중 누가 성공할 지를 골라내는 능력이란 게 존재한다면, 아직 그 비밀을 발견한 팀이 없다.

나는 복수의 구단 고위관계자들에게 왜 1라운드에서 고졸 투수를 계속 뽑는지, 혹은 왜 다른 팀이 그렇게 한다고 생각하는지를 물었다. 그 중 한 명은 이렇게 답했다. "생고집인 거지. 하지만 설득하려 하지 말아요. 소용 없으니까." 과거 1라운드에서 고졸 투수를 지명한 또 다른 관계자는 이렇게 말했다. "사람들이 여전히 예외적인 선수를 뽑는다고 믿는 것 같아요. 고졸 투수를 지명하지 않는다면, 커쇼나 범가너 같은 선수를 뽑을 수 없다는 논리지요. 나는 실수를 하고서야 교훈을 얻었고요."

메이저리그 신인 드래프트는 팀들이 스스로의 예상치대로 행동하는 일종의 통제된 환경이다. 팀들은 전통적인 스카우트의 눈과 각종 분석을 활용해 지명 대상 선수의 기량을 평가하고, 그들의 프로 선수로서의 장기적 잠재력을 예상하며, 팀이 얻을 이득과 실현 가능성을 검토한다. 이건 야구와 스포츠계 전반, 나아가 비즈니스계 전체의 일반적 관행으로 남아 있다. 인간이 의사 결정에 대단히 취약하다는 증거들이 수도 없이 쌓여가고 있음에도 불구하고 말이다. 특히나 텔레비전이나 라디오, 팟캐스트에서 뭔가를 예측하는 사람들처럼 결과에 책임을 지지 않아도 되는 경우는 더더욱 그렇다. (종종 선수와 팀의 성적 예측을 하는 야구 칼럼니스트 입장에서 말하자면, 나도 내 예측에 책임을 저야할 때가 있다. ─나의 과거 예측은 사람들이 쉽게 찾아볼 수 있고, 나는 해마다 9월이면 나의 빗나간 예측들을 인정하는 글을 쓴다─ 하지만 나는 한 해 예측이 다 틀렸다고 직업을 잃을 위험은 없다. 내 고용주들이 내 예측에 그들의 돈을 투자하는 게 아니기 때문이다. 어떻게 보자면 그들은 내 예측을 팔아 돈을 번다.)

펜실베이니아 대학의 정치심리학 교수인 필립 테트록은 예상과 예측에 대한 여러 책을 썼다. 인간이 예측에 얼마나 서투른가를 설명하면서, 앞으로 더 나은 예측을 할 수 있는 방법들도 소개했다. 『탁월한 정치적 판단』이라는 책에서 테트록은 각 분야의 전문가들에게 3만 건 이상의 사회적 이슈에 대한 예측을 의뢰해 수행한 장기 실험을 이렇게 설명했다. 그는 정치 전문가들이 '실제 아는 것보다 스스로 더 많이 안다고 생각하고' 있었으며, 전체적으로 '전문가들은 다트를 던져 찍는 침팬지보다는 예측 결과가 나았지만, 둘의 차이는 크지 않았다. 그리고 전공분야가 아닌 문제를 예측하면, 그 문제가 전공인 전문가들보다 결과가 나았다.' [미주4] (종종 미디어에서 '전문가가 다트 던지는 원숭이보다 나을 게 없었다'라고 소개되는데, 부정확한 서술이다.) 테트록은 또한 미래가 과거와 똑같을 거라고 예상하는 자동화된 예측이, 전문가들의 예측보다 훨씬 나았다는 것도 발견했다. 어떤 선수가 내년에 어떻게 할지를 알고 싶다면 작년과 재작년에 어떻게 했는지를 보라.

테트록은 다음 책인 『슈퍼예측 Superforecasting』에서, 다른 각도에서 바라본 예상과 예측의 문제점을 짚었다. 왜 어떤 사람들은 꾸준하게 나은 예측을 하고, 나머지 우리들은 그렇지 않은가를 연구한 것이다. 책에서 테트록은 독자들에게 한 가지 사고 실험을 제안했다. 렌제티 씨의 가족이 반려동물을 키울 확률을 추정해보라고 한 것이다. 나쁜 예측은, 렌제티 씨 가족에 대한 질문으로부터 시작해 다른 것들을 알아보는 과정을 거친다. 좋은 예측은, 테트록이 붙인 명칭으로는 '외부 시각'에서 시작한다. 이 경우 '모든 가정 중에 반려동물을 키우는 가정의 비율은 얼마인가?'이다. 더 구체적인 질문은 '렌제티 씨 가족과 같은 종류의 집이나 아파트에 사는 가족이 반려동물을 키우는 비율은 얼마나 되는가?'이다.

경제학자들이 '기저율'이라고 부르는 외부 시각으로부터 출발하는 것은 예측의 적중률을 높인다. 그것을 새로운 정보로 업데이트하지 않더라도 말이다. 그것은 또한 미래의 추정에 기준점이 된다. 사람 앞에 어떤 숫자가 놓이면, 그 숫자가 당면한 질문과 아무런 상관이 없어도 그 숫자는 답에 영향을 끼친다. 바로 1장에서 설명한 '기준점 편향'이다. 하지만 의미가 있고 예측력을 가지는 숫자라면, 미래 예측의 정확도를 높이는 기준점이 된다.

카너먼과 트버스키는 그들의 공동 저작에서 '기저율 오류'를 여러 차례 다뤘다.[미주5] 아마도 이 용어를 대중화하는데 가장 큰 기여를 한 사람들일 것이다. 1973년 논문 '예측의 심리학'에서 그들은 '완전무결한 사람만이 기저율을 무시해도 된다'[미주6]라고 썼다. 전지전능하다면 기저율 따위는 무시해도 된다. 신이라면 그럴 수 있다. 하지만 사람이라면, 데이터가 필요하다.

여러 번의 연구를 통해, 두 사람은 피험자들이 다른 추가 정보가 없을 때만 기저율을 예측에 사용한다는 것을 발견했다. 반대로 구체적인 '내부 시각'이 있을 때면 그것부터 사용했다. 야구계에 빗대어 말하자면 이런 식이다. 어떤 18살짜리 우완 고교생 투수는 잘 성장한 신체를 가졌다. 투구폼도 좋고 직구 최고 시속은 98마일에 이르며 슬라이더는 벌써 메이저리그 수준이다. 그러니 우리는 이 선수를 고졸 투수라고 해서 저평가 하지 않고 드래프트 상위 지명 후보로 꼽겠다.

이 투수가 준수한 메이저리거가 될 확률은 대학 선수나 고졸 야수보다 낮다. 이 투수의 미래에 대한 예측은 바로 여기, 즉 외부 시각으로부터 출발해야 한다. 예를 들어 고교 투수들끼리만 비교해 먼저 이들의 순위를 정한 뒤, 다른 카테고리의 선수들과 합칠 때 고교 투수들의 랭킹을 일괄적으로 낮춰버리는 게 현명한 전략이다.

기저율을 먼저 고려하라는 것이 예외적 경우를 완전히 무시하라는 말은 절대로 아니다. 단지 기저율이나 외부 시각을 무시하는 주술적 사고에 빠지지 말라는 조언이다. 어떤 분야이건 ―야구 유망주건, 미국 가정의 반려동물이건, 국제 정세건― 기저율에 신경 쓰면 예측 정확도를 높일 수 있으며 이후 더 정확한 예측을 위한 기반을 만들게 된다. 우리는 이런 이성적인 사고를 고수하는 메이저리그 팀들이 가끔 예외적인 선택을 하는 걸 보게 된다. 바로 1라운드에서 고졸 투수를 뽑는 것이다.

휴스턴 애스트로스는 현재 메이저리그에서 가장 과학적이고 분석적인 운영을 하는 팀 중 하나다. 휴스턴의 제프 러나우 단장과 그의 옛 핵심참모(지금은 볼티모어 오리올스 부단장) 시그 마이델은 둘 다 대니얼 카너먼의 책 『생각에 관한 생각』의 열렬한 애독자다. 마이델은 인지 심리학 석사이기도 하다. 하지만 그들은 함께 애스트로스에 몸담은 기간 동안 스카우트 팀장 마크 엘리아스와 함께 치른 드래프트에서 고교 투수를 두 차례 1라운드에서 지명했다. 그 중 한 명은 텍사스 주 샌안토니오 출신의 장신 우완투수 포레스트 휘틀리였다. 휘틀리는 드래프트 1년 반 뒤, 빅리그 최고의 투수 유망주로 평가됐다. 휴스턴은 휘틀리가 고교 투수에 대한 기저율에 예외인 이유를 찾았다고 판단했다. 휘틀리의 포심 패스트볼이 엄청나게 높은 회전수를 갖고 있었던 것이다.[미주7] 이 글을 쓰고 있는 현재 휘틀리는 아직 메이저리그에 승격되지 않았으며 어깨 부상 때문에 고전하고 있다. 그래서 휴스턴이 기저율과 반대의 선택을 한 것이 옳았는지는 아직 알 수 없다. 하지만 결론까지 이르는 과정은 탄탄했다. 기저율로부터 시작해서, 고교 투수에 대해 신중하려 했고, 휘틀리가 고교 졸업반 투수들 중에서도 충분히 특출나다는 확고한 증거를 발견하고서야 선택했다. (마이크 엘리아스 팀장이 1라운드에 선택한 또 한 명의 고교 투수는 브래디 에이큰이다. 에이큰은 드래프트 직후 신체검사에서 팔꿈치에 선천성 기형이 발견돼 계약에 실패했기 때문에 우리의 논의에는 맞지 않는 사례다.)

주술적인 사고는 야구계 어디에나 존재한다. 팀들은 보고 싶은 것만 보고, 보고 싶을 때만 본다. 특히 지금 당장 우승해야 한다는 압박이 있을 때는 더욱 그렇다. 현장도 마찬가지다. 감독들이 "딱 선수 한 명만 더"라고 프런트에 얘기할 때는, 정말 선수 한 명만 더 영입하면 우승 경쟁을 할 수 있다고 생각하는 것이다. FA 구원투수와의 장기 계약은 내겐 오랫동안 이해할 수 없는 현상이었다. 대부분의 구단 수뇌부가 이성적으로는 구원투수들의 기량과 건강은 야구에서 가장 예측하기 어려운 사항이라는 걸 잘 알고 있다고 생각하기 때문이다. 하지만 구단들은 여전히 구원투수들에게 3~4년짜리 계약을 건넨다. 왜냐하면 시장가가 그렇기 때문이다.

예를 들어, 콜로라도 로키스는 지난 3번의 오프시즌 동안 4명의 각기 다른 구원투수들과 3년 계약을 맺고 총 1억 2500만 달러를 썼다. 이 글을 쓰는 현재, 왼손 구원투수 마이크 던은 계약 마지막 시즌이고 나머지 3명, 웨이드 데이비스와 제이크 맥기, 브라이언 쇼는 2년째이다. 로키스가 이들에게 7000만 달러 정도를 지급한 지금, 이 4명으로부터 얻은 승리기여도는 총합 0.7이다. 실제로 승리에 기여를 한 투수는 데이비스(WAR 1.2) 뿐이다. 다시 말해, 로키스는 던과 맥기, 쇼에게 저 돈을 주고 대체 선수보다 못하는 걸 지켜보는 것보다, 트리플 A에서 준수한 투수 3명에게 최저 연봉을 주고 불펜진에 합류시키는 게 더 나았을 거다. 심지어 데이비스조차 받는 액수에 비하면 기대에 미치지 못한다. 2018년에 로키스는 이 4명에게 연봉 4100만 달러를 지급했지만 거의 아무 것도 얻지 못했고 2019년에도 상황은 똑같다.

아주 최근에서야 조금 나아지긴 했지만 구원투수들과 맺은 장기 계약의 역사는 매우 암울하다. 21세기 들어 17명의 구원투수들이 4~5년의 장기 계약을 맺었는데, 이들 중 성공이라고 부를 수 있는 사례는 2001년 시즌 전에 뉴욕 양키스와 재계약한 마리아노 리베라가 유일하다. 리베라는 계약 기간 4년 내내 잘 던졌고 건강했다. 2002년에 미세한 부상으로 잠깐 결장했지만, 계약 동안 WAR 12.4를 적립했다. 4년 이상의 계약을 맺은 구원투수들 중 역대 최고치다. 몇몇 준수한 활약을 한 투수들도 있었지만 최소 7명은 말 그대로 재앙이었다. 그 중에는 세인트루이스와 4

117

년 계약 상태로 대체 선수 수준보다도 못했던 브렛 세실도 있다.

구원투수와의 장기계약이 얼마나 나쁜 선택인지 알기 위해, 나는 1990년부터 2018년까지 뛴 모든 구원투수들 중에 특정 시즌(주로 FA 직전 시즌)에 잘 던진 뒤 그 다음에도 잘 던진 경우가 얼마나 있는지 알아보았다. 구원투수의 기량을 재는 건 다소 까다로운 일이다. 기록이 기량을 제대로 보여주지 못하는 경우가 많기 때문이다. 적시타를 맞지만 직전 투수의 자책점만 올라간다든지, 위기를 자초하고 마운드를 내려오지만 다음 투수가 막아주는 경우도 있고, 던지는 이닝수가 적어서 한두 번 망친 등판 때문에 전체 기록이 망가지기도 한다. 일단 50이닝—60이닝을 기준으로 잡는 경우가 많지만, 경미한 부상 때문에 빠진 경우를 포함시키기 위해 기준을 조금 낮췄다—과 FIP[35] 3.00 이하를 '좋은 구원투수 시즌'의 기준으로 삼아보자.

이 두 기준을 충족한 투수가 다음 시즌에도 그럴 확률은 50% 미만이었다. 한 시즌에 이 기준을 넘어선 투수 627명 중에 181명만 다음 시즌에도 기준을 충족했다. 한 시즌 성공한 구원투수 대부분은 다시는 이 기준을 넘어서지 못하거나, 혹은 다음 성공한 시즌까지 최소 1년 이상의 '휴지기'를 가졌다. 전체의 1/4는 FIP 3 미만의 시즌 다음해 평균자책점이 4를 넘었고, 7퍼센트는 다음해 평균자책점 6을 넘었다.

나는 토론토 구단에서 일하던 시절 비슷한 연구를 한 적이 있다. 당시

---

35) Fielding Independent Pitching의 약자. 국내 미디어에서는 '수비 무관 평균자책점'으로 번역돼 쓰인다. 팀 야수진과 상관없이 투수 본인의 실점 억제력을 보여주는 기록. 수비수가 개입하지 않는 결과들 즉 삼진과 볼넷, 몸에 맞는 공, 그리고 홈런만 변수로 입력하고 나머지 결과들은 '리그 평균치'로 계산해 평균자책점을 추정한다. 평균자책점보다 투수의 기량을 조금 더 정확하게 보여준다. 시즌에 따라 상수가 달라진다. 계산식은 : FIP=(13*홈런+3*사사구−2*삼진/이닝수)+시즌별 상수

구단은 마무리투수 BJ 라이언과 계약을 고려하고 있었다. 라이언은 3년 연속 위 기준을 충족했다. (FIP는 3년 연속 2.60 이하였고, 2004년에 50이닝을 넘긴 다음 2년 동안은 70이닝 이상 던졌다.) 그 당시 나는 한 시즌을 풀타임으로 치르며 평균 이상의 활약을 펼친 구원투수가 그 다음 시즌에도 그렇게 할 확률은 50대 50이며, 몇 년 연속 평균 이상의 활약을 펼쳐도 확률이 그리 높아지지 않는다는 걸 발견했다.

지금도 상황은 비슷하다. 위에 소개한 627명 중에 절반 조금 못미치는 305명만 다음 시즌에 50이닝 이상, 평균자책점 3 이하를 기록했다. 기준을 평균자책점에서 FIP로 바꾸면 상황은 좀 더 나빠졌고, 승리기여도로 바꾸면 더 나빠졌다. 기록과 항목을 이래저래 바꿔 봐도 확률은 계속 50퍼센트 미만에 머물렀다. '좋은' 시즌을 2년 연속 보낸 투수들로 한정해 봐도, 다음해에도 잘할 확률은 여전히 50퍼센트 미만이었다. 평균자책점의 기준을 3, 3.50, 4로 계속 높여 봐도 마찬가지였다. 4.10까지 높여서야 겨우 50%를 넘겼다.

'기저율 오류'는 스포츠계에서 가장 흔한 인지 편향일 것이다. 너무나 많은 의사 결정이 실시간으로 벌어지고 (감독 코치들이 어떤 선수를 기용할지, 어떤 작전을 펼칠지) 팀의 전력 강화를 위한 어떤 결정을 하기 위해 이유(예를 들어, 이미 마음속으로는 영입하고 싶은 마무리투수를 계약해야 할 이유)를 찾아야할 수도 있다. 기저율 무시는 단순히 나쁠 뿐만 아니라 거액의 손해를 자초하는 지름길이다. 특히 당신의 경쟁자가 기저율에 신경을 쓰고 있는 상황이라면 더욱 그렇다. 대부분의 팀들은 FA 선수 영입 경쟁에서 선수의 미래에 대한 가치를 평가하는 예측 시스템을 활용하는데, 단장인 당신은 쓰지 않는다고 가정해보자. 당신의 선수 미래 예상은 예측에 별 도움이 안 되는 요소들 때문에 왜곡될 것이다. 선수의 최근 활약, 당신이 직접 본 당신 팀과의 경기 성적이 대표적이다. 시즌 막판 당신의 팀을 상대로 완봉승을 거둔 투수라면 특히 구미가 당길 것이다. 당신이 직관한 경기에서 실책 두 개를 저지른 유격수는 과대평가됐다고 느껴질 것이다. 기저율을 무시하는 감독은 어떤 타자를 "저 투수의 공을 특히 잘 본다"라거나 "좋은 투수의 공을 잘 친다"―좋은 투수에게 특별히 강한 타자는 없다. 반대로 타자들이 잘 치는 투수는 좋은 투수가 아니다―는 이유로 기용할 것이다. 극소수의 장면이나 띄엄띄엄한 기억 때문에 타자의 전체적인 기량을 무시하는 것이다. 기저율 무시는 야구계뿐만 아니라 의사 결정을 해야 하는 모든 영역에 광범위하게 퍼져 있다. 해법은 적절한 데이터나 기저율에 대한 정보를 찾고 이용하는 것이다.

[미주]

1. 확실히 해둘 것은, 그런 거 없다. 예외 때문에 규칙이 부정되지 않는다. 만약 부정된다면, 그건 이미 예외가 아니다.

2. 이 글에서 '대졸 선수' 혹은 '대학 선수'는 '4년제 대학 재학 중 혹은 졸업 뒤에 드래프트된 선수'라는 뜻이다. 2년제 대학을 나온 메이저리그 선수들도 많은데, 1라운드 지명자는 많지 않다. 1985년부터 30년 동안 2년제 대학 출신 1라운드 지명자는 16명뿐이다.

3. 이 중에는 지명한 팀과 계약하지 않은 선수들도 3명 있다. 고교 선수는 대학 진학을 선택할 위험성도 있는 것이다. 또한 덕 밀리언은 1997년 21살의 나이에 애리조나 교육리그 도중 천식 발작으로 사망했다.

4. Philip E. Tetlock, Expert Political Judgment: How Good Is It? How Can We Know? (Princeton, NJ: Princeton University Press, 2017), pp. xix‒xx.

5. A. Tversky and D. Kahneman, "Evidential impact of base rates," in D. Kahneman, P. Slovic, and A. Tversky, eds., Judgment under Uncertainty: Heuristics and Biases (Cambridge: Cambridge University Press, 1982), pp. 153‒60.

6. D. Kahneman and A. Tversky, "On the Psychology of Prediction," Psychological Review 80, no. 4 (1973): 237‒51.

7. Tom Verducci, "From Trackman to Edgertronic to Rapsodo, the Tech Boom Is Fundamentally Altering Baseball," Sports Illustrated, March 25, 2019.

CHAPTER 06

역사는 승자에 의해 써진다

투구수 논란, 그리고 '놀란 라이언'이 반론의 근거일 수 없는 이유

Survivorship bias

강도 사건은 단순 절도로 바꿔요. 강간 사건은 아예 지워요. 숫자로 장난을 치는 거죠. 소령은 대령으로 승진도 시켜주고. 이런 수법, 전에 써 봤어요.

- 드라마 <더 와이어> 시즌 4. 에피소드 '네 분수를 알라' 중에서

'기저율 무시'를 다룬 5장에서, 메이저리그 팀들이 고교 투수를 드래프트 1라운드에 지명하는 것이 좋은 생각이 아니라는 명확하고 다양한 증거에도 불구하고 계속 뽑는 현상을 다뤘다. 고졸 투수들의 실패 확률은 다른 어떤 집단보다 높고, 지명하는 팀은 높은 기회비용—고졸 타자나 대학 선수를 뽑았다면 얻을 수 있었던 가치—까지 치러야 한다.

물론, 기저율에는 예외가 있다. 상위 순번에서 뽑힌 고졸 투수가 성공적인 메이저리거가 되거나 좋은 트레이드 카드가 되는 경우다. 하지만 이런 예외의 존재는 이미 기저율에 계산돼 있다. 팀들이 고교 투수를 절대 뽑지 말아야 한다는 얘기가 아니다. 고교 투수들의 성공 확률로 정당화하기 어려울 정도로 많이 뽑고 있다는 것이다. 당신이 메이저리그 구단의 스카우트 팀장이나 단장이라면, 1라운드에 고교 투수를 지명하고픈 욕망

을 억제해야… 하지만 가능성은 열어두어야 한다. 더 많은 정보를 요구하거나, 고교 투수들에 대해 보다 회의적인 시선으로 평가 절차를 시작하라는 의미다.

드래프트 상위 순번에서 고교 투수를 뽑고픈 욕망 뒤에 숨은 힘은 '규칙'의 예외가 된 스타 선수들의 존재다. 클레이턴 커쇼는 고교 투수를 뽑아야 한다고 주장하는 사람이 보통 가장 먼저 언급하는 이름이다. 당연하다. 2006년 드래프트의 전체 7순위로 지명된 커쇼는 2년도 안 돼 메이저리그에 데뷔했으며 2008년 스무 살의 나이에 이미 리그 평균 이상의 선발투수가 됐다. 그 이후 3차례 사이영상을 수상했고, 두 번은 사이영상 투표에서 2위에 올랐으며 4시즌에서 내셔널리그 최고의 투수였고, 2019년 8월까지 통산 WAR 68을 적립했다.[미주1] 그는 2006년 드래프트 지명자들 중에서 최고의 선수다. 미주리 대학을 나와 애리조나에 전체 11순위로 지명된 맥스 셔저에 다소 앞서 있다.

내 경험상, 커쇼는 1라운드 지명 고졸 투수 성공 사례 중 가장 흔히 언급되지만, 유일한 사례는 아니다. 매디슨 범가너도 고교 투수 선호파들에게 인기 있는 이름이다. 통산 승리기여도 36은 커쇼 수준은 아니지만, 2007년 전체 10순위로 지명된 범가너는 3차례 월드시리즈에서 눈부신 호투를 펼쳐 모두 샌프란시스코의 우승을 이끌었다. 탬파베이는 2011년, 1라운드와 2라운드 사이의 보상픽[36)]으로 블레이크 스넬을 전체 52순위로 지명했다. 스넬은 2018년 아메리칸리그 사이영상을 수상했다. 스넬의 평균자책점 1.89는 2010년대 모든 선발투수를 통틀어 6번째로 낮은

---

36) FA가 된 선수가 다른 팀과 계약하면, 원소속팀에게 신인 드래프트 지명권을 주는 제도

기록이었다. 2010년대에 현재까지 통산 승리기여도 30을 채운 투수 15명 가운데 6명이 고졸이고 모두 2라운드 이전에 지명되었다. (7명의 대졸투수들 중 2명[37]은 같은 학교 출신이다. 밴더빌트나 LSU 혹은 UCLA 같은 야구 명문교 혹은 SEC나 ACC 혹은 PAC12[38]에 속한 학교가 아니다. 플로리다주 디랜드의 중소 대학인 스텟슨 대학이다.)

하지만 당신이 못 들어본 이름들도 있다. 케이시 카이커는 2006년 드래프트에서 고교 투수들 중에서는 두 번째로, 커쇼보다 5순위 뒤에 지명됐다. 카이커는 메이저리그를 구경도 못 했다. 콜튼 윌렘스(22순위)도 마찬가지였다. 카일 드라벡은 메이저에 데뷔는 했지만 딱 대체 선수 수준에 머무르다 은퇴했다. 범가너는 필립 오몽보다 1순위 앞, 팀 앨더슨보다 12픽 앞, 마이클 메인보다 14픽 앞에 지명됐다. 오몽과 앨더슨, 메인은 아무도 빅리그 무대를 밟지 못했다. 나머지 고졸 투수 2명은 잠깐 메이저의 맛을 봤지만 통산 승리기여도 2를 넘기지 못하고 은퇴했다.

드래프트 상위 지명 때 고교 투수를 여전히 선호하는 이유에는 앞서 소개한 '기저율 무시'와 '가용성 편향' 등 몇 가지 심리 편향이 개입돼 있다. '생존 편향'의 사례이기도 하다.[미주2] 시간이 흐를수록 구성원이 떨어져 나가는 표본 집단에서, 우리는 생존자만 기억하고 나머지는 잊는다. 집단에 대한 시계열적 연구에서 이런 현상이 종종 나타난다. 연구 대상 집단에서 죽거나 실종되거나 어떤 이유로든 연구 도중 사라지는 사람들이 연구에서 제외되면서, 마지막까지 살아남은 사람들에게 편향된 결과가 도출된다. 우리의 기억도 똑같이 작동한다. 살아남은 사람들을 기억하

---

37) 코리 클루버와 제이콥 디그롬.
38) 미국 대학스포츠 NCAA의 최상위 지역 리그들

고, 탈락한 자들을 망각한다. 다시 말해, 클레이턴 커쇼만 기억하고 성공하지 못한 고교 투수는 잊는다. 그래서 1라운드에 고교 투수를 지명하는 것은 덜 위험하게 느껴진다.

우리에게 클레이턴 커쇼를 안겨준 2006년 드래프트 1라운드에서는 다른 7명의 고교 투수도 함께 지명됐다. 이 중 6명은 빅리그에 오르지 못하거나, 데뷔는 했지만 대체 선수 수준에 그쳤다. 팀들이 최저연봉만 주고 쓸 수 있는 트리플A 선수 수준이라 언제든 대체가 가능했다는 뜻이다. 드래프트까지 꼼꼼히 챙겨봐 온 열혈 팬이라면 당시 드래프트 1라운드에 지명된 고교 투수 중 커쇼 외에 성공한 다른 한 명이 제레미 제프리스[39]라는 걸 기억할 것이다. 대부분의 팬들은 빅리그에 데뷔하지 못한 고교 투수들, 케이시 카이커, 스티브 에바츠, 콜튼 윌렘스, 케일럽 클레이는 잊어버렸을 것이다. 빅리그에서 하루도 보내지 못해 그들은 잊힌 것이다. 사실 그들은 '주의 사례'로 남아 있어야 한다. 그해 드래프트 1라운드에서 지명된 고교 투수들은 1명의 슈퍼스타, 1명의 괜찮은 구원투수, 그리고 아무 것도 하지 못한 6명이었다. 그 중 4명은 아예 빅리그 무대를 밟지도 못했다. 하지만 그들의 이름은 더 이상 팬들에게, 심지어 대부분의 업계 관계자들에게 아무 의미도 없다. 카이커나 윌렘스를 지명하는데 관여한 관계자가 아니라면, 그들의 이름은 그저 다른 팀의 실패작일 뿐이다.

'생존 편향'은 2장의 주제였던 '가용성 편향'의 한 형태다. '가용성 편

---

[39] 2006년 1라운드 16순위로 밀워키에 지명. 2010년 빅리그에 데뷔한뒤 2019년까지 통산 392경기에 출전해 정상급 중간 계투요원으로 활약했다. 2020년 시카고 컵스와 FA계약을 맺었다.

향'이란 우리가 기억하는 사례들, 즉 최근에 접했거나 뭔가 특이해서 우리의 기억에 쉽게 떠오르는 것들을 과잉 분석하는 편향을 말한다. '생존 편향'도 우리가 기억하는 사례만 과잉 분석하는 경향이다. 다른 사례들이 끝까지 생존하지 못해 망각된 것이다. 역사는 승자에 의해 써진다. 죽은 자들은 말이 없기 때문이다. 2005년에 발간한 책 『틀리지 않는 법 : 수학적 사고의 힘』에서 조던 엘렌버그는 생존편향을 뮤추얼 펀드의 수익률 통계 사례를 통해 설명했다. 그는 뮤추얼 펀드에 대한 분석과 추천을 하는 금융 서비스 회사 '모닝스타'의 리포트를 인용했다. 리포트에서 '라지 블렌드'라는 카테고리에 포함된 뮤추얼 펀드는 1995년부터 2004년 사이에 연평균 10.8퍼센트의 수익률을 냈다고 소개됐다. 같은 기간 S&P 500의 연평균 수익률을 넘는 훌륭한 결과다. 엘렌버그가 지적한 문제는, 10.8퍼센트라는 수익률은 승자만을 계산한 결과라는 것이다.

> 모닝스타가 어떻게 저 수치(수익률 10.8퍼센트)를 얻었는지 되짚어 보자. 지금이 2004년이라고 하자. 우리는 '라지 블렌드'라고 분류된 펀드들을 다 모은 뒤, 이 펀드들이 지난 십 년간 얼마나 성장했는지 살펴본다. 그런데 잠깐. 여기에는 뭔가 빠진 것이 있다. 바로 여기에 포함되지 않은 펀드들이다. 뮤추얼 펀드의 수명은 영원하지 않다. 어떤 펀드는 장수하고 어떤 펀드는 일찍 죽는다.[40] [미주3]

> 더 이상 존재하지 않는 뮤추얼 펀드까지 포함하면, 10년간 수익률은

---

40) 조던 엘렌버그 '틀리지 않는 법 : 수학적 사고의 힘', 열린책들, 2016, P.20

8.9퍼센트로 떨어진다. 1995년부터 2004년까지 S&P 500의 연평균 수익률 10.4%에 많이 모자란다. 죽은 자를 세지 않으면, 모두가 살아 있는 것이다.

일부러 빠뜨리는 것이건 무심결에 지나치는 것이건, 표본 집단에서 생존하지 못한 자들을 제외하는 건 생존자들 쪽으로 편향된, 그래서 실제보다 긍정적으로 보이는 결과를 낳는다. 생존자들은 뭔가 장점이 있었기에 측정 기간 동안 살아남았을 가능성이 높다. 나를 포함한 야구 기자들은 종종 어떤 시즌에 특정 기록들에서 '규정 타석을 채운 타자들 중 최악' 혹은 '규정 이닝을 채운 투수들 중 최악'이라는 표현을 쓴다. ('규정'이란 순위에 포함되기 위해 채워야 할 출전 시간의 개념이다. 보통 타자는 503타석, 투수는 162이닝이다.) 이런 방식에는 규정 타석이나 이닝을 채울 기량이 안 되거나, 아예 마이너리그로 강등된 더 나쁜 선수들이 누락된다. 그러므로 '규정 시간을 채운 최악의 선수'에 대한 논의에서는 항상 더 기량이 나빠서 출전 시간을 잃은 선수들이 있다는 사실을 염두에 둬야 한다. '최악의 선수'가 사실은 최악이 아니라는 것이다.

게리 스미스는 2014년 저서 『표준 편차』에서 비슷한 이야기를 한다. '많은 관찰 연구들은 생존 편향 때문에 오염된다', '성공한 회사의 공식/비밀/레시피, 성공적인 결혼 생활, 장수 비결 같은 종류의 책들은 모두 같은 문제를 갖고 있다. 성공한 회사, 부부, 장수한 사람들만 들여다보았기 때문이다.'[미주4]

스미스는 성공한 회사들의 비결을 소개하고 종종 경영자들을 찬양하는 비즈니스 서적을 신나게 조롱한다. 40년 동안 주가가 시장 평균 이상으로 상승한 11개 기업의 성공 비법(그 중 하나는 '단계 5의 리더십'도 있다)을 소개한 짐 콜린스의 세계적 베스트셀러『좋은 기업을 넘어 위대한 기업으로』도 그 중 하나다. 스미스는 콜린스가 숫자로 장난을 쳤다고 일갈한다. 40년 동안 주가가 떨어지거나 파산하는 등 성과가 좋지 않았던 1400개 이상의 다른 기업은 무시한 채 40년이 끝나는 시점에 특별히 성과가 좋은 11개 기업만 콕 집어 성공의 이유가 뭐라고 못 박았다는 것이다.

스미스는 콜린스의 책이 나온 뒤에 벌어진 일을 증거로 제시한다. 이 11개 기업은 이후 더 이상 시장 평균 이상의 성과를 내지 못했다. 이 기업들이 왜 성공했는지에 대한 콜린스의 가설이, 그 기간 동안 성공한 기업들과 같은 특성(예를 들어 '단계 5의 리더십')을 갖고 있었지만, 주가는 그만큼 오르지 않았던 다른 수많은 기업들의 사례와 충분히 비교 검증되지 않았기 때문이다. 11개 기업 가운데 5개는 이후에도 시장 평균보다 수익률이 좋았지만, 6개는 그렇지 않았다. '써킷 시티 Circuit City'[41]는 아예 파산했고, '페니 메이 Fannie Mae'[42]는 주가 총액의 98퍼센트가 사라졌다.

생존 편향은 광고와 같은 미디어에도 만연해 있다. 업체들이 광고하는 높은 고객 만족도나 재방문율에는, 대개 답을 하지 않거나 질문 대상도 아닌 고객(예를 들어 다시 방문하지 않은 고객)의 반응은 제외되거나 무시된다. 건강 관련 조사에서는 종종 환자나 조사 기간 동안 죽은 사람이 제외된다.

---

41) 1949년 설립된 미국 전자제품 소매 체인. 1980년대 업계 최고 기업으로 성장했지만 이후 경쟁에서 도태돼 2009년 파산했다.
42) 1938년 미국 정부의 지원으로 세워진 모기지 대출 전문 금융회사. 1968년 민영화됐지만 2007년 서브프라임모기지론 사태로 김각한 경영난에 빠졌고 이후 사실상 국유화됐다.

포커를 아는 사람들은 '로열 플러시'라는 단어에 익숙하다. 같은 무늬의 가장 높은 다섯 장(에이스, 킹, 퀸, 잭, 그리고 10)으로 이뤄진 최고의 패다. (같은 무늬의 연속된 5개 숫자로 이뤄진 '스트레이트 플러시' 중에 가장 높은 패다.) 전통적인 포커 방식에서 첫 5장의 카드로 네 종류의 로열 플러시 중 하나를 완성할 확률은 0.000154퍼센트다. 즉 649,740번 중 한 번이다. 즉 대부분의 포커 애호가들은 로열 플러시를 평생 구경도 못한다.

로열 플러시를 줄 확률이 이렇게 낮지만, 엄청난 행운으로 로열 플러시를 받는다면 확률은 '1'로 급증한다. 일단 완성되고 나면, 더 이상 '불가능에 가까운' 패가 아닌 것이다. 이미 벌어졌으므로, 사건 발생 확률은 1이 되는 것이다. 어떤 사건이 벌어지기 전에 예측하는 것은 유용하지만, 이미 벌어졌다는 걸 안 뒤의 예측이란 독자에게 '불은 뜨겁다' 혹은 '마이크 트라웃은 좋은 선수'라고 말하는 것과 비슷하다. 이런 예측은 돈을 받고 팔면 안 된다. 하지만 그것이 짐 콜린스가 『좋은 기업에서 위대한 기업으로』에서, 그리고 톰 피터스와 로버트 H. 워터맨이 『초우량 기업의 조건』에서 저지른 잘못이다. 그들은 생존 경쟁에서 살아남는 회사들을 지목해 '위대한 기업'이라 지칭했고, 그 회사들에는 위대함을 설명할 수 있는 공통 요소가 있다고 추정했다. (피터스와 워터맨이 추켜세운 회사들은 콜린스의 책에 나온 회사들보다 별로 나을 게 없었다. 하지만 두 책 모두 어마어마한 베스트셀러가 됐다.) 그들은 스트레이트나 플러시를 가진 회사들을 지목하며, '8하이'나 '3페어'처럼 낮은 패가 걸린 회사들을 무시한 것이다. 실패한 회사들도 성공한 회사들과 같은 핵심 특성을 가지고 있을 수 있다. 좋은 기업을 위대한 기업으로 만드는 진짜 이유는 운일 수도 있는 것이다.

생존 편향은 심지어 과학 연구에도 영향을 끼친다. 저명 의학 저널

'PLoS Medicine'에 2005년에 게재해 숱하게 인용된 논문을 통해, 존 P.A 이오아니디스는 아예 제목부터 이렇게 주장했다. "…대부분의 출판된 연구 결과는 틀렸다." 아무도 듣고 싶어 하지 않았지만, 이오아니디스의 주장은 증거와 토론을 통해 증명되었다. '생존 편향'을 비롯한 많은 편향들이, 연구의 결과뿐만 아니라 어떤 논문의 발표 여부에서부터 영향을 끼치더라는 거다.

펜실베이니아 대학의 유리 사이먼슨 교수는 연구자들이 논문 집필과 출간으로 능력을 검증받는 학계에서 벌어지는 어떤 현상에 'P해킹'이라는 용어를 붙여 유명하게 만들었다. P해킹이란 결과를 미리 정해놓고, 그에 걸맞은 근거를 뒤에 찾아 끼워 맞추는 행위의 일종이다. 사이먼슨 본인의 말을 빌자면, "원하는 결과가 나올 때까지 여러 가지를 시도해보는 것"을 수반한다.[미주5] 연구자가 입력값을 이래저래 조정해, 통계적 유의미성 여부를 보여주는 숫자인 'P값'을 원하는 수준, 보통 0.05 이하로 떨어뜨리려 시도하는 것이다. P값을 낮추기 위해 특정 조건을 제외하거나, 변수들 사이의 여러 잠재적 관계를 샅샅이 살펴 어떤 관계가 낮은 P값을 유도하는지를 알아낸다. 두 변수 사이에 이렇다 할 인과관계가 없더라도 말이다. 이렇게 되면 발표된 논문의 실험 방법이 종종 다른 연구자들에 의해 재현되지 않는다. 결과가 의심스럽거나 틀린 것으로 나오기 때문이다.

P해킹은 엄청난 스캔들로 불거져 2018년 주류 언론에 대서특필되기도 했다. 독립 연구자들이 코넬대 브라이언 완싱크 교수의 광범위한 데이터 조작을 폭로했다. 완싱크는 코넬대의 '식품 브랜드 연구소' 소장이었고, 2007년부터 2009년까지는 미국농무부 영양정책보급센터를 이끈 권위자다. 완싱크는 대형 언론사들이 좋아하는 학자였다. 눈에 확 띄는 결

론들을 많이 제시하기 때문이었다. 그 중에는 이런 것들이 있다. 운동이 재미있다고 들은 사람들은 나중에 몸에 해로운 간식을 덜 먹는 경향이 있다. 무한 뷔페의 책정된 가격에 따라 먹은 사람의 포만감과 식사 후에 느끼는 죄책감이 달라진다. 전투 후 심리적 외상을 겪은 퇴역 군인은 브랜드 충성도가 낮고 광고에 덜 민감하다. (마지막 두 결론이 실린 논문은 나중에 철회되었다.)

'버즈피드'의 탐사 전문 기자인 스테파니 M.리는 완싱크의 연구소 멤버들과 주고받은 수많은 이메일들에 기반해 2018년 2월 완싱크의 행태를 폭로했다.[미주6] 그녀는 기사에서, 완싱크가 한 연구자에게 특정 논문의 P값을 낮추기 위해 변수들을 '만지'라고 지시한 것, 그리고 연구소의 학생들에게 데이터를 샅샅이 뒤져 어떤 상관관계라도 찾아내라고 지시한 사실을 밝혔다. 참된 과학은 가정에서 출발해, 그 가정을 뒷받침하거나 부정하는 데이터를 찾는다. 완싱크는 데이터에서 출발해, 연관성을 찾은 다음, 그로부터 가정을 만들어내 논문을 발표하고 세간의 주목을 끌었던 것이다.

이것은 과학계의 '생존 편향' 사례다. 완싱크가 찾은 상관관계는 대부분 다른 연구자들이 재연하려 했을 때 성립하지 않았다. 원래 표본에 결함이 있었거나, 원하는 P값을 얻기 위해 변수가 조작됐거나, 아니면 순전히 '횡재'에 불과했기 때문이다. 완싱크의 작전은 종종 성공적이었다. 폭로와 추락 이전에, 완싱크는 〈60분〉[43]과 〈CBS 오늘 아침〉[44]에 출연했고, 여러 다큐멘터리에서 등장해 건강한 식습관에 대해 발언했으며, 뉴욕

---

43) 미국 CBS 방송의 간판 시사 프로그램
44) CBS 방송의 아침 종합 프로그램

타임스 기사에도 스무 번 넘게 등장했다. 그 중 하나는 아이들이 몸에 좋은 간식을 먹게 하는 방법에 대한 완싱크의 논문을 소개하는 것이었다.[미주기] 완싱크는 기존 데이터에서 어떻게 하면 많은 논문을 생산할 수 있는지, 그리고 논문과 자기 자신을 어떻게 마케팅해야 더 많은 미디어에 나올 수 있는지를 파악했다. 방대한 데이터를 체에 거르면, 어떤 것은 통과하기도 한다. 찾아낸 상관관계에 아무 의미가 없더라도 말이다. 완싱크의 연구를 다룬 주류 언론—종종 유력 매체들도 포함됐다—의 기자들은 연구 방법에 대한 본질적인 의문을 갖지 않았다. 완싱크가 흥미로운 결론을 유독 자주 찾는 방법에 대해서도 충분히 의심하지 않았다. 하지만 2018년 말 스테파니 리의 기사가 완싱크의 가면을 벗겼다. 코넬대는 내부조사를 통해 여러 건의 학문적 위법 행위를 적발했다고 발표했다. 결국 2019년 6월 30일자로 완싱크는 사임했다. 이 책을 쓰고 있는 현재, 그가 단독 혹은 공동으로 저술한 30건 이상의 논문이 철회되었다.

다시 야구계로 돌아와, 생존 편향이 가장 쉽게 목격되는 경우는 투구수에 대한 논의와 적용이다. 투구수란 말 그대로 투수가 한 경기에 던진 공의 개수다. 아직 완벽하게 파악되지는 않았지만, 너무 많은 투구수는 부상 위험을 높인다.

하지만 '투구수'라는 주문을 세 번 외치면, 한 꼰대가 나타나 이렇게 말할 것이다. "라떼는 말이야, 투수가 한 경기에 200개도 넘게 던졌지. 그래도 다치지 않았어." 이보다 명확한 '생존 편향'은 없을 것이다.

투수 혹사와 부상의 관계는 여러 논문을 통해 잘 규명돼 있다. 연구의 초창기인 2002년에 발간된 한 논문에서는 청소년 투수 476명을 연구해 "한 경기, 그리고 한 시즌에 던진 투구수는 팔꿈치 및 어깨 통증의 빈도와 밀접한 연관이 있다"는 결론을 냈다.[미주8] 메이저리그 팀들은 이 결과에 주목했다. 구단들은 젊은 투수들의 건강을 지켜야 할 인센티브가 명확하기 때문에, 모든 팀들이 개별 경기와 전체 시즌에 투구수를 제한하기 시작했다. 한계 투구수는 구단과 투수에 따라 다른데, 보통 임의로 잡는 숫자는 투구수 100개다. 어떤 팀이 젊은 투수의 팔꿈치와 어깨를 보호하고자 한다면, 그 투수는 필시 선발 등판 때 100개 이하의 공만 던지게 될 것이다. 왜 90개나 110개가 아닌 딱 100개냐고 물으면 사실 딱 떨어지는 숫자라는 것 외에는 별 이유를 찾기 어렵다. 그냥 사람 손가락이 열 개라서 그 숫자가 기준으로 정해진 것이다.

프로 구단들은 정도의 차이는 있지만 모두 혹사를 막기 위해 젊은 투수들의 한계 투구수를 정하고 많은 공을 던지는 걸 막아 왔다. 하지만 아마추어 코치들은 아니다. 2019년에 투수 혹사 방지의 가장 큰 적은 대학 코치들이다.[미주9] 많은 대졸 투수 유망주들이 학창 시절 혹사의 여파로 쓰러진다. 2016년 3월 코네티컷 대학의 앤서니 케이는 17점차 리드에도 불구하고 36타자를 상대하며 완투승을 올렸다. 두 달 뒤에는 컨퍼런스 토너먼트 개막전에서 101구를 던진 뒤, 3일 휴식 뒤에 다시 나와 90구를 던졌다. 뉴욕 메츠가 그를 6월 드래프트에서 2라운드에 지명했지만, 드래프트 사후 신체검사에서 팔꿈치 인대가 끊어진 게 발견돼 토미존 수술[45]을 받아야 했다. 케이는 메츠 구단과 합의했던 계약금 80만 달러를 날

---

[45] 팔꿈치 인대 접합 수술. 팔꿈치 인대 파열은 투수들이 가장 흔히 겪는 부상 중 하나이고, 숱한 투수들의 은퇴 이유였다. 1974년, LA의 정형외과의사인 프랭크 조브 박사가 인대 접합 수술로 해결책을 찾았다. 조브 박사로부터 이 수술을 처음 받은 투수가 토미 존이다. .

려버렸고, 2018년 4월까지 경기에 나설 수 없었다.

오리건 주립대는 2018년 6월에 한 발 더 나갔다. 당시 19살 밖에 안된 신입생 케빈 아벨을 6일 동안 3차례 등판시켰다. 6월 23일에 95구, 6월 27일에 구원으로 23구, 그리고 바로 다음날 대학 월드시리즈 최종전에서 무려 129구를 던지게 했다. 메이저리그가 스포츠 의학계 최고 전문가들의 조언을 받아 발간한 '피치스마트 가이드라인'에서는 정상적인 휴식을 취한 19살 투수들은 120구 이상 던지지 말 것을 추천한다. 오리건 주립대는 우승을 차지했지만 아벨의 팔꿈치는 다음 시즌 초반에 망가졌다.

나는 종종 SNS로 대학 혹은 심지어 고교 코치들이 제자 투수들에게 과도한 투구수를 요구하거나 충분한 휴식을 주지 않고 등판시키는 사례를 비판한다. 그러고 나면 일종의 '투구수 빙고' 게임이 시작된다. 빙고판의 한가운데는 놀란 라이언의 차지다. 인간의 신체가 물체를 시속 95마일의 속도로 3시간 동안 계속 던지는 행위의 한계에 대해 토론할 때 빠지지 않고 등장하는 바로 그 이름이다. 예를 들자면, 내가 오리건 주립대 코치 팻 케이시가 아델을 혹사한 걸 비판했을 때, 한 오리건 주립대 팬은 이렇게 반응했다.

당신은 놀란 라이언이라도 100구를 던지고 나면 공을 뺏을 건가요. 라이언은 200구도 넘게 던지면서도 엄청난 활약을 펼쳤다고요! 어떻게 투구수에 대해 이렇게 무지한 사람이 야구에 대한 책을 쓸 수 있나요. 능력 있는 자는 돈을 벌고 말만 하는 자는 훈장질만 한다는 옛 격언이 있죠.

놀란 라이언은 그야말로 인체의 신비였다. 투수의 내구성에 대해서는 극단적인 예외 사례다. 내구성에 대한 논의에서, 라이언조차도 팔 부상 때문에 1967년과 1968년 시즌을 통째로 쉬었다는 사실은 무시된다. 라이언은 우리가 다시는 보지 못할 일들을 했다. 오늘날 투수들은 과거보다 훨씬 빠른 공을 던지고, 어릴 때부터 빠르게 던지며, 각 팀들은 보물과도 같은 투수들이 메이저에 오를 때까지 건강을 유지하도록 최선을 다한다. 라이언의 가장 놀라운 등판 기록은 1974년 6월 14일의 13이닝 투구일 것이다. 라이언은 58명의 타자를 상대하며 235개의 공을 던져 볼넷 10개, 삼진 19개를 기록했다.[미주10] 상대 투수 루이 티앙은 15회까지 던지며 56명을 상대한 뒤 결승점을 허용했다. 1988년부터 투구수 기록이 저장돼 있는 '베이스볼 레퍼런스'의 데이터에서 한 경기 최고 투구수는 팀 웨이크필드의 173개다. 웨이크필드는 전형적인 투수들보다 체력 소모가 훨씬 덜한 너클볼 투수였다.

놀란 라이언은 '생존 편향'에서 말하는 생존자의 끝판왕 격이다. 라이언은 우리가 아는 투구수 제한에 대한 상식을 모두 파괴하면서, 지금이라면 어떤 팀도 한 경기에서건 전체 시즌에서건 허락하지 않을 어마어마한 노동량을 소화했다. 연장 10회까지 던진 마지막 선발투수는 2012년 4월 8일, 102구만으로 10이닝 완봉승을 달성한 클리프 리였다. 놀란 라이언은 17번이나 10이닝까지 던졌는데, 그 중 마지막은 43세 때였던 1990년이었다. 1987년 너클볼러 찰리 허프 이후로는 한 시즌에 39번 선발 등판한 투수는 없다. 라이언은 1970년대에만 4번이나 39회 이상 선발 등판했다.

그렇지만 라이언은 '아웃라이어'다. 사실을 증명하는 게 아니라 사람들로 하여금 사실을 잊게 만드는 위대한 예외다. 대부분의 투수들은 라이언이 짊어졌던 노동량을 감당하지 못한다. 혹사의 결과로 팔꿈치나 어깨에 심각한 부상을 입거나, 기량이 저하돼 이후 등판할 기회가 줄어든다. 오랫동안, 심지어 2000년대 초반까지도 투수들로 하여금 많이 던지게 만든 팀들이 있었다. 당신은 그 투수들의 이름을 알지 못한다. 생존하지 못했기 때문이다. 다치거나, 기량이 저하되거나, 둘 다였다.

뉴욕 메츠 팬들이라면 지금부터 몇 문단을 건너뛰는 게 좋을 것 같다. 한때 '제너레이션 K'라고 불렸던 메츠의 투수 유망주 3인방은 투수 육성 반면교사의 대표 사례로 남아 있다. 나를 비롯한 당시 '베이스볼 프로스펙터스' 필진들에게는, 구단들이 의도와 달리 투수를 망치는데 기여할 수도 있다는 걸 알려준 첫 번째 경고 격이었다. 그 세 명은 폴 윌슨과 빌 펄시퍼, 그리고 제이슨 이스링하우젠이었다. 세 명 모두 마이너 시절 너무 많이 던졌고, 모두 커리어 내내 부상에 시달렸다. 이후 불펜으로 보직을 바꾼 이스링하우젠만 성공을 맛봤다.

펄시퍼의 혹사는 특히 놀랍다. 스무 살 때던 1994년, 펄시퍼는 메츠의 더블A 팀인 빙햄튼 소속으로 201이닝을 던졌다. 더블A 이스턴리그에서 가장 어린 투수 중 한 명이었지만, 투구 이닝수에서 2위보다 23이닝 앞선 압도적 1위였다. 결국 펄시퍼는 부상 때문에 1996년 시즌을 날렸고, 이후 선수 인생을 여러 구단을 전전하며 보냈다. 부상 복귀 이후 던진 통산 이닝은 200이닝에 불과했고 평균자책점은 5.89였다.

윌슨의 혹사는 대학 때 시작됐다. 1994년 플로리다 주립대에서 투수 코치 마이크 마틴의 지휘 하에 149이닝을 던졌고, 드래프트 전체 1순위로 뉴욕 메츠에 지명돼 계약한 뒤 마이너리그에서 49이닝을 더 던졌다.

21살에 총합 198이닝을 던진 것이다. 윌슨은 다음해에도 186이닝을 던졌고, 1996년에 빅리그로 승격됐지만 어깨 와순과 팔꿈치 인대가 모두 손상돼 이후 3시즌 동안 뛰지 못했다. 2000년에 탬파베이와 계약을 맺고 빅리그로 돌아왔지만 통산 941이닝, 평균자책점 4.86의 기록으로 선수 인생을 마쳤다. 전체 1순위 지명 당시의 기대에는 턱없이 못 미쳤다.

메츠는 이스링하우젠도 모질게 키웠다. 21살에 193이닝, 22살에 221이닝을 던졌다. 부상이 시작된 23살에는 기량이 하락하며 171이닝에 그쳤다. 1997년과 1998년을 부상 때문에 통째로 날렸고, 이때 처음 받은 토미존 수술을 이후 두 번이나 더 받게 된다. 메츠에서 오클랜드로 트레이드된 뒤에는 구원투수로 보직을 바꿨고, 이후 10년간 오클랜드와 세인트루이스에서 676이닝을 던지며 전성기를 보냈다.

이건 한 구단, 특정 시간에서 뽑은 하나의 예일 뿐이다. 마이너리그 투구수에 대한 연구는 그리 많지 않은데, 2천년대 초반 래니 자제이레리와 키스 울너는 120개가 넘은 투구에 가중치를 주는 '투수 혹사 포인트 Pitcher Abuse Points'라는 지표를 만들었다. 이 지표에 따르면, 많은 투구수와 이후의 부상/기량 저하에는 꾸준한 상관관계가 있었다. 청소년 투수들의 팔꿈치 인대 부상 증가를 연구한 논문들도 계속 나오고 있다. 2018년 미국 스포츠의학 정형외과 학회에서 발표된 논문에 따르면, 7세-11세 투수들의 '팔꿈치 통증은 주당 200개 투구 여부와 밀접하게 연관돼 있다.' 일일 50개 투구, 1년에 70경기 이상 출전 여부도 팔꿈치 통증과 연관된 요소들이었다.[미주11] 다른 연구들에 따르면 피로는 생체 역학적 메커닉 변화로 이어지고, 따라서 부상 위험을 높인다. 우리는 이 같은 사실을 과학적 연구의 성과를 통해 알게 되었다. 너무 많이 던지면 다칠 확률이 높아진다.

그렇다. 놀란 라이언은 한 경기, 한 시즌, 아마 평생 던질 수 있을지도 모른다. 과도한 투구수가 아니라 노화 때문에 스스로 그만둘 때까지 말이다. 밥 깁슨은 그 정도로 오래 던지지는 않았지만 16시즌 동안 3800이닝을 넘게 던졌고, 두 시즌에는 300이닝을 넘겼다. 그래도 37세까지 타자들을 효과적으로 제압했고 38세에도 많이 던졌다. 유색인종 선수를 배제했던 시절의 투수들은 더 많이 던졌다. 19세기까지 가면 거의 매일 던지기 일쑤였다. 야구 초창기에 투수의 신으로 불렸던 찰스 '올드 호스' 래드본은 1884년 프로비던스 그레이스 팀에서 뛰며 73경기에 선발 등판해 678.2이닝을 던지고도 살아남아 이후 7년 동안 더 활약했다. 야구라는 경기 자체가 최근 몇 십 년 동안 드라마틱하게 변하기는 했다. 투수들은 점점 더 빠른 공을 던지고, 타자들은 점점 더 크고 힘이 세진다. 하지만 위의 예외들은 그 당시에도 예외였다. 우리 기억에 선명히 남아 있는 그 위대한 예외들 때문에, 다른 모든 투수들의 사례를 외면하면 안 된다.

위안이 되는 것은, 이 책에서 다룬 다른 편향이나 오류와 비교해서 '생존 편향'을 극복하는 방법은 복잡하지 않다는 사실이다. 당신이 읽는 논문/기사의 데이터 출처를 항상 확인하라. 사망이나 파산, 혹은 다른 이유로 연구 기간의 끝까지 살아남지 못한 사람이나 집단, 회사에 대한 데이터가 빠져 있지 않은지 확인하라. 데이터를 모은 뒤 마구 뒤섞고 흔들어 어떤 상관관계를 건져올리길 기대하지 말고, 가정부터 세우고 데이터를 통해 입증되는지를 살펴라.

그리고 '놀란 라이언' 타령은 이제 그만.

[미주]

1. 출처는 '베이스볼 레퍼런스'. '팬그래프스'의 WAR은 4승 정도 낮다. 커쇼가 허용하는 인플레이 타구가 안타가 되는 비율이 상대적으로 낮은데, 이게 능력이 아니라 운이라는 관점 때문이다. 어쨌든 두 사이트의 미세한 차이는 대세와는 아무 상관이 없다. 다저스의 스카우트 팀장 로건 화이트는 커쇼를 지명해 역사상 최고의 드래프트 대박 중 하나를 터뜨렸다.

2. Jordan Ellenberg, How Not to Be Wrong: The Power of Mathematical Thinking (New York: Penguin Books, 2005), pp. 8–9.

3. Smith, Standard Deviations, various pages.

4. John P. A. Ioannidis, "Why Most Published Research Findings Are False," PLoS Medicine vol. 2, no. 8 (2005): e124, doi:10.1371/journal.pmed.0020124.02.

5. Regina Nuzzo, "Scientific Method: Statistical Errors," Nature, February 12, 2014.

6. Stephanie M. Lee, "Sliced & Diced: Here's How Cornell Scientist Brian Wansink Turned Shoddy Data into Viral Studies About How We Eat," BuzzFeed News, February 25, 2018.

7. K. J. Dell'Antonia, "Varied Snacks Nudge Kids toward Healthier Eating," New York Times, December 18, 2012. As of this writing, the research paper has not been retracted.

8. S. Lyman, G. S. Fleisig, J. R. Andrews, and E. D. Osinski, "Effect of Pitch Type, Pitch Count, and Pitching Mechanics on Risk of Elbow and Shoulder Pain in Youth Baseball Pitchers," American Journal of Sports Medicine 30, no. 4 (2002): 463–68, https://doi.org/10.1177/03635465020300040201.

9. 일본 고교야구 고시엔 토너먼트의 엄청난 투구수에 대해서는 얘기를 꺼내지도 않겠다. 거기서는 10대 선수가 하루에 200개를 던지는 일도 흔하다.

10. Matt Kelly, "The Story Behind Nolan Ryan's 235-Pitch Start," MLB.com, June 14, 2019.

11. Testuya Matsuura, Iwame Toshiyuki, and Koichi Sairyo, "Exceeding Pitch Count Recommendations in Youth Baseball Increases The [sic] Elbow Injuries." Orthopaedic Journal of Sports Medicine.

CHAPTER 07

뜨거운 상승세에 찬물을

'최신 편향', 혹은 최신 데이터만으로 미래를 예측하는 것의 위험

Recency Bias

요즘은 덜하지만, 불과 얼마 전까지만 해도 딱 한 번의 좋은 시즌과 엄청난 호수비만으로 5년짜리 초대형 계약을 맺을 수 있었던 시절이 있었다.

게리 매튜스 주니어는 2006년 시즌 전까지만 해도 준수한 백업 외야수였다. 주전으로 뛸 수준은 아니지만 어느 팀에서건 후보 요원으로는 요긴하게 활용될 수 있는 선수였다. 그때까지 8시즌 동안 6개 팀을 돌아다니며 728경기에 출전했지만 기록은 보잘 것 없었다. 통산 0.249/0.327/0.397에 홈런 59개, 승리기여도 9.6을 기록 중이었다. 승리에 기여한 대부분의 활약은 출중한 수비 능력에서 나왔다. 매튜스는 그해 31세였다. 역사적으로 타자의 전성기로 여겨지는 27살 근처는 지난 지 오래였다. 게다가 발도 느려질 때쯤이라서 수비력도 하락할 것으로 보였다.

그리고 매튜스는 31살에 경이로운 시즌을 보냈다. 텍사스 레인저스에서 뛰며 0.313/0.371/0.495를 찍었다. 모두 생애 최고 기록이었다. 19개의 홈런과 58개의 볼넷도 생애 최고였으며, 당연히 WAR 5.2도 커리어 하이였다. 어느 해보다 뛰어난 콘택트 능력을 뽐냈고, 생애 가장 낮은 삼

진 비율을 기록했으며, 장타도 펑펑 터뜨렸다. '생애 최고의 해'의 표본이
었다.

그리고.. '더 캐치'가 있었다. 텍사스는 휴스턴과 경기를 치르고 있었다.
마이크 램이 타석에 들어섰고 매튜스는 중견수를 맡고 있었다. 텍사스 구
원투수 마크 코리가 던지자마자 후회할 법한 실투를 던졌다. 램이 중견수
쪽으로 총알 같은 타구를 날리자마자 홈런인 걸 확신한 코리는 거의 다
리가 풀린 것처럼 보였다. 중계 아나운서도 마찬가지였다. "단타를 노리
던 램, 대신 홈런을…" 그 순간 매튜스가 담장 밑에서 정확한 타이밍에 날
아올랐다. 매튜스의 발은 땅에서 최소한 6피트(182.9cm)는 떠오른듯 보
였다. 그리고 담장 너머로 손을 뻗어 공을 낚아챘다. 그의 어깨는 담장 맨
윗부분에 그려져 홈런과 인플레이 타구를 구분하는 노란 선을 완전히 넘
어서 있었다. 너무 놀란 아나운서는 마이크에서 멀어졌지만, 시청자들은
"오 마이갓!"이라는 외침을 들을 수 있었다. 곧장 돌아온 아나운서는 외
쳤다. "게리 매티스 주니어의 엄청난 캐치입니다!" 해설자도 뒤를 이었다.
"올 시즌에 이보다 나은 수비는 없을 겁니다. 최근 10년 내 최고의 수비
일지도 몰라요!" 믿을 수 없는 플레이였고, 극소수의 선수들만이 해낼 수
있는 플레이였다. 그 장면은 13년이 지난 지금도 내가 꼽는 최고의 외야
수비 중 하나다.

매튜스 주니어는 그 시즌이 끝난 직후에 FA가 되는 행운을 누렸다. 많
은 팀들이 그의 나이를 걱정했지만, 직전 시즌에 보여준 기량이 워낙 압
도적이었다. 그리고 누구도 '더 캐치'를 쉽게 잊을 수 없었다. 그 장면은
그가 좋은 중견수라는 수비 지표들을 입증하는 또 다른 증거로 보였다.
매튜스는 5년간 총액 5000만 달러를 보장하는 제안을 두 팀으로부터 받

왔고, LA 인근에 사는 아들을 더 자주 만나기 위해 샌프란시스코 대신 LA 에인절스와의 계약을 선택했다.

계약 당시 에인절스의 단장이던 빌 스톤맨은 "선수마다 기량이 만개하는 시기가 다르다. 게리는 이제 전성기를 시작했다. 뛰어난 수비력을 가진 중견수이면서, 테이블세터와 중심타선을 모두 맡을 수 있는 다재다능함을 보유했다"고 말했다. (이 발언의 뒷부분은 특히 기이하다. 매튜스가 풀타임을 뛰며 리그 평균의 출루율을 기록한 시즌은 2006년뿐이었기 때문이다.)

이 계약은 매튜스가 에인절스에서 첫 경기를 뛰기 전부터 어긋나기 시작했다. 스테로이드와 인간성장호르몬의 공급처로 의심된 플로리다의 한 약국을 관계당국이 급습했다. 약국의 고객 중 한 명으로 매튜스의 이름이 언론에 등장했다.[미주1] 스톤맨은 매튜스가 2006시즌에 금지약물의 도움을 받았는지 여부에 대해 '추측하거나 발언하는 것'을 거부했다. 언론에 흘러나온 정보에 따르면 매튜스는 2004년부터 그 약국에서 인간성장호르몬을 구해왔다. 하지만 매튜스는 모든 의혹을 부인했다. 어떤 사법당국도 자신을 기소하거나 조사하지 않았다고 공개적으로 반박했다.

1년 뒤, 스톤맨 단장은 사임했다. 그때는 야구의 신이 매튜스에게 걸었던 마법이 사라진지 오래였다. 매튜스는 에인절스와 계약 첫해, 0.252/0.323/0.419에 그쳤고 ─2006년 시즌 전까지 기록했던 통산 성적 0.249/0.327/0.397와 거의 비슷했다─ 수비력이 눈에 띄게 하락했다. 2008년에는 성적이 더 나빠졌고, 2009년에는 주전에서 밀려난 뒤 결국 뉴욕 메츠로 트레이드됐다. 에인절스가 매튜스의 2년간 남은 연봉 중 200만 달러를 제외한 전액을 부담하고서야 합의된 트레이드였다. 트레이드 5개월 뒤 매튜스는 메츠에서 65경기를 뛴 다음 방출됐고, 빅리그에서 사라졌다.

에인절스(와 자이언츠)를 제외한 다른 사람들은 충분히 예상할 수 있었던 재앙이었다. 나만 해도 2006년 11월 22일 계약 직후 이렇게 썼다.

만약 에인절스가, 게리 매튜스 주니어가 2006년 버전의 0.313/0.371/0.495 타자라고 믿는다면, 5년 계약을 건네준 결정을 이해는 할 수 있다. 이해는 하지만, 그 믿음은 틀렸다. 매튜스는 메이저리그 통산 2400타석에서 0.249/0.324/0.397을 기록한 타자다. 지난 시즌은 '플루크'였다. 핵심 지표들(특히 볼넷 비율과 순장타율)은 변한 게 전혀 없었지만 타율만 0.313으로 폭증했다. 매튜스가 타율 0.275를 넘긴 건 생애 최초였다. 에인절스의 문제는 그렇지 않다는 숱한 증거가 존재함에도 불구하고, 매튜스의 타율 0.313을 진짜 실력으로 간주해 장기 대형 계약을 맺었다는 점이다. 계약 기간 동안 매튜스의 나이는 32살부터 36살까지이며, 이미 지금도 중견수로서 수비 범위가 잘해야 평균 수준이라는 점을 고려하면, 이 계약은 조만간 에인절스의 발목을 잡을 가능성이 높다. '윌리 블레어 계약'이 이번 오프시즌에도 재연된 것으로 보인다.

이제 윌리 블레어 이야기를 해보자. 블레어는 'FA로이드'를 제대로 맞고 대형 계약을 얻은 또 다른 저니맨이다. 팀들이 FA 직전 시즌의 성적을 과대평가한다는 걸 보여주는 좋은 사례이기도 하다. 블레어는 1990년부터 1996년까지 7년간 5개 팀을 전전하며 평균자책점 4.73을 기록했다. (이 기간 동안 리그 평균 대비 평균자책점 즉 ERA+는 90이다. 리그 평균보다 10% 나빴다는 뜻이다.) 평균자책점이 4밑으로 내려간 적이 없었다. 이 기간 동안 승/패 기록은 25승 41패. 투수의 승패 기록이 기량을 평가하는 중요한 기준으로 여겨졌고 팀들이 몸값 산정의 척도로 사용했던 시절이라는 걸 감안하면 블레어에게 매우 불리한 숫자였다. (물론 승패는 투수의 기량을 잘 보여주지 않는다.)

샌디에이고는 1996년 12월에 블레어를 디트로이트로 트레이드했다. 블레어는 디트로이트에서 생애 최고의 시즌을 보냈다. 물론 일정 정도의 허상이 끼어있었지만. 블레어의 평균자책점은 4.17, ERA+는 110이었다. 리그 평균보다 10% 정도 나았다는 뜻이다. 하지만 부족한 탈삼진 능력 때문에 지속 가능성은 의문이었다. 블레어의 1997년 기록에서 가장 돋보이는 건 승패다. 블레어는 16승 8패로 팀 내 최다승 투수가 됐다. 자신의 기량에는 변한 게 없었지만 생애 최고의 득점 지원을 받았다. 이전까지 경기당 3.3점이었던 득점 지원이 FA를 앞둔 1997년에 5.2점으로 폭증했다. 지금 사용되는 분석 기법이 그때도 있었다면 블레어는 아마도 특별한 구애를 받지 못했을 것이다. 하지만 신생팀 애리조나 다이아몬드백스가 블레어를 창단 멤버로 영입하며 3년간 1050만 달러의 계약을 안겼다. 애리조나가 길지 않은 역사 동안 남발한 수많은 '먹튀 FA 계약' 중 하나다.

시작부터 재앙이었다. 블레어는 애리조나 구단 사상 두 번째 경기에 선발 등판해 7회까지 12안타를 맞고 5점을 내줬다. 그리고 이후 넉 달 동안 23경기에서 평균자책점 5.34로 부진했다. 결국 애리조나는 블레어를 메츠로 보내고 역시 부진하던 고액연봉자 버나드 길키와 넬슨 피게로아를 데려왔다. 하지만 애리조나는 '블레어 참사'에서 아무 교훈도 얻지 못했다. 2003년과 2004년, 블레어와 비슷하게 운 좋은 시즌을 보낸 러스 오티스와 4년 계약을 맺었다가 1년 반 만에 방출했다.

매튜스, 블레어, 오티스와 유사한 사례들은 너무나 많다. 공통점은 의사 결정자들이 '지금 막 일어난 일'에 매몰됐다는 것이다. 최근에 일어난 사건일수록 더 잘 기억나고, 뇌 속의 결정 과정에서 더 많은 비중을 차지하는 현상을 '최신 편향 Recency bias'이라고 부른다. 스포츠계에서 '최신 편향'은 너무나 흔하다. 나처럼 선수에 대한 평가로 먹고 사는 사람들은 선수가 나이 들거나 새로운 기술을 익혀서 변해가는 걸 지켜보는 일에 익숙하기 때문에, 갑자기 맹활약을 펼치면 단순한 우연으로 치부하기 어렵다. 그렇다고 '반짝 잘한 시즌'만으로 기량이 한 단계 올라섰다고 결론을 내리고 새로운 계약을 맺거나 트레이드를 결정할 수도 없는 일이다. 이런 상황에서 이성적인 판단을 하려면, 새 것처럼 보여도 사실은 옷만 새 것으로 갈아입은 옛 것일 수도 있다는 가능성을 감안해야 한다.

우리는 종종 자신의 기억이 완전무결하다고 생각한다. 물론 그렇지 않다. 같은 종류의 정보를 기억할 때조차 우리의 기억은 불완전하다. 최근에 발생했거나 들은 사건이나 정보는 지나치게 중요시하고, 똑같은 사건이라도 과거에 벌어졌으면 과소평가한다. 두 사건의 시차가 별로 크지 않더라도 마찬가지다. '최신 효과' 혹은 '최근 편향'으로 알려진 이런 현상은 너무나 선명해서, 심리학자들은 피험자들에게 연속해서 제시한 정보들에도 순서에 따라 편향이 작동한다고 말한다.

이 편향을 드러내는 실험 중 하나는 '기억 시간 실험'으로 불린다. 피험자들은 숫자처럼 순차적으로 이어진 정보를 제시받는다. 딱 한 번만 본 뒤에, 순서대로 기억해내야 한다. 이 테스트의 목적은 '순차 기억' 측정이다. 말 그대로, 순서가 있는 정보를 얼마나 잘 기억하는지, 그리고 순서대로 다시 제시할 수 있는지를 재는 것이다. 답변의 정확도를 시각화해보면, U모양이 곡선이 된다. 목록의 맨 처음 것을 가장 잘 기억한다. 이 현상은 '초두 효과 primacy effect'라고 불리는데 나중에 다시 설명할 것이다. 그리고 목록의 맨 나중 아이템을 중간에 있는 모든 것보다 잘 기억한다.[미주2] 이것이 '최신 효과'이다. 다시 말해, 사람은 맨 처음, 그리고 맨 나중에 들은 것을 더 잘 기억한다. 너무 당연한 이야기 같지만, 우리 사고에 미치는 영향은 상상 이상이다. (기억의 작동 방식과 기억에 개입하는 요소들에 대한 심리학적 연구는 우리 일상의 많은 영역에 영향을 주고 있다. 1960년대에 벨 연구소의 연구원이었고 후에 스탠포드대 교수이자 국민과학훈장 수상자가 되는 로저 N 셰퍼드의 연구도 그 중 하나다. 이 연구의 결론은, 소비자가 '3자리-4자리'보다 '4자리-3자리'로 된 전화번호를 더 쉽게 기억한다는 것이다. 즉 867-5309보다 5309-867이 더 잘 기억된다는 거다. 벨 사는 이 제안이 너무 번거롭다며 실행하지는 않았다.)[미주3]

최신 '효과'가 실제로 의사 결정에 영향을 끼치면 최신 '편향'이 된다. 최신 편향이 작동하면, 이용 가능한 다른 정보들보다 가장 최근에 접한 정보가 판단에 더 큰 영향을 준다. 무언가를 결정할 때, 우리는 의식적이건 무의식적이건 결정 대상과 관련된 정보에 가중치를 매긴다. '초두 편향' 혹은 '최신 편향'처럼 정보를 습득한 순서와 관련된 편향도 가중치에 영향을 끼친다. 정보의 질 혹은 유용성이 아니라, 맨 먼저 혹은 맨 나중 혹은 그 사이의 언제쯤 들었느냐가 변수라는 것이다. 비합리적이지만, 그게 우리 뇌가 작동하는 방식이다. 주제에 대해 맨 처음, 혹은 맨 나중에 들은 정보를 더 잘 기억해서 더 요긴하게 사용한다.[미주4]

인간이라면 누구나 이 편향에 취약하다. 우회할 방법도 없고 뇌를 훈련해 편향을 제거할 방법도 없다. 스포츠계 전체, 특히 야구계에서는 의사결정에 투입할 수 있는 데이터가 쏟아진다. '최신 편향'을 피하는 데 도움이 될 한 가지 방법은, 예전 정보보다 최신 정보에 얼마나 가중치를 줄 것인지 데이터에 맡기는 것이다.

모든 메이저리그 팀들과 재야 애널리스트들, 웹사이트들은 선수 성적 예측 시스템을 갖고 있다. 과거 기록과 다른 변수들(나이, 키, 몸무게, 부상 이력 등)을 고려해, 향후 몇 년간의 기량을 추정하는 것이다. 게리 매튜스 주니어에게 몇 년간 얼마의 돈을 줘야하는지를 알려면, 먼저 향후 성적에 대한 추정치가 있어야 한다. 앞으로 얼마나 오래, 얼마나 잘 할지를 알아야 한다. 매튜스 같은 선수들의 경우에는 이미 나이 서른을 넘었기 때문에 장기계약을 맺으면 곧 성적이 하락할 가능성이 높다. 예측 시스템은 그 시기를 추정해낼 것이다. (그의 경우는 '계약서 잉크가 마르자마자'였다. 하지만 에인절스는 그걸 몰랐다.)

댄 짐보르스키는 10년 넘게 '팬그래프스'를 통해 자신의 선수 예측 시스템 ZiPS를 공개해왔다.[미주5] 이 시스템은 선수의 지난 4년간 기록을 반영한 기준치를 설정한 다음, 나이 같은 다른 요소들로 보정한다. 예를 들어 ZiPS의 타자 예측에서 이전 시즌 기록과 가장 강한 연관관계를 가지는 삼진 비율의 경우, 바로 직전해의 삼진 비율을 53%, 2년 전 시즌을 22%, 나머지 2년의 삼진 비율로 나머지를 구성해 예측한다. '계수'라 불리는 이 가중치들은 짐보르스키가 수천 명의 선수들에 대한 회귀분석을 통해 구한 최적의 기준치다. 이 기준치를 모든 선수들의 기록에 적용한 뒤, 나이와 같은 다른 변수들의 영향을 고려해 보정한다. (19살, 20살처럼 어린 나이에 빅리그로 승격돼 별 데이터가 없는 선수들, 혹은 선수 인생의 황혼기라 배트스피드가 느려지면서 삼진 비율이 급증하는 노장 선수들의 경우 나이가 특히 중요한 변수다.)

'베이스볼 프로스펙터스'의 R&D 팀장 해리 파블리디스는 (현재 538.Com[46]의 설립자인) 네이트 실버가 창안했던 PECOTA 예측 시스템을 관리하고 업그레이드하는 책임도 맡고 있다. 해리는 선수의 예전 기록에 매기는 가중치를 어떻게 결정하는지 물었을 때 짐보르스키와 비슷한 답을 했다. "예측하려는 항목마다 '회귀 분석'을 통해 가중치를 구합니다. 그래서 항목마다 가중치가 다르지만, 당신이 말한 대로 최근 기록을 좀 더 중시합니다. 우리가 지금 쓰고 있는 시스템은 몇 년 전에 만든 버전입니다. 이전 버전의 PECOTA보다는 좀 더 최근 시즌들을 강조한다고 볼 수 있죠." 에산 보카리는 LA 다저스의 R&D 부서에서 몇 년을 보낸 뒤 2018년 시즌 뒤 휴스턴 애스트로스의 R&D 팀장이 됐다. 예측 시스템을 만드는 방법에 대해 묻자 이렇게 답했다. "가중치는 보통 실증적으로 구합니다. 몇몇 조건 속에서 가장 결과와 잘 맞는 가중치를 구하는 거죠. 어떤 가중치를 썼을 때 가장 정확한 예측이 나오는지를 봅니다. 최소 0부터 최대 1 사이의 가중치를 쓰고, 예전 기록일수록 가중치를 줄입니다. 과거로 갈수록 기계적으로 가중치를 줄여 결국 0이 되도록 하는 게 합리적입니다. 가중치는 보통 모든 선수들에게 똑같이 적용되고요." 다음 해 성적 예측에 있어 가장 최근 시즌 기록에 가장 높은 가중치를 두지만, 과거 기록들에도 일정한 가중치를 부여한다는 말이다. 현재로부터 멀어질수록 가중치는 줄어든다.

---

46) 세이버메트리션이었던 네이트 실버가 설립한 데이터 저널리즘 사이트. 2008년부터 미국 주요 선거 결과를 정확히 예측해 화제가 됐다.

보카리는 또 애널리스트들이 예측 모델을 만들 때 고려해야 할 몇 가지 이슈들을 거론했다. "어떤 선수들의 경우 과거 데이터를 무시하고 최근 데이터에 더 높은 가중치를 두어야 할 정도로 기량이 완전히 바뀌기도 합니다." J.D 마르티네스가 대표적인 예다. 마르티네스는 휴스턴에서 3년 동안 대체 선수보다 낮은 수준이었고, 결국 2014년 봄에 방출당했다. 그때 마르티네스는 스윙을 완전히 개조했고, 이후 7시즌에서 승리기여도 25를 적립했다. 그런 스윙 개조는 갈수록 흔해지고 있다. LA 다저스 한 팀만 봐도 맥스 먼시와 크리스 테일러가 타구 발사각을 높여 별 볼일 없는 선수에서 확고한 주전으로 발돋움했고, 수비만 좋은 똑딱이 타자였던 윌 스미스가 20홈런을 칠 수 있는 포수 유망주로 성장했다. 그래서 애널리스트들은 스카우팅 리포트와 비디오 분석에서, 선수들의 과거 기록을 얼마나 중시할지 힌트를 얻어야 한다.

보카리의 발언은 이어진다. "무엇이 신호이고 무엇이 소음인지를 구분하는 것은 매우 어렵지만 시도해볼 가치가 있습니다. 두 번째 이슈는 어느 정도 예전 기록까지 참고할 것인가를 결정할 때 나이를 꼭 감안해야 한다는 것입니다. 세 번째 이슈는 리그 환경, 특히 공인구의 변화입니다. (메이저리그 공인구 자체의 변화 여부뿐만 아니라) 메이저리그 공인구가 트리플A에서도 사용되기 시작한 올 시즌에는 더욱 고려해야 할 요소입니다. 우리는 예측 시스템 업그레이드에 이런 환경 변화를 포함시키려 하는데, 특히 최근 3-4년은 해마다 변화가 극심했습니다."

다시 말해, 각 시간대별 데이터에 어느 정도의 가중치를 둘 것인지 결정하는 것은 본능이 아니라 분석에 맡겨야 한다. 당신의 뇌는 당신이 처음 들은 것(초두 편향)과 마지막에 들은 것(최신 편향)에 너무 많은 가중치를 부여하고, 그 중간의 모든 것은 경시하기 때문이다. '초두 편향'은 야구계에서도 여러 가지 미묘한 형태로 나타난다. 여러 차례 투표 방식이 바뀐 올스타 선정 투표는 '최신 편향'의 기묘한 실험장처럼 보인다. 현역 최고 선수들 대신, 전반기에 잘한 선수들에게 주는 상처럼 보이기도 한다. 실제로 팬 투표는 시즌의 극초반에 잘한 선수들, 특히 5월 초중순까지 잘한 선수들에게 쏠린다. 그래서 올스타에 선정되는 선수들은 종종 '4월에 가장 잘한 선수'다.

브라이언 라헤어는 2012년까지 메이저리그에서 195타석 밖에 못 들어선 29살의 마이너리그 베테랑이었다. 그는 2008년에 시애틀에서 45경기에 나섰지만 2009년 시즌이 끝난 뒤 40인 로스터에서 제외됐고 시카고 컵스와 마이너리그 FA 계약을 맺었다. 그 후 2년 동안 트리플A를 전전하다 2011년 말에 겨우 빅리그를 다시 밟았다. 2012년은 컵스의 메이저리그 팀에서 시작했다. 그리고 그의 인생에서 최고의 4월을 보냈다. 20경기에서 홈런 5방에 0.390/0.471/0.780를 기록했다. 특히 기적 같은 수준의 0.600의 BABIP[47] [미주6] 때문에, 많은 사람들은 라헤어의 4월이 횡재일 뿐이라고 결론 내렸다. 그는 5월의 첫 두 경기에서 홈런 두 방을 더 쳤고, 5월 15일에 두 자릿수 홈런을 채웠다… 그리고는 마법의 주문이 풀렸다. 올스타 브레이크까지 0.220/0.278/0.341에 그쳤고, 5월 16일부터 시즌이 끝날 때까지 0.211/0.274/0.323에 머물며 전체 타석의 35퍼센트에서 삼진을 당했다.

---

47) Batting Average on Ball In Play의 준말. 우리말로 '인플레이 타율'로 쓰인다. 말 그대로, 홈런이나 파울이 되지 않고 페어지역에 들어가 '인 플레이' 된 타구 중에 안타가 된 비율이다. 통념과 달리 타자의 실력만큼이나 '운'이 많이 개입한다는 사실이 밝혀지면서, 야구 통계 연구에 큰 전환점이 됐다.

통계 분석을 포함해, 땀 냄새와 씹는담배 냄새를 풍기지 않는 모든 것을 싫어하는 내셔널리그 올스타팀의 토니 라루사 감독은 라헤어를 내셔널리그 올스타팀의 후보 1루수로 선발했다. 이미 그즈음에 라헤어는 컵스에서도 주전 1루수가 아니었다. 라헤어는 앤서니 리조에게 1루수 주전 자리를 내줬고, 6월 중순부터는 플래툰 우익수로 기용되고 있었다. 라헤어는 올스타전 한 타석에 들어서 초구에 땅볼로 아웃됐다. 그 순간이 라헤어의 야구인생 최고의 장면이었다. 2012년 10월, 현역 마지막 경기에서 홈런을 친 뒤 다시는 빅리그에서 볼 수 없었다.

외야수 데릭 벨은 딱 한 달의 경이적인 활약을 앞세워 2000년 시즌 뒤 피츠버그와 2년간 1000만 달러의 계약에 성공했다. 이 계약은 결국 2001년 시즌이 끝난 뒤 캠 보니파이 단장이 해고되는 이유 중 하나가 된다. 애스트로스는 1999년 시즌이 끝난 뒤 벨을 거액 계약 때문에 골치였던 스타 투수 마이크 햄튼과 함께 뉴욕 메츠로 트레이드했다 —'우리 팀 좋은 선수를 데려가려면, 나쁜 선수도 한 명 끼워 데려가시오. 돈 좀 아끼게.'— 벨은 메츠에서의 첫 4월에 대박을 터뜨렸다. 그 이전에 보여줬던 활약보다 몇 광년 거리를 도약한 0.385/0.449/0.567을 기록했다. 물론 지속되지는 않았다. 2000년 남은 시즌 동안 0.238/0.325/0.391에 그쳤다. 1999년의 성적(0.236/0.306/0.350)과 매우 흡사하여, 앞으로도 주전이 되기에 부족할 거라는 걸 알려주는 지표였다. 피츠버그 단장으로 재임한 8년 반 동안 단 한 번도 승률 5할을 넘긴 적이 없던 보니파이는 벨에게 2년 계약을 안겼다. 계약을 정당화할 만한 활약을 못 할 거라는 증거가 무수히 많았지만 무시했다. 벨은 곧장 추락했다. 줄부상 속에 46경기에서 0.175/0.287/0.288에 그쳤다. 다음해 봄, 새 단장 데이비드 리틀필드는 벨이 우익수 주전 자리를 놓고 다른 선수들과 경쟁해야 한다고 밝혔다. 벨은 '파업 작전'을 시작하겠다고 응수했다. 자신이 못해서 잃은 주전 자리를 되찾아오기 위해 경쟁하는 대신, 뛰지 않겠다고 선언한 것이다. 몇 주 뒤 피츠버그에서 방출된 벨은 메이저리그 인생이 끝났다.

야구 통계의 기이한 점 중 하나는 시즌 초반의 맹활약이 시즌 후반의 대활약과 달리 그 선수의 시즌 전체에 대한 인상에 크나큰 영향을 끼친다는 점이다. 벨의 눈부신 4월은 두 가지 방식으로 강렬한 인상을 남겼다. 4월에 대폭발 때문에 전반기 내내 기록 상위권에 이름을 올렸다. 이후 5개월 동안의 부진으로 시즌 전체 성적은 리그 평균보다 조금 아래로 내려왔지만(OPS+가 98로 평균인 100보다 낮았다) 사람들의 눈에 띄지 않았다. 올스타 브레이크 때, 벨은 괜찮은 시즌을 보내고 있는 것처럼 보였다(전반기에 0.318/0.398/0.498에 OPS+ 126을 기록했다). 하지만 그때는 시즌 첫 두 달 동안 뜨거웠던 벨의 방망이가 이미 차갑게 식은 뒤였다.

'최신 편향'은 감독이 라인업을 짜거나 어떤 투수를 기용할지 결정할 때도 영향을 끼친다. 2019년의 감독들은 분석팀의 도움을 받아 이런 편향을 조금씩 극복하기 시작했지만, 야구 역사의 대부분의 시간 동안 어떤 선수가 최근 '뜨겁다' 혹은 '차갑다'라는 생각은 지배적인 통념이었다.

2014년 워싱턴 포스트에 실린 기사를 위해 취재하면서, 제임스 와그너는 워싱턴 내셔널스 구단의 클럽하우스 안에서만 '최근 뜨거운 기세 Hot Hand'가 실재한다고 말하는 선수나 코치를 쉽게 찾을 수 있었다. 당시 타격 코치 릭 슈는 "최근 뜨거운 기세? 당연히 진짜지. 100퍼센트 확실해요."라고 말했다. (뜨거운 기세는 실재한다. 의미가 없고 미래 예측에 도움이 되지 못할 뿐.) 당시 워싱턴의 우익수였던 제이슨 워스―나중에 통계 분석 때문에 은퇴로 내몰렸다고 비난했다―는 이렇게 말했다. "최근 기세는 실제로 존재합니다. 사람들이 수도 없이 말해왔잖아요." (이건 '군중에 의거한 논증 argumentum ad populum'이다. 사람들이 뭔가를 참이라고 믿는다고 해서, 그것이 실제로 참인 건 아니다. 증거나 데이터가 없지만 반복되면 사람들이 진짜로 믿게 되는 현상, 바로 4장에서 다룬 '진실 착각 효과'의 또 다른 사례다.)[미주7] 보기 드문 늦깎이 성공 사례로 30대 중반까지 정확도와 장타력을 겸비한 좋은 타자로 활약 중이던 볼티모어의 외야수 넬슨 크루즈는 이렇게 말했다. "직전 타석의 좋은 결과는 멘탈에 좋은 영향을 끼칩니다. 자신감이 올라가서 안타를 칠 확률이 높아지죠."[미주8] 중계 아나운서나 기자, 감독들이 선수 기용에 대해 설명하며 "최근 뜨거운 선수를 기용했다"는 말도 자주 들어봤을 것이다.

세인트루이스의 존 모젤리악 사장은 2019년 '디 애슬래틱'과 인터뷰에서 마이크 실트 감독이 라인업을 짤때 "최근 뜨거운 선수를 찾으려 노력할 것"이라고 말했다.[미주9] 뉴욕 메츠 내야수 토드 프레이지어는 9월에 줄어드는 자신의 출전 시간에 대해 이야기하면서, 감독의 결정을 존중한다고 말했다. "최근 뜨거운 선수를 투입해야하기 때문에" 자기 대신 다른 선수를 기용하는 게 맞다는 것이다.[미주10] 워싱턴의 데이브 마르티네스 감독도 2019년 4월 특정 구원투수를 자주 기용하는 이유부터 8월에 마무리투수 션 두리틀의 부상에 어떻게 대처할 것인가까지 꾸준하게 '최근 기세'를 거론했다.

감독들이 '타선 보호 효과'와 '클러치'를 언급하는 빈도는 줄어들고 있다. 프런트 오피스와 많은 팬들이 더 이상 그런 말을 믿지 않는다는 걸 알기 때문이다. 하지만 '최근 기세'에 대한 믿음은 여전히 살아 있다.

'최근 기세'는 1985년, 토마스 길로비치와 로버트 발론, 아모스 트버스키가 수행한 연구를 통해 학계의 주목까지 받았다.[미주11] 이후 숱하게 인용된 연구의 결론은 '뜨거운 기세'가 랜덤한 데이터에서 패턴을 찾으려는 시도라는 것이다. 농구 슈팅 기록에 대한 연구를 통해, 그들은 연속된 슛 성공이 다음 슈팅의 성공 확률을 높이지 않는다는 것을 발견했다. 필드골이건 자유투건 상관이 없었다. 당신이 논문을 써서 주류 언론의 주목을 받고 싶다면, 위 세 사람의 연구 결과를 부정하면 된다. 저널리스트들도 위 논문에 대해 심심치 않게 이의를 제기한다. 물론 검증 과정을 통해 바로 논박되지만.

내가 태어나기 한참 전에 만들어져 지금껏 광범위하게 퍼져 있는 이 통념, 즉 야구로 치면 어떤 타자가 신체적 변화와 상관없이 갑자기 타격감이 좋아지거나 공을 잘 보게 되고 어느 순간 갑자기 그 능력이 사라진다는 생각은 주술적 사고다. 또한 학술 연구의 인기 있는 주제이기도 하다. 해마다 '최근 기세론'이 유효하다는 새로운 논문이 나온다. 하지만 철저한 검증 과정에서 살아남은 논문은 없다.

러셀 칼튼은 2018년 뉴욕 메츠 프런트 오피스에 합류하기 전까지 '베이스볼 프로스펙터스'에 많은 통찰력 있는 칼럼을 써온 임상 심리학자다. 그는 2010년 '베이스볼 프로스펙터스'에 '최근 기세'에 대한 신화를 깨뜨리는 칼럼을 썼다. 그는 '최근'의 정의를 최근 10타석으로 하건, 25타석이건 100타석이건 상관없이, 타자의 최근 기록이 바로 다음 타석의 결과를 예측하는데 시즌 전체 기록보다 도움이 안 된다는 것을 밝혔다. 출루율 딱 하나만 최근 데이터가 통계적으로 의미가 있었지만 그 차이는 '1000타석 당 한 번' 꼴로 나타난다. 1000타석이면 꽤 많은 타자의 야구

인생 전체와 같다. 칼튼은 당시 뉴욕 양키스의 슈퍼스타를 예로 들며 이렇게 썼다. "알렉스 로드리게스의 최근 성적이 좋을 때 승부를 피하는 건 괜찮은 생각이다. 최근 성적이 좋기 때문이 아니라 그냥 타자가 A로드이기 때문이다."[미주12]

'뜨거운 기세' 오류의 정반대가 '도박사의 오류'다. 핵심만 말하자면, 동전을 던졌는데 10번 연속 뒷면이 나오면, 이제 앞면이 나올 때가 됐다고 느끼는 것이다. 사실 바로 다음에도 앞면이 나올 가능성은 여전히 50퍼센트다. (물론 동전이 조작돼 있지 않을 경우에만) 둘 다 틀린 건 마찬가지라서 애당초 오류라는 이름이 붙어 있다. 하지만 둘 모두를 맹신하는 것도 불가능하다. 굳이 뭔가를 믿으려면, 하나만 골라야 한다.

2016년 5월, 에미상을 수상한 HBO의 풍자 코미디 시리즈 〈라스트 위크 투나잇〉에서 진행자 존 올리버는 언론의 과학 연구에 대한 집요한 보도를 주제로 다뤘다. 뉴스 매체들이 과학 연구를 다루는 방식을 비판하면서, 과학이 "왜곡되고 아침 토크쇼의 가십거리로 전락하는 것보다 더 나은 대접을 받을 자격이 있다"라고 말했다.[미주13] 그는 뉴스가 과학을 이런 식으로 다루는 이유 몇 가지를 지적했다. 그 중에는 진기하거나 충격적인 결과에의 쏠림, 결과를 과장하는 학교나 기관의 보도자료, 연구의 한계나 단점을 설명하는 대신 결과를 침소봉대하는 언론인들의 성향이 포함됐다. 새로운 것을 쫓는 언론 보도의 본질 때문에 어쩔 수 없는 한계도 있다. 하지만 문제인 건 분명하고 독자나 시청자들에게 해를 끼친다. 지난 5년 동안 스포츠계의 '최근 기세'라는 주제에 대해서만 이런 이유로 두 번의 큰 논란이 있었다.

스탠포드와 UC버클리의 교수들은 한 논문에서 야구에서 적어도 타자들에게는 '최근 기세'가 실재한다는 증거를 찾았다고 주장했다.[미주14] 이 논문은 2014년에 처음 온라인에 게재됐고 2017년에는 개정판이 출간됐다. 이 논문은 매년 봄 MIT에서 열리는 '스포츠 분석 학회'에서 발표됐다. 논문의 결론이 워싱턴포스트, 보스턴 글로브, 뉴욕 타임스 등 수많은 매체를 통해 보도됐다. 하지만 2014년 논문이 게재된 바로 그날 오후, 야구 연구가 톰 탱고의 세이버메트릭스 블로그 댓글란[미주15]에는 논문의 저자들이 '연속 기록의 타석'이라고 부른 평가 샘플의 이전과 이후의 중요한 데이터를 무시했다는 지적이 나왔다.[미주16] 유용한 데이터의 생략은 어떤 연구에서든 심각한 결함이다. 게리 스미스는 『표준 편차』에서 이렇게 썼다. '독자들이 기억해야 할 중요한 원칙은 데이터를 무시한 연구를 경계하는 것이다. 생략된 데이터에 뭔가 빠질 만한 심각한 이유가 있는지 살펴보라. 만약 아니라면, 연구 결과를 의심하라.'[미주17] 연구에 대한 기사를 쓰는 언론인들도 똑같은 기준을 적용해야 한다.

2015년 조슈아 밀러와 애덤 산유르요가 발표한 논문도 비슷했다.[미주18] 그들은 농구에서 '최근 기세'의 증거를 찾았다고 주장했다. 농구에서 '최근 기세'의 증거가 없다고 주장한 아모스 트버스키 등의 기념비적인 1985년 논문에 대한 정면 반박이었다. 밀러와 산유르요는 일종의 통계적인 트릭을 통해서 '최근 기세'가 진짜라는 걸 보여주려 했지만, 치밀한 연구를 거치기도 전에 상식 수준의 검증도 통과하지 못했다. 논문의 저자들은 '샘플 내 예측'—본질적으로 덤불 속에서 바늘 찾기—을 이용해, 유한한 횟수의 슈팅을 시도하면 "연속 성공 효과의 확실한 증거가 충분한 크기로" 나타난다고 주장했다.[미주19] 그들은 예전 연구에서 선수들의 '연속 기록'에 대한 검증 기준치가 너무 높았다고 주장하며, 브리지 같은 카드 게임이나 보드 게임의 분석에 유용한 한정 선택의 원칙을 이용해 그것을 증명하겠다고 주장했다. 그들의 요지는 이렇다. 유한한 횟수인 N번의 슈팅을 던지면 X회 성공할 것이고, N-X회 실패할 것이다. 임의로 선택한 슈팅이 성공할 확률은 X/N이다. 하지만 샘플 안에서 연속으로 성공한 슈팅 바로 다음 슛이 성공할 확률은 줄어들 것이다. 왜냐하면 앞서 연속으로 성공한 슛은 더 이상 분자에 포함되지 않기 때문이다. 예를 들어 3연속 슈팅이 성공한다면 다음 슛이 성공할 확률은 X/N이 아니라 (X-3)/N이라는 것이다. 그렇기 때문에 '최근 기세'의 효과가 나타나는지 여부를 따질 기준은 1985년 논문 저자들이 사용한 것보다 낮아야 한다는 것이다. 추상적으로만 보면 그럴 듯하다. 하지만 농구 선수들은 '유한한 개수의 정확한 슈팅'을 갖고 경기를 뛰는 게 아니다. 부디 산유르요와 밀러가 사용한 불가사의한 통계적 주장을 자세히 파고들지 않아도 이 문장만으로 명백히 반박되었기를 바란다. 상식적으로, 어떤 야구 선수가 한 시즌에 사용할 안타 한 보따리를 시즌 내내 골고루 뿌리고, 보따리가 바닥나면 더 이상 안타를 안치는 건 아니지 않는가. 저자들 주장의 본질은 이것이다.

하지만 앞서 이야기한대로, 미디어는 새로운 발견에 주목한다. 벤 코헨은 '월스트리트 저널'에 산유르요와 밀러의 논문을 소개하는 기사를 두 번이나 썼다.[미주20] 뉴욕 타임스[미주21]와 뉴욕 매거진[미주22], 그리고 당시 내가 속해 있던 ESPN.com에도 소개됐다.[미주23] 밀러와 산유르요는 심지어 '사이언티픽 아메리칸스' 웹사이트에도 주장을 펼 기회를 얻었다.[미주24] 그들의 주장에 대한 반박은 관심을 얻지 못했고 논문에 대한 기사에 거의 언급되지 않았다. 논문을 극찬한 뉴욕 타임스 기사에는 1985년 논문의 저자인 중 한 명인 톰 길로비치의 생각에 단 두 줄만 할애하고 "기존 주장을 고수했다"라는 표현으로 그의 우려를 일축했다.

사실 '최근 기세'가 그리 중요한 문제는 아니다. 내가 하고 싶은 말은 더 포괄적인 주제다. 현대 저널리즘의 본질적 특성 때문에 놀랍고, 특이하고, 노골적이며 논쟁적인 연구 결과가 주목받게 마련이다. 그 과정에서 충분한 검증과 이후의 주장 철회 및 반박 등에 돌아갈 지면이나 방송 시간은 없다. 앞선 관점을 수정할 기회가 부족한 것이다. 저널리스트들은 독자와 대중에게 정확하고 바르게 취재된 정보를 전달할 의무가 있다. 하지만 많은 매체들은 그들이 다룰 논문의 적정성을 검토하기보다는 사람들이 주목할지 여부에만 초점을 맞춘다. 스포츠 기사야 그런 식으로 해도 심각한 결과가 초래되지는 않는다. 하지만 건강, 영양, 환경 같은 중대한 문제에 대해 그런 선정적인 기사들이 나오면 대중에게 어떤 심각하고 지속적인 해악을 끼칠지는 쉽게 상상할 수 있다.

음식 업계에서 한 가지 예를 찾을 수 있다. 내가 태어나기도 전부터 언론 매체들은 식단과 음식에 대한 최신 연구 결과를 떠들썩하게 보도했다. 내 생애에서 가장 유명한 잡지 표지 중 하나는 1984년 3월 26일자 '타임'의 표지일 것이다. "콜레스테롤 : 이제 나쁜 소식은…"이라는 제목 아래, 둥근 접시 위에 계란 노른자 2개와 베이컨 한 줄이 찡그린 표정을 하고 있었다. 이 글을 쓰고 있는 현재, 새로운 적은 설탕이다. 그리고 타임의 기사가 나온 뒤에 수행된 연구들에서는 음식 속 콜레스테롤과 심장 질환 혹은 수명과의 상관관계는 발견되지 않았다. 2016년에 음식 저널리스트 타마 하스펠은 식단에 대한 연구를 지나치게 단순화해 보도하는 언론의 관행이 타임의 기사로 이어졌다고 썼다. '이것만 먹지 않으면 돼. 그럼 괜찮을 거야'라는 식의 조언이 가진 치명적인 단점은, 그 한 가지만 실천하는 것이 좋은 식습관이라는 착각을 부를 수 있다는 것이다.[미주25] 기사가 나온 지 35년 뒤, 나는 지금도 우리 집 잡지 바구니에 그 타임을 갖고 있다. 그 역사적인 표지 제목은 이후 연구들의 검증을 통과하지 못했고, 나는 여전히 죄책감 없이 계란을 먹고 있다.

타자의 '최근 기세'에 예측력이 없다는 또 다른 이유로, 야구에는 타자를 잡아내려 시도하는 사람들도 있다는 걸 들고 싶다. 어떤 타자가 특정 코스에 들어오는 패스트볼을 잘 때려낸다면, 상대 투수들은 그 코스로 패스트볼은 그만 던질 것이다. 코치들과 투수들은 언제 어느 코스로 어떤 공을 던져야 하는지 선택을 도울 엄청난 데이터들로 무장하고 있다. 그리고 타자들은 타격감이 '뜨거운' 동안, 같은 투수를 계속 상대하는 게 아니다. 즉 타격 결과의 핵심 변수가 변한다. 결국 타격 성적은 평균으로 돌아간다.

물론 연속 타격 기록은 실재한다. 1941년 조 디마지오가 세운 56경기 연속 안타 기록은 이 글을 쓰고 있는 현재까지 78년째 빅리그 최장 기록이다. 그 기록을 디마지오가 위대한 타자라는 증거로 봐도 괜찮다. 물론 그 기록을 역사책에서 지워버려도 디마지오는 여전히 위대한 타자다. 1942년부터 1951년 은퇴 때까지, 2차 세계대전과 한국 전쟁에 참전하느라 3시즌을 뛰지 않고도, 디마지오는 0.304/0.389/0.533에 OPS+ 150을 기록했다. 또 한 명의 위대한 타자, 고 토니 그윈이 즐겨 말한 것처럼, 좋은 타자들은 '치고 또 친다.' 디마지오나 피트 로즈(1978년에 44경기 연속 안타를 기록했다.)처럼 자주 안타를 치다보면, 일부는 연속된 타석에 모이게 돼 있다. 3할 타자란 정확히 10타석마다 안타 3개씩을 치는 타자가 아니라 1000타석에 들어오면 약 300개의 안타를 칠 타자다.

연속 기록은 그 타자가 실제로 '타격감이 뜨거운지'를 증명하지 못한다. 지난 30경기 연속 안타를 친 선수가 다음 경기, 혹은 바로 다음 타석에 안타를 칠 확률은 연속 안타를 시작하기 전과 같다. 동전을 여섯 번 연속 던져 모두 앞면이 나왔다고 해서 일곱 번째는 뒷면이 나올 확률이 높아지는 것도 아니다.

그러므로 감독은, 선수 기용 방법을 지난 몇 경기 혹은 몇 주 동안의 성적에 의존해 결정해서는 안 된다. A선수가 지난 5경기 동안 12안타를 쳤다면 분명 맹활약을 펼친 거다. 하지만 감독은 A선수가 '지금 뜨겁기 때문에' 타순을 높여서는 안 된다. 가장 최근의 데이터 대신, 시즌 전체 혹은 지난 시즌까지 포함해 더 오랜 시간 동안의 데이터를 근거로 해야 한다. A선수가 좌투수에 약했었고 오늘 선발이 좌투수라면 ―로스터에 대체 가능한 선수가 있을 경우에― 뜨거워 보이는 최근의 상승세에도 불구하고 선발에서 제외해야 한다.

마이크 매스니는 6년 반 동안 세인트루이스의 감독을 역임하다 2018년 7월 해임됐다. 그는 종종 최근 기록을 너무 중시한다는 비판을 받았는데, 비판한 사람들 중에는 세인트루이스의 팬들 뿐만 아니라 2017년 시즌 뒤에 토론토로 트레이드된 외야수 랜달 그리척도 포함돼 있었다. 그리척은 101.1 ESPN 라디오의 버니 미크라츠와 인터뷰에서 매스니를 이렇게 비난했다. "최근 컨디션을 너무 중시해요. 몇 경기만 부진하면 바로 몇 경기는 빠져야 하죠." 그리고 토론토에 가서는 지역 언론에 이렇게 말했다. "세인트루이스에 있을 때는 외야수들끼리 이렇게 생각했어요. 오늘

안타 2개, 혹은 안타 2개에 볼넷 하나 정도는 얻어야 내일 선발로 나간다고. 이런 상황은 모두에게 손해였죠."[미주26]

매스니는 종종 '최근 기세'를 선수 기용의 근거로 들곤 했다. 2013년 팀 내 최고의 선발투수였던 셸비 밀러를 포스트시즌 로테이션에서 제외했을 때도 마찬가지였다. 밀러는 카디널스가 포스트시즌 첫 두 시리즈를 승리하고 월드시리즈에서 보스턴에 패배한 한 달 동안 딱 1이닝만 던졌다. 그는 2015년에 35살의 저니맨 댄 존슨을 기용했을 때도 이렇게 말하면서 정당화했다. "우리는 지금 뜨거운 선수를 기용하는 것을 두려워하지 않습니다." 존슨이 트리플A 직전 10경기에서 홈런 4방을 친 상승세가 이유였다. (존슨은 빅리그 승격 이후 21타수 3안타에 그친 뒤 40인 로스터에서 제외됐고, 다시는 빅리그 무대를 밟지 못했다.) 매스니의 재임 시절 세인트루이스 팀을 다룬 기사에는 매스니의 '뜨거운 선수' 기용 성향이 자주 다뤄졌다. 오래된 세인트루이스 전문 블로그인 '비바엘버도스 VivaElBirdos'에 2016년에 올라온 매스니에 대한 글의 한 대목이다. '매스니의 가장 꾸준한 경향 중에 하나는 최근 뜨거운 선수의 기용이다.' 그리고 그 당시 뜨거웠던 타자 알레드미스 디아즈가 예전 수준으로 돌아갈(실제로 곧 돌아갔다) 가능성에 대해 논하며 '디아즈의 방망이가 식으면, 매스니가 다른 뜨거운 방망이를 발견하기를 기원해야 한다'라고 썼다.[미주27]

이 믿음은 감독실과 프런트 오피스 모두에서 조금씩 설 자리를 잃어가고 있다. 뉴욕 메츠의 전 감독 미키 캘러웨이는 2017년 12월 한 팟캐스트에서 '최근 기세' 신화를 부정하면서 이렇게 말했다. "'최근 기세'란 환상입니다. 그에 따라 선수를 기용하는 건 말이 안 됩니다. 뜨거운 선수는 식게 돼 있으니까요." 2011년 휴스턴 애스트로스의 단장이 된 직후, 제프

러나우는 뉴욕 타임스의 타일러 케프너에게 이렇게 말했다. "최근 뜨겁거나 차가운 기세에 기반해 전술 운용을 하다보면 장기 데이터에 기반할 때보다 결국 손해를 보게 마련입니다." 그러면서 러나우는 장기적 관점에 기반해 실전 운영을 하기가 쉽지 않은 도전이라고 인정했다.[미주28]

'최근 뜨거운 선수'의 기용은 50년 가까이 새로운 사고방식에 저항해온 전통적 지혜라고 포장돼 있지만, 사실은 '최신 편향'의 생생한 사례다. 우리는 선수들이 의지에 따라 기량을 끌어올릴 수 있는 영웅이라고 믿는다. 사실 그들은 엄청난 재능을 가졌지만 성적은 시즌 전체, 혹은 커리어 전체 동안 요동칠 수밖에 없는 유한한 존재다. 알렉스 코라 전 보스턴 감독은, '뜨거운 선수'를 기용하는 것보다 상대 투수와 매치업에 따른 라인업 구성을 선호한다고 밝혔다. 상대 선발투수가 좌투수면 우타자를 많이 기용하는 식이다. 최근 데이터의 '잡음'을 제거하고 더 큰 샘플의 데이터를 중시하는 교과서적인 사례다. 우리의 뇌가 더 중요하다고 속삭이는 최근 데이터를 멀리하기 위해서는 일종의 정신적 규율이 필요하다. 가지고 있는 데이터는 모두 활용하는 게 맞다.

야구 중계에도 최신 편향은 만연해 있다. 쉽게 편향에 빠지는 마음의 특성과, 중계방송 중에 침묵에 대한 아나운서들(과 PD들)의 공포가 결합된 결과다. '어떤 타자가 지난 십여 타석 동안 무안타'라는 식의 이야기가 심심찮게 등장해 그 타자가 안타를 칠 확률이 낮다고 암시한다. 충분한 출전 시간이 주어지면 어떤 타자라도 무안타 행진을 겪게 돼 있지만 말이다. 우리 세대 최고의 교타자 중 한 명인 명예의 전당 멤버 토니 그윈조차, 505타석 동안 삼진을 18번 밖에 안 당하고 0.321이라는 고타율을 기록했던 1998년, 7경기에 걸쳐 19타수 무안타였던 적이 있다. 샌디에이고가 이 부진 동안 그윈을 선발에서 빼는 걸 고려했는지는 모르겠지만, 어쨌든 그러지 않았던 건 좋은 결정이었다. 무안타 행진이 끝난 뒤, 그윈은 남은 시즌 동안 0.338/0.357/0.588을 기록했다. 무안타 행진 이전에도 이후에도 그윈은 그윈이었다.

'최신 편향'의 치명적인 영향은 야구계 전반에 퍼져 있다. 감독이나 단장이 어떤 선수를 쓸지 뺄지 결정하는 것을 포함해, 선수를 평가하는 방식에 큰 영향을 끼친다. 어떤 선수가 빅리그로 콜업된 경우를 상상해보자. 메이저리그 팀 코칭스태프는 이 선수가 마이너리그에서 뛰는 걸 직접 보지 못했다. 만약 그 선수가 빅리그 첫 몇 경기에서 부진하다면, 코칭스태프는 그 선수의 실력이 별로거나 아직 준비되지 않았다고 결론낼 수 있다. 2011년에 빅리그에 데뷔한 19살짜리 외야수는 첫 3주 동안 14경기를 뛰며 0.163/0.213/0.279에 그쳤다. 그래서 구단은 그 선수를 다시 마이너로 내려 보냈다. 22일 뒤 다시 빅리그로 올라왔을 때 그의 실력은 훌쩍 향상된 것처럼 보였다. 그리고 다음 시즌에 그는 아메리칸리그를 평정했다. 마이크 트라웃이 정말 3주 만에 완전히 다른 선수가 된 걸까? 아니면 LA 에인절스 구단이 '최신 편향' 때문에 가장 최근에 본 것을 과대평가하고, 그들이 직접 보지 못한 이전 마이너리그 기록을 저평가한 걸까? '최신 편향'은 우리의 감정을 자극한다. 감정적인 결정은 보통 이성적인 결정보다 나쁜 결과를 낳는다.

자산 상담사나 경제학자들은 노후 연금펀드 계좌를 너무 자주 들여다보지 말라고 조언한다. 짧은 기간의 등락에 일희일비하지 말라는 것이다. 스포츠 팀의 의사 결정권자들도 어떤 선수의 환상적인 혹은 망한 지난 일주일에 매몰돼 큰 그림을 보지 못해서는 안 된다. 판타지리그 애호가들도 마찬가지다. 당신 팀 어떤 선수의 성적에 집착하다가 어느 순간 부진하면 내보내거나 다른 선수로 교체하고 싶을 것이다. 자연스럽지만, 감정적이다. 좋은 결정을 내리는 과정은 아니다.

[미주]

1. Bill Shaikin and Mike DiGiovanna, "Pharmacy Raid Linked to Athletes," Los Angeles Times, February 28, 2007.

2. For one example, see J. R. Anderson and M. Matessa, "A Production System Theory of Serial Memory," Psychological Review 104, no. 4 (1997): 728–48, doi:10.1037/0033–295x.104.4.728.

3. Richard Hébert, "Code Overload: Doing a Number on Memory," Association for Psychological Science, September 26, 2001.

4. V. Arnold, P. A. Collier, S. A. Leech, and S. G. Sutton, "The Effect of Experience and Complexity on Order and Recency Bias in Decision Making by Professional Accountants," Accounting and Finance 40, no. 2 (2000): 109–34.

5. 댄 짐보르스키는 팬들로부터 성적 예측을 조작하는 게 아니냐는 악플도 많이 받았다. 알고리듬이 아니라 손으로 대충 계산하는 거 아니냐는 비난도 있었다고 한다. 그런 이메일들 중에 가장 인상적이었던 건, 댄이 쓴 글에 Zips의 예상치를 거론하면서, Zips 시스템 제작자를 제대로 언급하지 않았다는 비난이었다. 제작자는 물론 댄 자신이었다.

6. 4월에 인플레이 타구를 쳤을 때 60%가 안타가 됐다는 뜻. 라헤어는 4월 70타석에서 볼넷 10개를 얻었고 삼진 25번을 당했고 홈런 5개를 쳤다. 그래서 인플레이 타구는 30개였고, 그 중 18개가 안타가 된 것이다. 리그 평균 BABIP는 보통 3할 언저리고, 개별 타자들은 기량 수준에 따라 차이가 있다. 하지만 아무리 잘해도, BABIP 4할도 꾸준하게 유지할 수 있는 능력을 가진 타자가 없었다. 1947년 메이저리그의 '인종 통합' 이후, 규정 타석을 채운 타자의 최고 BABIP는 1977년 로드 커류의 0.408이었다.

7. 하필 이 장을 수정 한 날, 나는 누군가와 포인세티아에 대해 대화를 나누면서 "매우 유독하다"라고 말했다. 뒤돌아 생각하니 이상해서, '포인세티아 독성'을 검색했다. 역시 내 생각이 틀린 것이었다. 포인세티아의 일부를 먹으면 아이나 반려동물이 아플 수 있지만, 독성이 없고, 확실히 위험하지 않다. 그러니 집에 포인세티아를 키우고 있다면 걱정하지 마시길. 나는 반대증거를 찾기 전에 '진실 착각 효과'에 빠진 것이었다.

8. James Wagner, "Research Supports the Notion of the 'Hot Hand'; Baseball Players Always Believed in It," Washington Post, July 16, 2014. 하지만 와그너가 인용한 논문은 '최근 기세'의 유효성을 뒷받침하지 못한다. 연구의 방법론적 문제와 경기가 벌어진 시대 환경을 고려하지 않은 문제 때문이다.

9. Mark Saxon, "Q&A with John Mozeliak: Is the Cards' Success Proof They Didn't Need to Add Pitching at the Trade Deadline?" The Athletic, September 12, 2019. 10. Justin Toscano, "Todd Frazier, Zack Wheeler and Justin Wilson Key Victory for Mets over the Diamondbacks," NorthJersey.com, September 10, 2019.

11. Thomas Gilovich, Robert Vallone, and Amos Tversky, "The Hot Hand in Basketball: On the Misperception of Random Sequences," Cognitive Psychology 17 (1985): 295–314.

12. Russell Carleton, "Baseball Therapy: Going Streaking." BaseballProspectus.com, March 8, 2010. 러셀의 책 'The Shift: The Next Evolution in Baseball Thinking'도 강력 추천한다.

13. German Lopez, "John Oliver Exposes How the Media Turns Scientific Studies into 'Morning Show Gossip,'" Vox.com, May 9, 2016.

14. Brett S. Green and Jeffrey Zwiebel, "The Hot-Hand Fallacy: Cognitive Mistakes or Equilibrium Adjustments? Evidence from Major League Baseball (revised)," Management Science, November 2018, pp. 4967 – 5460.

15. http://tangotiger.com/index.php/site/comments/streaks-in-baseball#6, by the commenter Kincaid.

16. http://blog.philbirnbaum.com/2015/12/a-new-hot-hand-study-finds-plausible.html. 번바움은 연관된 데이터를 제외한 것을 포함해 연구 방법의 문제를 지적했다.

17. Smith, Standard Deviations, p. 199.

18. Joshua Miller and Adam Sanjurjo, "Surprised by the Hot Hand Fallacy? A Truth in the Law of Small Numbers," Econometrica 86, no. 6 (November 2018): 2019 – 47.

19. Ibid.

20. Ben Cohen, "The 'Hot Hand' Debate Gets Flipped on Its Head," Wall Street Journal, September 30, 2015.

21. George Johnson, "Gamblers, Scientists and the Mysterious Hot Hand,"New York Times, October 17, 2015.

22. Jesse Singal, "How Researchers Discovered the Basketball 'Hot Hand,'" TheCut.com, August 14, 2016. Singal himself has come under fire for his reliance on questionable science in his writing about transgender kids.

23. Tom Haberstroh, "He's Heating Up, He's on Fire! Klay Thompson and the Truth about the Hot Hand," ESPN.com, June 12, 2017.

24. Joshua Miller and Adam Sanjurjo, "Momentum Isn't Magic—Vindicating the Hot Hand with the Mathematics of Streaks," Scientific American, March 28, 2018. Reprinted from The Conversation.

25. Tamar Haspel, "In the Fight Against Obesity, the Real Enemy Is Oversimplification," Undark.org, October 13, 2016.

26. 두 번째 발언은 'The Fan 590'의 마이크 윌너가 2018년 1월 23일 트위터 멘션으로 올린 내용이다.

27. Ben Markham, "Diaz's Hot Start Not as Unsustainable as You Might Think," VivaElBirdos.com, April 19, 2016. 28. Tyler Kepner, "Astros Begin Again, Starting with Youth and Hope," New York Times, August 12, 2012.

28. Tyler Kepner, "Astros Begin Again, Starting with Youth and Hope," New York Times, August 12, 2012.

CHAPTER 08

그래디 리틀의 무거운 발걸음

현상 유지, 그리고 '아무 것도 안 하는 것이' 가장 나쁜 결정일 때

Status Quo Bias

좋은 감독은 적절한 작전으로 한 시즌에 몇 경기를 더 이긴다. 나쁜 감독은 딱 한 번의 나쁜 결정으로 시즌 전체를 말아먹는다. 1973년생인 나는 평생 보스턴 레드삭스의 그래디 리틀 전 감독처럼 많은 비난을 받은 감독을 본 적이 없다. 리틀은 아메리칸리그 챔피언결정 7차전에서 치명적인 실수를 저질렀다. 리틀은 8회말 직접 마운드에 올라 투수 교체를 하는 듯 보였지만 선발투수 페드로 마르티네스를 그대로 남겨두고 내려왔다. 이미 8회말 첫 타자 때부터 구원투수들이 몸을 풀기 시작해 워밍업을 마친 상태였다. 부상 우려 때문에 보스턴 구단이 세심하게 투구수를 관리해온 페드로는 더 던지겠다고 고집했고, 결국 마운드에 남았다. 두 타자 뒤, 보스턴의 5대 2 리드가 사라졌다.

8회말 시작 때 보스턴의 승리 확률—이닝과 스코어, 아웃 카운트, 주자 상황에 따라 달라진다—은 91퍼센트였다. 페드로가 8회말 첫 타자를 잡아낸 뒤에는 94퍼센트까지 올라갔다. 그때까지 페드로의 투구수는 107개. 시즌 평균과 중간값보다 약간 높았지만 평소와 비교해 과도하게 많지는 않았다. 단 휴식일이 문제였다. 페드로는 4일 휴식 뒤 등판이었다. 당시 대부분의 선발투수들에게는 표준이었지만 페드로에게는 그렇지 않았다. 그해 29번의 선발 등판 중에 13번은 5일 이상 휴식을 취하고 등판했다. 보스턴 구단이 부상 방지를 위해 가능할 때마다 추가 휴식을 줬기 때문이다. 더 결정적으로, 페드로는 7회 마지막 타자 알폰소 소리아노를 시작으로 양키스 타선을 4번째 상대하기 시작했다. 지금 우리는 투수가 한 경기에서 같은 타자를 만나는 횟수가 늘어날수록 기록이 나빠지며, 특히 4번째 상대할 때는 난타당할 확률이 급증한다는 걸 알고 있다.

불펜에서 좌완 앨런 엠브리와 우완 마이크 팀린이 몸을 푸는 가운데, 페드로는 첫 타자인 좌타자 닉 존슨을 잡아내 승리 확률을 94퍼센트로 끌어올렸다. 리틀 감독은 우타자 데릭 지터를 상대로 우투수 팀린을 투입하는 대신 페드로를 남겨 상대하게 했다. 명예의 전당에 함께 가게 될 두 전설의 대결에서, 지터는 3구째를 밀어 쳐 2루타를 만들었다. (야구에서 타자는 보통 반대손으로 던지는 투수의 공을 잘 친다. 즉 좌타자는 우투수의 공을 잘 치고, 우타자는 좌투수를 좋아한다. 그래서 감독들은 경기 후반에 '좌우놀이'를 펼친다. 왼손 강타자를 상대로 좌완 구원투수를 투입하는 식이다.) 양키스 타선에서 지터 다음으로는 스위치 히터를 포함해 좌타석에 들어설 수 있는 타자가 5명 연속 포진해 있었다. 페드로는 전매특허인 마구 수준의 체인지업을 앞세워 커리어 내내 좌타자를 잘 제압해 왔다. 하지만 지금은 같은 타선을 4번째 만나고 있었다. 리틀 감독에게는 투입될 준비를 마친 왼손 구원투수가 있었고, 스위치 히터를 상대로는 우완 구원투수를 선택할 수도 있었다.

다음 타자인 스위치 히터 버니 윌리엄스는 커리어 내내 좌투수에게 조금 더 강했다. 리틀은 팀린을 투입하는 대신 그대로 페드로에게 맡겼다. 윌리엄스는 볼카운트 2-2에서 중전안타를 쳐 지터를 홈에 불러들여 점수 차를 두 점으로 좁혔다. 리틀이 마운드에 올라간 건 그때였다. 페드로의 투구수는 115개였다. 2003년 7번째로 많은 투구수였다. 116개에서 교체된 경우가 두 번 있었고, 다른 두 번은 추가 휴식일 다음의 등판이었다. 그날은 10월 16일, 즉 시즌이 시작된 지 6개월 반이 지난 시점이었다. 그때쯤이면 모든 선수가 풀 시즌을 치른 피로를 어느 정도 느낀다. 페드로도 마찬가지였다. 위대한 투수지만, 앞선 3차례의 포스트시즌 등판에서도 그리 압도적이지 않았다.

경기 후 밝혀진 사실이지만 리틀 감독은 마운드에 올라가 페드로에게 다음 타자를 잡아낼 힘이 남았냐고 물었다. 원아웃, 주자가 있는 상황에서, 이 질문의 속뜻은 병살타가 나오지 않는 한 '두 명을 더 잡아내 이닝을 끝낼 수 있겠냐'에 가까웠다. 야구계에는 여전히 이닝 중간에 구원투수를 투입하기보다는 가능한 한 선발투수가 이닝을 마무리하는 걸 선호하는 편향이 있다. 팬들은 당연히 좋아한다. 평생 야구팬인 나 역시, 이닝 중간에 쓸데없이 투수를 교체하면 분통이 치민다. 하지만 승리를 목표로 할 때, 선발투수에 대한 배려는 종종 역효과를 낳는다.

당시 나는 직장상사였던 토론토 블루제이스의 J.P 리치아디 단장과 통화하며 경기에 대한 이야기를 나누고 있었다. 2년차 직원이던 내겐 스카우팅과 경기 중 의사 결정에 대해 배우는 시간이었다. 리틀이 마운드에 올라갔을 때, 우리는 둘 다 페드로가 교체된다고 생각했다. 리틀이 그냥 덕아웃으로 돌아왔을 때 리치아디는 전화기에 대고 소리쳤다. "아냐! 그래디! 아니라구!" 레드삭스를 좋아해서가 아니라, 리틀이 잘못된 결정을 했다고 실시간으로 확신했기 때문이다.

리치아디는 옳았다. 리틀은 경기를 망쳤다. 다음 타자는 일본 프로야구 NPB를 평정한 뒤 미국으로 막 건너온 신인 마쓰이 히데키였다. 양키스에서의 첫 시즌에 신인왕을 받았던 마쓰이는 우투수보다 좌투수에게 약했다. 성적 차이도 꽤 커서, 상대 감독으로서는 중요한 순간에 마쓰이를 상대로는 좌투수를 기용하는 게 정석이었다. 불펜에서 몸을 풀고 있던 좌완 엠브리를 호출하는 대신, 리틀은 페드로에게 마쓰이를 상대하게 했다. 마쓰이는 3구째를 통타해 인정 2루타를 만들었다. 윌리엄스는 3루로 진루했다. 안타 하나면 동점이 될 상황이었다. 5구 뒤에, 스위치 히터인 포수 호르헤 포사다—선수 생활 내내 좌우완 투수의 공을 모두 잘 쳤다—가 치는 순간 방망이가 부러졌다. 빗맞은 타구는 중견수 앞에 떨어지는 적시타가 됐고 주자 두 명이 모두 홈을 밟았다. 123구를 던진 페드로는 그제야 마운드에서 내려왔다. 다시 맞춰진 승부의 균형은 연장 11회말에 깨졌다. 애런 분이 끝내기 홈런을 터뜨려 양키스를 월드시리즈로 진출시켰고 보스턴의 월드시리즈 우승 가뭄은 1년 연장됐다.

2018년 가을, 페드로는 TBS와 인터뷰에서[미주1], 리틀이 8회 시작 전 첫 타자 닉 존슨 한 명만 상대하면 된다고 말하긴 했으나 "여전히 리틀의 잘못이 아니라고 믿는다"라고 말했다. 페드로는 동점 적시타 때 방망이가 부러졌다는 점도 지적했다. 일리 있는 주장이다. 3장에서 '결과 편향'을 다룰 때 이야기한 것처럼, 우리는 과정보다 결과로 판단한다. 하지만 나는 그 논리가 이번 경우에는 맞지 않다고 생각한다. 페드로는 더 던질 수 있냐고 물어본 리틀의 결정에 대해 이렇게 말했다. "전사에게 칼을 내려 놓으라고 요구하는 것과 같죠." 리틀은 자존심 세고 위대하며 승부의 아드레날린에 가득차 있는 투수에게 공을 넘길 때라는 걸 인정하겠냐고 물어보는 대신, 그냥 교체했어야 했다.

그래디 리틀은 무슨 생각을 한 걸까? 나는 그가 변화보다 지금 그대로의 상태를 선호하는 '현상 유지 편향 status quo bias'이라는 인지 편향의 먹잇감이 됐다고 생각한다. 윌리엄 사무엘슨과 리처드 젝하우저는[미주 2] 1988년에 발표한 논문에서 심리 실험 데이터를 연구한 뒤, 공공 정책부터 브랜드 충성도, 고객 조사 등 여러 영역에서 "개인은 대안을 고르는 과정에서 현상태를 유지하는 쪽으로 편향을 보인다"라는 걸 발견했다. 우리는 이미 알고 있는 것을 좋아한다. 우리의 마음은 친숙한 것에 사로잡혀 있다. 그래디 리틀의 경우, 당대 최고의 투수 중 한 명인 페드로 마르티네스가 마운드 위에 있다. 변화란 손해의 가능성을 수반한다. 리틀은 페드로의 부진으로 교체가 옳은 결정이 될 가능성보다, 페드로를 교체해서 손해 볼 가능성을 더 크게 느꼈을 것이다.

리틀이 두 옵션을 모두 고려했다면, 질적인 측면에서도 페드로를 고집하기보다 교체하는 것이 낫다는 걸 알 수 있었을 것이다. 앞서 설명한 것처럼 페드로는 타순을 4번째 상대하고 있었다. 긴 시즌 때문이건 당일의 평소보다 많은 투구수 때문이건 지쳤을 것이다. 다음 타자들은 좌타자거나 스위치 히터들이고, 우투수인 페드로와 상성이 좋지 않다. 하지만 지금 마운드에 있는 건 다름 아닌 페드로 마르티네스다. 투수 교체에는 변화를 위한 결단이 필요하다. 변화를 선택하려면 리틀에게는 굳은 의지가 필요했다. 만약 교체했다가 실패하면, 리틀은 엄청난 비난을 감당해야 했다 ―"왜 그냥 페드로로 밀어붙이지 않았지?"― 비록 지금 우리는, 리틀이 다른 선택을 하고도 거센 비난을 받게 됐다는 걸 알고 있지만 말이다.

리틀은 포스트시즌에서 현상 유지 편향에 희생된 첫 번째 보스턴 감독이 아니었다. 하지만 지난 사건의 주인공은 비난을 피해갔다. 감독 대신 경기와 시리즈를 내주게 된 결정적인 수비 실책을 범한 선수가 비난의 표적이 됐다. 애당초 그 선수에게 수비를 하게 만든 결정이 문제였지만.

보스턴 구단의 월드시리즈 우승 가뭄은 1919년에 시작됐다. 그해 보스턴은 20세기 마지막 패권을 차지했는데, 23살의 투타 겸업 선수 베이브 루스의 활약이 결정적이었다. 루스는 19번 선발 등판해 평균자책점 2.22를 기록했고, 95경기에 야수로 출전해 11개의 홈런으로 아메리칸리그 1위에 올랐다. 레드삭스의 해리 프래지 구단주는 1919년 시즌이 끝난 뒤 루스를 뉴욕 양키스에 팔았다. 루스는 뉴욕에서 스타가 됐다. 양키스는 1920년대에만 6차례 아메리칸리그 우승과 3차례 월드시리즈 우승을 차지했다. 레드삭스는 1947년까지 월드시리즈에 진출조차 못했다. 보스턴의 우승 가뭄은 종종 루스의 별명을 따 '밤비노의 저주'라고 불린다. 팀의 최고 선수를 돈 때문에 판 구두쇠 구단에게 저주가 내렸다는 재미있는 이야기다. 물론 진짜 이유가 저주인 건 아니지만.

1918년부터 1986년 사이에 레드삭스는 아메리칸리그 우승을 단 세 차례 차지했다. 그때마다 월드시리즈에서 최종 7차전까지 간 끝에 무릎을 꿇었다. 그들의 1967년 시즌은 '불가능한 꿈 Impossible Dream'으로도 불린다. 결국 월드시리즈에서 세인트루이스에게 진 걸 감안하면 적절한 별명인 셈이다. 1975년 월드시리즈에서는 '빅 레드머신'이라 불렸던 신시내티 레즈에게 졌다. 6차전 극적인 역전승을 만든 연장 12회 칼튼 피스크의 끝내기 홈런이 유명하다.

하지만 1986년 레드삭스는 우승 가뭄을 끝내기까지 아웃카운트 하나만 남겨두고 있었다. 보스턴은 시리즈 전적 3승 2패로 앞서 있었다. 당시 뉴욕 메츠의 홈구장이던 셰이 스타디움에서 열린 6차전에서도 연장 10

회말 시작 때 5대 3으로 리드하고 있었다. 보스턴 구원투수 칼빈 쉬랄디가 첫 두 타자를 잡아내며 메츠는 마지막 아웃카운트에 몰렸고 보스턴의 승리 확률은 99퍼센트까지 올라갔다. 다음 두 타자가 단타로 출루해 동점주자가 누상에 나갔지만, 그래도 2아웃이었고 보스턴의 승리 확률은 여전히 92퍼센트였다. 쉬랄디가 다음 타자 레이 나이트를 볼카운트 0-2로 몰아붙였다. 레드삭스가 86년 만의 월드시리즈 우승까지 스트라이크 하나만 남긴 것이다.

그리고 레드삭스의 악몽이 시작됐다. 나이트가 1타점 적시타를 터뜨렸고 1루 주자를 3루로 보냈다. 보스턴 존 맥나마라 감독이 쉬랄디를 밥 스탠리로 교체했다. 스탠리가 생애 최악의 시즌을 보냈고 확연한 하락세를 보이고 있었다는 걸 감안하면 의아한 결정이었다. 쉬랄디는 그때까지 16타자를 상대했고 힘이 떨어졌을 수 있다. 하지만 역시 우투수인 스탠리는 좌타자에게 대단히 약했고, 다음 타자 무키 윌슨은 스위치 히터였다.

이후 월드시리즈를 네 번 제패했지만, 레드삭스 팬들은 지금도 1986년을 떠올리면 열불을 낸다. 그런데 그 이유는 맥나마라 감독의 불펜 운용이 아니다. 빌 버크너는 보스턴의 선발 1루수였지만 이미 36살이었고 다리를 절뚝였다. 4월에 발목을 다쳐 스테로이드 주사를 맞으며 버티고 있었으나 포스트시즌 직전 시리즈에서 아킬레스건을 또 다쳤기 때문이다.[미주3] 야수들 중에 가장 좁은 수비 범위가 요구되는 포지션이었지만, 버크너는 아예 움직일 수조차 없는 수준이었다. 물론 타구는 버크너를 항해 날아갔다.

하지만 그 전에, 스탠리가 폭투를 범했다. 3루 주자가 홈을 밟아 동점이 됐고 나이트는 2루로 진루했다. 3구 뒤 윌슨이 친 땅볼이 버크너 쪽을 향했다. 버크너는 몸을 굽혀 잡으려 했지만 공은 다리 사이를 빠져나갔다. 윌슨은 1루에 도착했고 나이트는 끝내기 득점을 올렸다. 메츠는 다음날 7차전에서 완승을 거두고 구단 역사상 두 번째 월드시리즈 우승을 차지했다. 보스턴의 우승 가뭄은 팬들의 자괴감 속에 18년 동안 더 이어졌다.

욕은 버크너가 먹었지만, 책임은 맥나마라의 것이었다. 보스턴 벤치에는 데이브 스테플튼이 있었다. 경기 후반 버크너 대신 1루 수비에 투입되지 않을 거라면, 스테플튼이 경기장에 있을 이유는 전혀 없었다. 1986년은 스테플튼의 현역 마지막 시즌이었다. 이미 32살이었던 데다가 이전 3시즌 동안 144타석 밖에 들어서지 않았지만, 내야 전 포지션을 소화할 수 있었고 급할 때는 코너 외야수로도 투입됐다. 그해 1루 대수비로도 24번 기용됐다. 스테플튼이 대기 중이었지만 맥나마라는 투입하지 않았다. 버크너를 그대로 그라운드에 두고, 타구가 팀 수비진의 구멍을 찾아가지 않기만을 헛되이 기도했다. 야구의 신은 그런 안이함을 용납하지 않는다. 스테플튼도 화가 나기는 마찬가지였다. 마이크 소웰 기자의 1986년 포스트시즌을 다룬 책 『1구 남기고 One Pitch Away』에서, 스테플튼은 "나도 내가 투입됐어야 한다는 걸 알고 있었다"라고 했다.

그가 옳았다. 버크너가 잡지 못한 그 타구를 잡거나, 다른 야수들의 송구를 받기 위해서라도 그때 스테플튼이 1루에 있었어야 했다. 아예 레드삭스가 2점 앞서 승리 확률이 90퍼센트를 한참 넘었던 10회초 시작부터 투입됐어야 했다. 보스턴은 다시 공격을 하지 않을 가능성이 대단히 높았고, 혹시 다시 하더라도 버크너의 타순은 7타자 뒤에야 돌아올 것이기 때문이었다.

맥나마라의 결정을 이해하기 어려운 또 하나의 이유는, 포스트시즌 내내 스테플튼을 버크너의 대수비로 활용해왔기 때문이다. 맥나마라는 훗날 그 결정을, 베테랑에 대한 존중 때문이었다고 변명했다.[미주4] 레드삭스가 우승하는 순간, 베테랑이자 일등공신 중 한 명인 버크너가 그라운드에 서 있기를 바랐다는 것이다. 실제로 맥나마라가 무슨 생각이었는지는 그 자신만이 알 것이다. 하지만 확실한 것은, 맥나마라가 변화보다는 현상 유지를 택했다는 점이다. 이후 발언들에서 확인할 수 있다. 맥나마라는 스테플튼을 기용하는 것이 실수가 될 리스크를 우려했다. 뭔가를 하는 것보다 하지 않는 길을 택한 것이다. 행동에 따르는 리스크를 아무것도 하지 않는 것, 즉 다리를 절뚝이는 버크너를 그대로 두었을 때의 리스크보다 크게 느꼈기 때문이다.

인간이 현상을 유지하려는 성향을 가진 이유는 행동 경제학자들이 '손실 회피'라고 부르는 경향 때문이다.[미주5] 뭔가를 얻음으로써 생기는 즐거움보다 같은 양을 잃었을 때 받는 고통이 더 크다고 느끼는 본능을 말한다. 만 원이 생겼을 때 얻는 기쁨보다 만 원을 잃었을 때 느끼는 고통이 더 큰 것이다. 이 편향은 일상의 의사 결정에 영향을 끼쳐 행동보다는 가만히 있기를 선호하게 만든다. 결정하지 않는 것도 결정이지만, 어쨌든 행동을 취하지 않는 것을 안전하다고 느끼는 것이다.

맥나마라와 리틀은 둘 다 변화를 일으키지 않기를 택했다. 리틀은 페드로 마르티네스를 마운드에 남겼고, 맥나마라는 버크너를 1루에 남겼다. 심지어 리틀은 마운드로 올라가 마르티네스에게 다음 타자를 잡아낼 힘이 남았는지 물어보기도 했다. 이미 답은 알고 있었을 것이다. 야구계 문화에서 그 질문에 대한 유일한 답은 "잡을 수 있습니다"이다. 스스로 교체를 원하는 선발투수는 매우 드물다. 견인차가 와서 끌고 내려가려 해도 버틸 고집쟁이 투수들도 많다. 앞서 소개한 맥나마라의 변명은 스테플튼을 투입했다가 실수할 것은 두려워하면서, 버크너가 똑같은 실수를 할 가능성은 제대로 검토하지 않았음을 암시한다. 리틀은 곧 선택에 따른 책임을 져야 했다. 시리즈가 끝난 직후 해고당한 것이다. 리틀은 LA 다저스를 2년 더 지휘한 뒤 감독 경력이 끝났다. 맥나마라는 레드삭스 감독으로 1년 반 더 머물다 1988년 올스타 브레이크 때 해고됐다. 그 뒤 클리블랜드에서 1년 반 동안 감독으로 일한 뒤 다시 잘렸고, 더 이상 감독직을 맡지 못했다.

하지만 현상 유지 편향은 손실 회피와는 상관없이 발현되기도 한다. 우리는 변화를 두려워하고, 가진 것을 과대평가한다.

노벨 경제학상 수상자인 대니얼 카너먼과 리처드 세일러는 1980년대에 코넬대 교수 잭 크네치와 함께 실험을 진행했다. 실험 참가자의 절반에게 대학 기념품점에서 6달러에 파는 머그컵을 나눠줘 팔게 했고, 나머지 절반의 참가자들은 구매자로 정했다. 구매자와 판매자(머그컵 소유자)는 머그컵의 가격을 협상했다. 처음에는 가격이 3달러 정도로 합의되리라 예상됐다. 가치는 없지만 연구진이 임의로 가격을 매긴 토큰 같은 물건에 대한 가격 협상이 그렇게 진행됐기 때문이다.

그런 일은 벌어지지 않았다. 판매자들은 머그컵을 너무 높게 평가했다. 예비 실험에서도, 연구자들이 미리 짠 각본대로 매매를 한 뒤에 이뤄진 최종 실험에서도 마찬가지였다. 머그컵 소유자들은 판매가로 5달러 이상을 요구했다. 구내 서점에서 머그컵에 붙어 있던 가격과는 비슷하지만,

조금 전 공짜로 생긴 머그컵에 대해 생긴 개인적 가치보다는 턱없이 높은 가격이었다.

우리가 이미 가진 것의 가치를, 외부의 객관적 평가보다 높게 매기는 착각을 '소유 효과'라 부른다. 뭔가를 갖게 되면 우리의 뇌는 그것에 대한 가치를 본능적으로 높인다. 메이저리그 팀들이 자기네 팀 선수를 대하는 방식도 마찬가지다.

메이저리그의 역사는 이뤄지지 않은 트레이드 이야기로 가득하다. 제시받은 오퍼를 받아들이지 않았는데, 혹은 제시한 오퍼가 거부당했는데 뒤돌아보면 다행이라는 이야기다. 1990년대의 몬트리올 엑스포스는 이런 이야기에 단골손님으로 등장한다. 데이브 돔브로스키와 댄 듀켓 같은 단장들의 노력으로 1994년에 몬트리올은 강팀이 돼 있었다. 하지만 짠돌이 구단주와 1994년의 노조 파업, 그리고 리그 사무국의 방관으로 주축 선수들을 팔아야 할 상황에 내몰렸다. 노사 대립으로 시즌이 조기 종료되고 월드시리즈가 취소된 순간 리그 전체 승률 1위였던 몬트리올에는 2명의 명예의 전당 헌액 선수와 3명의 단골 올스타 외야수가 있었다. 1998년이 시작될 즈음에는 그 중 2명이 FA로, 2명은 트레이드로 몬트리올을 떠났다. 더 이상 강팀의 흔적은 별로 남아 있지 않았다.

명예의 전당으로 가게 된 한 사람은 페드로 마르티네스였다. 1996년 올스타에 선정됐고 1997년 내셔널리그 사이영상을 수상—몬트리올 구단 사상 유일한 수상자다—했지만, 구단주들은 마르티네스의 몸값이 너무 높아져 팔기로 결정했다. 마르티네스는 겨우 25살이었던 1997년에 241이닝 동안 탈삼진 305개로 내셔널리그 2위, 평균자책점 1.90으로 내셔널리그 1위에 오르며 승리기여도 9를 넘겼다. 보수적으로 잡아도 마르티네스는 그 당시 빅리그 최고 투수 4명 중 하나였다. 그리고 영입할 팀이 얻을 가치는 최고인 투수였다고 생각한다. 왜냐하면 그렉 매덕스와 로저 클레멘스는 이미 엄청난 연봉을 받고 있었고, 랜디 존슨은 33살이라 이후 기량이 하락할 가능성이 높았다. (이 추측은 틀렸다. 존슨은 1999년부터 2002년까지 애리조나 소속으로 사이영상을 4년 연속 수상했고 2004년 사이영상 투표에서도 2위에 올랐다.) 트레이드 칩으로 쓸 유망주를 보유한 포스트시즌 경쟁팀의 단장에게는, 마르티네스가 최고의 영입 후보였다. 젊고, 이미 압도적인 기량을 가졌으며, 1년 뒤 FA였기 때문에 몬트리올은 기꺼이 트레이드할 의향이 있었다.

독자들은 이미 몬트리올이 마르티네스를 보스턴으로 트레이드했다는 사실을 알고 있다. 그런데 보스턴보다 먼저 마르티네스를 데려올 수 있었던 팀이 있었다. 클리블랜드의 존 하트 단장은 구단의 운명을 바꿀 수 있었던 몬트리올의 트레이드 오퍼를 거절했다. 그는 투수 유망주 바르톨로 콜론과 재럿 라이트를 내주면 마르티네스를 데려올 수 있었다. 하트는 마르티네스를 1년만 쓸 수 있는 대가로는 너무 비싸다고 생각해 오퍼를 거절했다. 22년 뒤에 돌아보면 이 거절은 완벽한 실수다. 콜론은 준수한 커리어를 보냈다. 1998년에 승리기여도 4를 기록했고, 클리블랜드가 2003년에 트레이드로 떠나보내기 전까지 승리기여도 22를 넘겼다. 하지만 페드로는 '슈퍼맨'이 되었다. 1998년 승리기여도 7을 넘겼고, 이후 보스턴에서 7년 동안 승리기여도 54를 찍었다. 페드로를 영입한 트레이드와 이후 최전성기 동안 묶어둔 연장 계약 덕에 보스턴은 2004년, 86년 만의 월드시리즈 우승을 차지하게 된다.

그런데 클리블랜드가 트레이드를 주저했던 이유는 콜론이 아니라 라이트였다. 하트는 1997년 이후에 여러 인터뷰들에서 트레이드 오퍼를 거절한 것을 후회하지 않는다고 말했다. 라이트가 데뷔한 그해 여름과 가을에 보였던 잠재력과, 그 결과 플로리다와의 월드시리즈 7차전에 선발 등판했던 걸 감안했다는 것이다. 라이트는 그 시즌 뒤 갓 22살이 되었고 최고 유망주로 평가되기에 손색이 없었다. 그는 캘리포니아 애너하임의 고등학교 재학 중이던 1994년 6월 드래프트에서 전체 10순위로 지명됐다. 마이너리그에서부터 뛰어난 탈삼진 능력을 보였는데, 요즘 기준으로 보면 볼넷이 많은 건 위험 신호였다. 라이트는 1997년 데뷔 시즌에 16차례 선발 등판했고, 클리블랜드는 FA가 되기 전까지 6년 동안 라이트를 싼값에 활용할 수 있었다. 그래서 하트는 마르티네스의 '고작 한 시즌'과 바꾸기에는 아깝다고 느꼈던 것이다.

하지만 하트가 간과한 것은 투수 유망주의 부상 위험이었다. 라이트가 엄청난 유망주라는 건 의심의 여지가 없었다. 1990년대에 유일하게 유망주 랭킹을 매겼던 '베이스볼 아메리카'는 1995년과 1997년, 두 번이나 라이트를 클리블랜드 구단 최고의 투수 유망주로 선정했다. 1996년에는 콜론 바로 다음인 2위였다. 유망주 자격을 가진 마지막 해였던 1997년 시즌을 앞두고는 메이저리그 전체에서 22번째 유망주로 꼽혔다(어떻게 팀 내 순위에서 뒤졌던 콜론이 전체 랭킹에서는 14위로 라이트보다 앞섰는지는 모를 일이다.).

라이트는 1998년에 풀시즌을 소화하며 커리어 최다 이닝을 기록했지만 기량이 향상되지는 않았다. 그리고 줄부상이 시작됐다. 1999년부터 8년 동안 689이닝을 던지는데 그쳤고 규정 이닝[미주6]을 채운 건 한 번뿐이었다. 통산 평균자책점은 5.09로 평균보다 한참 아래였다. 트리플A와 메

183

이저리그를 오가는 저니맨보다 나을 게 별로 없는 수준이었다.

하트가 마르티네스를 영입하지 않기로 결정하면서 댄 근거는 두 가지다. 첫 번째 이유는 아주 합리적이다. 마르티네스는 1998년 시즌이 끝난 뒤 FA가 될 예정이라서 영입해도 1년 밖에 활용할 수 없었다. FA가 되기 전에 계약 연장 협상을 벌일 수 있었지만 성사 가능성은 희박했다. 콜론과 라이트를 보낸다는 건 두 투수의 FA가 되기 전 6시즌을 마르티네스의 1년과 바꾼다는 뜻이었다. 대부분의 팀들에게 이건 해서는 안 될 트레이드였다. 콜론과 라이트가 향후 6년 동안 쌓게 될 승리기여도 25승을 마르티네스가 한 해 동안 기록할 7승과 바꾸는 것이었으니까. 하지만 당시 클리블랜드는 우승을 노릴 최적기였다. 직전 해에 월드시리즈 우승 일보 직전까지 갔었고, 그 해도 우승을 하지 않는다면 실망스러운 시즌으로 여겨질 강한 전력이었다. 마르티네스가 가세해 선발진을 이끌고 포스트시즌 여러 경기에 선발 등판한다면 월드시리즈에 복귀해 우승할 가능성은 비약적으로 높아질 상황이었다. 즉 금전적 손익으로는 충분히 말이 되는 트레이드였다.

이번 장의 논의 주제인 두 번째 근거는 비합리적이다. 하트는 수많은 단장들이 트레이드 논의 때마다 해 왔고 앞으로도 할 실수, 즉 이미 가지고 있는 자산을 과대평가하는 오류를 저질렀다. 콜론과 라이트는 이미 손안에 있었다. 콜론은 국제 아마추어 FA 계약을 통해, 그리고 라이트는 드래프트를 통해 획득한 선수였다. 라이트는 또한 드래프트 전체 10순위 지명자였다. 이 업계에 몸담았던 시간 동안, 나는 팀들이 1라운드 지명자들을 특히 과대평가한다고 믿게 만드는 증거들을 충분히 목격해 왔다. 그 선수들을 스카우트하는데 엄청난 시간과 에너지를 들였고, 계약한 뒤에는 부푼 기대를 걸었다. (구단, 특히 팜 시스템의 유망주 육성을 중시하는 팀에서 일하게 되면, 매일 밤 산하 마이너리그 팀들의 박스스코어에 지옥과 천당을 오간다. 선수가 성장하는 걸 지켜보며 애착도 갖게 된다. 선수가 스타가 될 잠재력을 보이면, 그 선수를 중심으로 한 타선이나 선발 로테이션도 상상해보기 시작한다.)

이것은 '소유 효과'의 또 다른 사례다. 1980년에 리처드 세일러가 손실 회피 편향의 하위 범주로 이 현상을 처음 정의했다. 세일러의 설명을 야구로 비유하자면, 이미 보유하고 있는 1라운더 유망주를 잃는 손실은 당장 1선발이 될 사이영상 수상자를 얻는 이득보다 더 크게 느껴진다는 거다. 소유한 시간이 길수록 소유 효과는 강해진다. 무언가를 잃거나 팔기 전에 소중하게 여긴 시간이 길수록 손실의 아픔도 커진다는 것이다.[미주7]

자, 이제 존 하트의 입장이 되어보자. 당신은 직전 시즌에 아메리칸리그를 제패했고 월드시리즈 우승 일보 직전까지 갔다. 당신은 빅리그 최고의 투수 유망주들 중 2명을 보유하고 있다. 둘 다 빅리그에서 활약할 준비가 됐다. 한 명은 당신이 1라운드에서 뽑았고, 3년 반 동안 마이너리그에서 애지중지 키웠다. 다른 한 명은 어릴 때 도미니카 공화국에서 FA 계약으로 데려왔고, 4년 동안 키워왔다. 오랫동안 공들인 투자의 성과가 막 보이려는 참이다. 당장 이번 시즌부터 꽤 큰 성과를 볼 수도 있을 것 같다.

당신은 이 트레이드에 관련된 모든 선수들의 이후 활약―'활약이라고 할 수 있는 범위'라면 더 낫다. 선수, 특히 투수의 활약은 짧은 기간에도 급격하게 요동치기 때문이다―에 가치를 매길 수 있다. 하트는 두 명의 유망주를 내주고 에이스를 얻어, 미래 가치를 좀 잃고 1998년에 우승할 확률을 높이는 결정 대신 아무 것도 하지 않는 쪽을 택했다. 라이트에게 너무 많은 가치를 두었기 때문이다.

  야구 유망주와 관련된 결정에는 소유 효과가 언제나 끼어든다. 구단 관계자들이 이 선수들과 형성한 감정적 유대 때문이다. 우리는 이 친구를 18살 혹은 21살에 데려와서 지금까지 키웠어. 그런데 이제 와서 트레이드로 보내라고? 어떤 면에서는, 선수가 오랫동안 성장해 빅리그 데뷔를 눈앞에 뒀을 때보다는, 입단하자마자 트레이드해버리는 게 차라리 쉽다. 드래프트 몇 달 뒤에 트레이 터너를 워싱턴으로 트레이드해 버린 샌디에이고처럼. (이 트레이드 때문에 선수를 드래프트한 뒤 5개월이 지나야 트레이드할 수 있다는 규정이 생겼다[48].)

  내가 토론토 블루제이스에서 일하던 2003년, 우리는 최악의 시즌 초반을 보내고 있었다. 4월 30일에 참패를 당한 뒤 10승 18패로 지구 최하위로 처졌다. 1위에게는 벌써 12경기차로 뒤져 있었다. 우리 팀의 26살 에이스 로이 할러데이는 2002년부터 빅리그 최고의 에이스 중 한 명이었지만 그해 4월에는 부진했다. 첫 6차례 선발 등판에서 상대 타자들은 할러데이를 0.304/0.351/0.522로 두들겼다. 8개의 볼넷과 8개의 피홈런도 할러데이답지 않게 너무 많았다. (8월의 피안타율 0.317만 빼고는 할러데이의 2003년 월별 기록 중에 4월보다 나빴던 건 하나도 없었다. 즉 일시적 부진이었던 것. 당시에는 그걸 알 방법이 없었다.) 당시 나의 상사였던 J.P 리치아디 단장은 할

---

48) 트레이 터너는 2014년 드래프트에서 1라운드 13순위로 샌디에이고에 지명됐다. 그해 6월 계약해 마이너리그에서 뛰던 중, 12월 19일에 워싱턴으로 트레이드됐다. 샌디에이고와 워싱턴, 탬파베이 구단의 3각 트레이드의 일환이었는데, 드래프트 뒤 1년이 지나야 트레이드가 가능하다는 당시 규정에 따라 터너는 다음해 6월까지 샌디에이고에 머물러야 했다. 터너의 에이전트는 '육성에 관심이 없을 팀에 6개월을 더 머무르는 건 선수의 이익을 침해한다'며 선수노조에 이의를 제기했다. 결국 노조와 리그 사무국의 논의 끝에, 드래프트 당해 월드시리즈 다음날부터 트레이드가 가능하도록 규정이 바뀌었다.

러데이에 대해 두 가지 우려를 가졌다. 첫째, 2002년의 대활약 때 우리가 생각했던 것만큼 좋은 투수가 아닐 수 있다. 둘째, 그때 생각했던 것처럼 좋은 투수라면 우리 팀에 오래 붙잡아두기 어려울 것이다. 몇 년 뒤 FA가 되면 떠날 것이고, 심지어 연봉자격신청만 얻어도 몸값이 폭등할 것이다. 이런 걱정 때문에, 리치아디 단장은 당시 샌프란시스코의 브라이언 세이빈 단장에게 전화를 걸어 트레이드를 제안했다. 할러데이를 내주고 3명의 투수 유망주, 제롬 윌리엄스와 제시 포퍼트, 커트 에인스워스를 받는 제안이었다. 세이빈은 거절했다. 그리고 그 이후에 벌어진 일은 역사가 되었다. 할러데이는 반등했고 2003년 사이영상을 수상했다. 장기 계약을 맺고 토론토에 2009년까지 머물렀으며 이후 필라델피아로 트레이드 된 뒤 2017년 비행기 사고로 갑작스레 사망할 때까지 명예의 전당에 헌액되기 충분한 대활약을 펼쳤다. 2003년 이후 4시즌 동안 WAR 21을 넘겼으며, 통산 WAR은 55에 달했다. 트레이드 오퍼에 거론됐던 샌프란시스코 투수 3명은 신통치 못했다. 윌리엄스는 WAR 4에 육박하는 두 번의 준수한 시즌을 보낸 뒤 컵스로 트레이드 됐고, 이후 저니맨 생활을 30대 초반까지 이어가다 은퇴했다. 에인스워스와 포퍼트는 평생 대체 선수 이하 수준에 머물렀다. (WAR이 마이너스 값이었다.)

샌프란시스코는 말도 안 되게 싼 값에 당대의 에이스를 데려올 기회를 날린 것이다. 이유는 하트가 페드로를 놓쳤을 때와 같다. 자신들이 데리고 있는 선수를 과대평가한 것이다. '베이스볼 아메리카'도 2003년 유망주랭킹에서 포퍼트를 투수 1위이자 전체 5위, 윌리엄스를 50위, 에인스워스를 64위로 선정했으니, 샌프란시스코만 이 투수들을 높게 평가한 것이 아니긴 하다. 이 선수들은 모두 드래프트 1라운드 혹은 2라운드에 뽑힌 상위 지명자들이었고, 샌프란시스코 구단에서 몇 년에 걸쳐 성장했다. 에인스워스와 윌리엄스는 1999년부터, 포퍼트는 2001년부터 샌프란시스코 구단에 몸담았다. 할러데이는 FA가 되기까지 4시즌이 남아 있었고, 선발진에 가세했다면 기존의 에이스 제이슨 슈미트와 함께 막강한 원투펀치를 형성했을 것이다. 2003년 플레이오프에서 플로리다 말린스를 꺾을 수 있었을 것이고, 2004년 LA 다저스에 두 경기차로 뒤져 놓쳤던 내셔널리그 서부지구 우승을 차지할 수도 있었을 것이다. 하지만 샌프란시스코는 세 유망주에 집착했고, 결국 이렇다 할 재미를 보지 못했다. 윌리엄스와 에인스워스는 이후 소소한 트레이드로 팀을 떠났다.

나는 그 당시에도 팀들이 젊은 투수들의 미래 활약에 대해 지나친 기대를 하는 경향이 있다고 생각했다. 당시에도 알려져 있었고 지금은 더 상세하게 연구된 투수의 부상 및 기량 쇠퇴 확률 때문이다. 샌프란시스코 구단은 이 3명의 투수가 모두 3선발 이상의 좋은 선발투수가 될 것이라 확신했고, 그래서 에이스 한 명을 얻느라 이 3명의 미래를 모두 희생하는 걸 상상조차 못했을지 모른다. 혹은 할러데이가 그 정도로 좋은 투수라고 생각하지 않았을 수 있다―4월에 할러데이를 관찰한 스카우트라면 누구나 경계 경보를 발령했을 것이다. 샌프란시스코가 잘못된 결정을 했다는 것은 결과론이다. 샌프란시스코의 결정이 토론토에게는 행운이었다. 할러데이는 그 뒤 토론토 유니폼을 입고 5차례 올스타에 선정됐고, 사이영상 투표에서 5위 안에 5번 선정됐으며, 팀 역사상 가장 사랑 받는 선수 중 한 명이 되었으니까.

소유 효과, 그리고 현상 유지 편향에 맞서기란 쉬운 일이 아니다 .우리의 감정과 연동돼 있기 때문이다. 그러나 학문적 도움을 받을 수는 있다. 기존에 소유하고 있는 것을 과대평가하는 것은, 기대치를 업데이트하지 않은 결과라는 연구들이 나오고 있다. 캠벨 프라이어와 에이미 퍼포스, 피어스 D.L 하우의 2018년 연구에 따르면,[미주8] 기존 기대치를 바꾸면 소유 효과의 강도도 바뀐다. 그러므로 의사 결정을 할 때 시도할 수 있는 해법 중 하나는, 이미 가지고 있는 것 혹은 현재 상태에 대한 가치 평가를 새로 해 보는 것이다. 즉 기존 가치 평가의 근거를 재검토해보는 것이다. 우리 구단의 유망주를 이렇게 높게 평가하는 이유가 원래 뭐였더라? 1라운더였기 때문인가? 아니면 우리 구단에서 오래 봐왔기 때문인가?

여러 옵션 중 하나를 고를 수 있고 그 중 하나가 '그냥 가만히 있기'라면, 항상 기억하자. 우리는 현재 상태를 과대평가하는 경향이 있다. 우리 모두가 그렇다. 이미 가지고 있는 것의 실제 가치—그래디 리틀의 경우라면, 지금 던지고 있는 투수로 밀어붙이는 것의 위험성—를 자문해 보자. 새로운 물건이나 전략을 선택하기 전에 심사숙고하는 것처럼.

[미주]

1. https://twitter.com/TurnerSportsPR/status/1049805952164085760.

2. "Status Quo Bias in Decision Making," Journal of Risk and Uncertainty 1 (1988): 7 - 59.

3. Peter Gammons, "The Hub Hails Its Hobbling Hero," Sports Illustrated, November 10, 1986. https://www.si.com/vault/1986/11/10/114340/the-hub-hails-its-hobbling-hero-even-though-bill-buckner-let-game-6-slip-through-his-injured-legs-the-fans-in-boston-showed-last-week-how-much-they-admired-his-courageous-play-in-the-world-series.

4. Tyler Kepner, "For McNamara, a Final Out That Wasn't Meant to Be," New York Times, November 7, 2011, https://www.nytimes.com/2011/11/08/sports/baseball/former-red-sox-manager-john-mcnamara-recalls-final-out-that-wasnt-to-be.html. 맥나마라의 경기에 대한 회상은 선수들의 기억과 일치하지 않는 경우들이 많다.

5. Daniel Kahneman, Jack Knetch, and Richard Thaler, "The Endowment Effect, Loss Aversion, and Status Quo Bias," Journal of Economic Perspectives 5, no. 1 (Winter 1991): 193 - 206.

6. 규정 이닝이란 '경기당 1이닝'을 말한다. 대부분의 팀은 한 시즌에 162경기를 치르므로 일반적으로 규정이닝은 162이닝이다.

7. Michael Strahilevitz and George Loewenstein, "The Effect of Ownership History on the Valuation of Objects," Journal of Consumer Research, December 1998. 9. Campbell Pryor & Amy Perfors & Piers D. L. Howe, 2018. "Reversing the endowment effect," Judgment and Decision Making, Society for Judgment and Decision Making, vol. 13(3), pages 275–286, May.

8. Campbell Pryor & Amy Perfors & Piers D. L. Howe, 2018. "Reversing the endowment effect," Judgment and Decision Making, Society for Judgment and Decision Making, vol. 13(3), pages 275–286, May.

CHAPTER 09

내일이면, 나는 여기 없으리

단장과 대학코치,
그밖에 많은 이들의 의사 결정을 왜곡시키는 '모럴 해저드'

Moral Hazard

120년이 넘는 미국 프로야구사에서, 메이저리그 구단주들은 선수들에게 꼭 필요한 돈 이상을 주지 않으려고 갖은 노력을 다 해왔다. 직장 폐쇄도 불사했다. 선수노조와의 단체협약을 어기고 담합을 했다가 걸려서 엄청난 보상금을 물고 나서도 다시 담합했다. 그 중에서도 2003-2004년에 썼던 작전은 특히나 비열했다. 메이저리그 30개 팀 중 두 팀을 없애겠다고 협박했다. 나는 지금도 그들이 협박을 실행할 상상조차 하지 않았을 거라 생각한다. 선수노조원들의 일자리 50개를 없앨 수도 있다는 위협을 통해 노조와의 협상에서 우위를 점하려고 한 꼼수였을 뿐이다.

　구단 축소 후보로는 두 팀이 거론됐다. 억만장자 구단주인 칼 폴라드가 연고지 미니애폴리스 시의 세금으로 새 구장을 지으려고 책략을 짜고 있던 미네소타 트윈스, 그리고 메이저리그 사무국이 운영하고 있던 몬트리올 엑스포스였다. 몬트리올은 전 구단주 제프리 로리아가 플로리다 말린스의 대주주가 되면서 주인이 없어진 상황이었다. 구단 축소 위협은 당연히 실현되지 않았다. 트윈스는 법원으로부터 종전 홈구장 메트로돔의 임대 계약을 끝까지 지키라는 판결을 받았고, 결국 그 뒤에 새 구장을 얻었다. 메이저리그 사무국은 엑스포스를 새 구단주 그룹에 팔았다. 그들은 구단을 워싱턴 DC로 옮겨 내셔널스로 이름을 바꿨다.

매각이 완료될 때까지, 엑스포스는 레임덕 상태였다. 리그 사무국은 어떻게든 구단을 팔아버리려 하고 있었고, 팀이 없어질 가능성까지 있었다. 구단 운영진은 선수단 운영 방식을 완전히 바꿨다. 2002년 시즌 초반 운좋게 높은 승률을 기록하자, 그들은 당장 우승에 도전하기로 했다. 그들에게 내년이란 존재하지 않기 때문이다.

2002년 엑스포스의 실제 전력은 그리 좋지 않았다. 하지만 적은 샘플에서는 별 일이 다 벌어진다. 6월초 8연승을 달린 뒤 그들은 39승 33패를 기록했다. 내셔널리그 동부지구 2위였고 와일드카드 1위 LA 다저스에는 5경기 뒤져 있었다. 다시 말해 엑스포스는 그 승률로는 플레이오프에 진출할 수 없었다. 그들은 실제 전력 이상의 승률을 기록 중이었지만 ─ 시즌 실점이 득점보다 많았다─ 당시 단장 오마 미나야가 포스트시즌에 도전하기 위해 전력을 보강하겠다는 결정을 내리기에는 충분했다.

여기까지는 특별할 게 없었다. 야구 역사에서 시즌 초반의 행운에 고무돼 약점을 보강한 뒤 실제로 우승 도전에 나선 팀은 허다했다. 하지만 2002년의 엑스포스는 구단 축소 가능성이라는 특수한 상황에 놓여있었다. 다른 모든 팀들처럼 엑스포스도 몇 백 명의 마이너리거로 구성된 거대한 팜 시스템을 보유하고 있었고, 그 중 몇몇 유망주들은 뛰어난 잠재력을 인정받고 있었다. 하지만 그들의 미래 잠재력은 엑스포스에는 별 가치가 없었다. 구단이 언제 없어질지 몰랐기 때문이다. 구단이 사라지는 게 확정된 건 아니었지만, 가능성은 충분했다. 그래서 리그 사무국이 선임한 프런트 오피스의 임원들은 그 시즌 팜 시스템 운영 방식을 완전히 바꾸게 된다.

그 결과는 메이저리그 역사상 손꼽힐 만큼 한 팀에 일방적으로 유리한 트레이드였다. 그 트레이드는 당시에도 호되게 비판받았고, 이후 오랜 기간 두 구단의 운명을 바꿨다. 엑스포스는 2002년 시즌이 끝난 뒤 FA가 될 클리블랜드의 선발투수 바르톨로 콜론을 데려오면서 구단 최고의 유망주 3명을 내줬다. 몬트리올 엑스포스 입장에서는 콜론을 남은 90경기 동안, 즉 정규시즌에 약 18번, 그리고 모든 게 맞아 떨어진다면 포스트시즌 몇 경기에 선발 등판시키기 위해 성사시킨 전형적인 '단기 렌탈' 트레이드였다. 몬트리올은 콜론을 데려오기 위해 유망주 유격수 브랜든 필립스를 내줬다. 필립스는 아직 빅리그에 오르지 않았지만 '베이스볼 아메리카'의 시즌 전 랭킹에서 메이저리그 전체 20위로 꼽힌 특급 유망주였다. 필립스 한 명만으로도 이 트레이드는 일방적이라는 평가를 받을 판이었다. 몬트리올의 당시 순위를 고려하면 더욱 이해하기 어려웠다.

하지만 필립스가 다가 아니었다! 엑스포스는 당시 구단 내 3번째 유망주인 외야수 그레디 사이즈모어도 트레이드에 포함시켰다. 사이즈모어는 2000년 드래프트 3라운드에서 몬트리올에 지명됐고 계약금 200만 달러를 받고 도장을 찍었다. 이 액수는 당시 1라운드 지명자들의 계약금 수준이었고, 그 전 해에 몬트리올 구단이 1라운드 지명자에게 준 액수보다 많았다. 사이즈모어는 트레이드 당시 19살에 불과했지만 이미 하위 마이너리그에서 뛰어난 활약을 펼치고 있었다. 뛰는 리그마다 가장 어린 축에 속했지만 트레이드 당시 통산 출루율이 0.373에 이르렀다. 고교시절 미식축구 스타였던 사이즈모어는 나이가 들면서 장타력도 갖추게 될 뛰어난 잠재력을 가진 듯 보였다.

몬트리올의 퍼주기는 여기서 그치지 않았다. 좌투수 클리프 리도 포함시켰다. 리는 2000년 드래프트 4라운드에 지명됐고 2001년 시즌 뒤 '베이스볼 아메리카'에서 구단 내 11번째 유망주로 선정됐다. 그해 리는 상위 싱글 A에서 뛰며 109.2이닝 동안 삼진 129개를 잡아냈고 평균 자책점 2.79를 기록했다. 리는 엑스포스가 콜론을 얻기 위해 트레이드한 3명의 유망주 중 메이저리그에 가장 근접해 있었고, 트레이드 당시에는 더블 A를 평정하고 있었다. 클리블랜드는 리를 얻은 뒤 더블 A 애크런 팀에서 몇 경기 등판시킨 뒤, 트리플 A로 승격시켰고, 그해 9월 빅리그로 호출했다.

몬트리올은 콜론의 '반 시즌'을 얻기 위해 최상위 11명의 유망주 ─리는 실력 대비 순위가 너무 낮았다. 강속구 투수가 아니었기 때문일 것이다─ 중에 3명을 떠나보냈다. 콜론은 뛰어난 투수였고 생애 최고의 시즌을 보내고 있었지만, 혼자 힘으로 엑스포스를 우승후보로 만들기는 역부족이었다. 앞서 설명한 것처럼 트레이드 당시 몬트리올은 득점보다 실점이 많았다. 즉 승률은 5할이 넘었지만, 앞으로는 패배가 더 많아질 가능성이 높았다. 득점보다 실점이 많은 팀은 장기적으로는 패배가 승리보다 많게 돼 있다. (더 많은 설명이 필요하지만, 일단 이렇게 믿고 계속 읽어주시길.)

콜론은 몬트리올에서도 좋은 활약을 펼쳤지만 트레이드 이전 클리블랜드 시절만큼은 아니었다. 약 반 시즌 동안 클리블랜드에서 평균자책점 2.55, WAR 4.7을 생산했지만, 트레이드 이후에는 평균자책점 3.31, WAR 2.4로 조금 떨어졌다. 내셔널리그에는 지명타자가 없기 때문에 아메리칸리그에 비해 상대 타선이 조금 약하다는 걸 감안하면 의외의 결과다. 그리고 엑스포스는 트레이드 이후 하락세로 돌아섰다. 그때부터 시즌 끝까지 44승 46패에 그쳤고, 와일드카드까지는 13경기, 지구 1위 애틀랜타에는 19경기 뒤처졌다. 콜론은 2002년 시즌이 끝난 뒤 FA로 몬트리올을 떠났다. 리그 사무국이 연봉 조정액도 제시하지 못하게 하는 바람에, 몬트리올 구단은 FA 보상픽조차 얻지 못한 채 콜론을 떠나보냈다.

반대로 클리블랜드는 그야말로 대박을 터뜨렸다. 트레이드 당시에는 셋 중 가장 덜 알려졌던 그래디 사이즈모어가 제일 귀중한 선수가 됐다. 2004년에 메이저리그에 데뷔해 2005년부터 주전으로 뛰었고 데뷔 때부터 28살의 젊은 나이로 부상에 발목 잡혀 메이저 주전 생활을 사실상 마감한 2011년까지 WAR 27.7을 찍었다.[미주1] 리는 2002년 빅리그에 데뷔해 2003년 풀타임 선발투수가 됐고 2009년 필라델피아로 트레이드될 때까지 WAR 17.3을 생산했다. 2008년에는 아메리칸리그 평균자책점 1위에 오르며 사이영상도 수상했다. 필립스도 뛰어난 메이저리거가 됐는데, 그때는 클리블랜드를 떠난 뒤였다. 클리블랜드는 2006년 4월 로스터에 빈자리를 만들기 위해 필립스를 헐값에 트레이드해 버렸다. 당시 클리블랜드의 타격 코치였던 명예의 전당 헌액자 에디 머리가 필립스를 좋아하지 않았고, 클리블랜드는 2004년과 2005년 필립스를 거의 기용하지 않았다. 필립스는 신시내티 레즈로 트레이드된 뒤 기량이 만개해 단골 올스타이자 팬들이 사랑하는 선수가 됐다. 신시내티에서의 첫 5년, 그러니까 클리블랜드에 그대로 있었다면 FA가 되기 전까지 뛰었을 시간 동안 WAR 14를 기록했다.

몬트리올은 콜론을 데려오는 트레이드를 통해 최소한 미래의 WAR 55를 내버린 것이다. 콜론은 FA로 떠나기 전까지 몬트리올에 WAR 2를 안겼고, 플레이오프 진출은 이루지 못했다. 이 트레이드는 오랫동안 구단의 발목을 잡았다. 몬트리올은 2003년에 내셔널리그 동부지구 4위로 떨어졌고, 2004년에는 최하위로 추락했다. 워싱턴으로 연고지를 옮긴 뒤 첫 6시즌 중 5년을 최하위에 머물렀다. (설상가상으로 워싱턴 내셔널스의 첫 단장 짐 보우든의 구단 운영도 낙제점이었다. 보우든은 이후 해외 선수 계약 과정에서 보너스 지급 규정 위반 사실이 밝혀져 해고됐다.) 클리블랜드는 정반대의 길을 갔다. 2005년에 93승, 2007년에 96승을 올렸고 그해 월드시리즈 진출에 1승 앞까지 갔다. 나중에는 클리프 리를 또 한 번 '베테랑 대 유망주들' 방식으로 트레이드해 선발투수 카를로스 카라스코를 데려왔다.

구단들은 미래와 현재를 맞바꾸는 트레이드를 항상 해왔다. 20년 전에 비하면 다소 줄었지만 여전하다. 지금 포스트시즌 진출에 도전할 수 있다면, 당장의 승리는 미래에 올릴 것으로 예상되는 승리보다 더 귀중하게 평가한다. 몬트리올의 경우, 미나야와 그의 참모들은 팀이 시즌 뒤에 없어질 가능성이 충분하다고 생각했다. 그러니 미래 가치를 단기 자원으로 바꾸는 것은 합리적이었을 수 있다. 더 극단적으로 모든 유망주들을 트레이드해서 2002년에 당장 써먹을 수 있는 선수를 데려왔어야 한다는 주장도 가능하다.

물론 엑스포스가 2003년 이후에도 존속할 가능성도 존재했다. 나는 당시 구단수 축소 위협이 허풍이라고 주장했다. MLB는 구단을 없앨 생각이 전혀 없으며, 만약 실제로 구단을 없애려는 생각이라면 연방 정부의 경고에 직면할 것이고, 실제로 시도한다면 연고 도시, 혹은 주에 악영향을 끼칠 것이라 생각했다. 엑스포스의 운영진들은 최고 유망주 3명—다음 두 오프시즌 동안 필립스와 리, 사이즈모어는 모두 '베이스볼 아메리카'의 톱 50 유망주에 이름을 올렸다—을 트레이드하면서 구단이 존속할 가능성도 고려했어야 했다. 구단이 없어지지 않는다면, 트레이드는 장기적으로 구단에 해를 끼칠 것이기 때문이다. 실제로 엑스포스는 없어지지 않았다. 워싱턴으로 연고지를 옮겼고, 오랫동안 내셔널리그 동부지구의 최약체로 머물렀다. 규정 변화 덕분에, 내셔널스는 2년 연속 드래프트 전체 1순위 지명권을 행사한 팀이 됐다.

미나야와 운영진에게는 그들의 시각에 영향을 끼치는 두 번째 변수가 있었다. 이건 다른 단장들이라면 신경쓰지 않아도 되는 변수였다. 메이저리그 사무국은 임시로 몬트리올 구단의 운영을 맡은 상황이라 구단을 없애지 않는다면 새 구단주에게 팔 것이고, 새 구단주는 자신이 원하는 사람들로 프런트 오피스를 채울 터였다. 미나야는 오랜 기간 단장감으로 평가받았으니 엑스포스의 단장으로 승진한 것이 놀라운 일은 아니었다. 하지만 다른 전형적인 단장직과는 달랐다. 팀이 어떻게 되건, 그 자리에 오래 머무르기는 어려웠다. 미나야 입장에서는 최대한 빨리 팀 전력을 강화해야 할 강한 인센티브가 있었다. 단장으로서 실력을 보여야 훗날 다른 팀 단장 자리를 얻을 희망이 생길 테니 말이다. (내셔널스의 새 구단주들은 2004년 구단을 매입한 뒤 미나야에게 단장직을 맡기지 않기로 결정했다. 그러자 뉴욕 메츠가 미나야를 단장으로 영입했다. 미나야는 이후 6년간 메츠의 단장으로 일했다.)

회사와 운영자의 인센티브를 일치시키는 것은 어느 업계에서건 쉽지 않은 과제다. 야구에서는 그런 직책이 감독과 단장, 두 개다. '인센티브 불일치' 문제가 불거지면 해고할 수는 있지만, 문제 해결 자체는 쉽지 않다. 스포츠 팀 구단주가 직면하는 이 문제는 '모럴 해저드'라고 불린다. 위험하게 들리는 용어이고, 어떤 측면에서는 실제로 위험하다. 단장들은 많은 결정들을 내리는데, 자칫하면 뒷감당은 다른 사람의 책임이 된다. 실수한 단장은 이미 해고됐거나 그 자리에 없을 것이기 때문이다.

'모럴 해저드'라는 단어가 처음 등장한 것은 19세기 말이지만,[미주2] 개념 자체는 단어보다 200년도 더 전에 생겨났다. 1600년대 중반, 보험 업계에서 그에 대한 토론이 이뤄졌다. 보험업자들은 모럴 해저드의 가능성에 특히 민감하다. 보험이 사람의 행동에 끼치는 악영향 때문이다. 당신의 실수로 생긴 손실의 대부분 혹은 전부가 다른 사람에 의해 보전된다면, 당신은 더 위험한 선택을 하게 된다. 차량 사고가 났을 때 수리비를 보험회사가 내 주면 조금 더 빨리 달리게 된다. 대출이 잘못됐을 때 정부가 구제해 줄 거라고 믿는 은행들은 더 위험한 대출을 감행한다.

영국 헐 대학의 경제사학 교수인 로빈 피어슨은 보험업계의 모럴 해저드를 '피보험자가 높은 리스크를 감당하는 바람직하지 않는 행동 가능성'이라고 정의하며, 아직 이 용어가 나오기 전인 1850년대 이전부터 업계에 알려졌다고 말했다.[미주3] 보험업자들은 이 말을 '도덕 항목의 주관적 선택'이라고 알려진 현상까지 포함시켜 사용했다. 보험의 수혜를 볼 가능성이 높은 사람들(예를 들어 모든 두통을 뇌종양으로, 모든 가슴 떨림을 심정지로 생각하는 사람들)이 보험을 구매하려는 욕구도 높다는 개념까지 포함됐다. 시간이 흐르면서 경제학자들은 이 단어를 경제학적 선택의 핵심 교리로 포함시켰다. 사람들은 일이 잘못되어도 다른 사람이 뒷감당을 해준다는 걸 알면 더 많은 리스크를 감수하는 경향이 있다.

현대 메이저리그에서 모럴 해저드의 가장 대표적인 사례는, 미국 프로스포츠 역사상 최악의 초대형 계약 중 하나인 앨버트 푸홀스의 FA 계약이다. 제리 디포토가 LA 에인절스의 단장이던 2011년 시즌 뒤, 10년 동안 역사에 길이 남을 맹타를 휘두른 앨버트 푸홀스가 FA가 됐다. 에인절스는 푸홀스와 10년 계약을 맺었다. 제리 디포토가 단장직을 사임했을 때, 푸홀스의 계약은 여전히 7년이 남아 있었다.

푸홀스의 계약은 시작부터 문제였다. 계약 기간과 당시 푸홀스의 나이[미주4], 그리고 푸홀스와 비슷한 유형의 선수들이 30대 중후반을 지나며 기량이 어떻게 변하는지 감안했을 때, 이 계약이 에인절스에게 좋은 영향을 끼칠 가능성은 매우 희박하다는 점을 거의 모든 사람들이 지적했다. 푸홀스는 에인절스 유니폼을 입었을 때 이미 32세였다. 계약이 끝날 때는 41세. 절대 다수의 타자들이 기량 저하로 은퇴할 나이다. 푸홀스는 이미 FA를 앞둔 해인 2011년부터 성적이 떨어지고 있었다. 2011년 '베이스볼 레퍼런스'의 WAR은 5.3, '팬그래프스'의 WAR은 3.9로 둘 다 푸홀스의 생애 최저치였다. 그 이후 푸홀스는 2011년 수준의 활약조차 한 번도 펼치지 못했고, 2017년에는 메이저리그 최악의 타자가 됐다. 이후 2019년 중반까지, 푸홀스의 시즌별 WAR은 줄곧 마이너스치에 머물렀다.

푸홀스 계약을 밀어붙인 에인절스의 구단주 아르테 모레노가 디포토도 단장으로 데려왔다. 2011년 말 오프시즌부터 4년 보장에 2016년 뒤 팀이 옵션을 갖는 조건이었다. (나중에 옵션은 실행되었다.) 결국 디포토는 자신에게 보장된 4년보다 6년 더 이어질 계약을 푸홀스와 맺은 것이다. 스포츠계에서는 흔한 일이다. 나는 메이저리그에서 선수와 10년 계약을 맺을 때 계약이 끝날 때까지 직책이 보장돼 있던 단장을 본 적이 없다. 야구계뿐만 아니라 다른 업계에서도 마찬가지다. 우리는 정부 관료들이 수십 년 뒤까지 내다본 정책을 입안하기를 기대하지만, 그런 정책이 끝날 때쯤이면 그 관료들은 이미 정부를 떠난 지 한참 뒤다.

스포츠 구단의 단장직은 일의 성격상 모럴 해저드의 가능성을 수반할 수밖에 없다. 결정을 내리는 사람이, 결정에 따른 리스크를 다 지지 않아도 된다. 다시 말해, 결과가 나쁘면 뒷정리는 다른 사람의 책임이 된다. 선수와 장기 계약을 맺는 사람은 단장이지만 돈은 구단주의 호주머니에서 나온다. 스포츠 팀 구단주는 자신의 돈을 어떻게 쓸지 결정을 맡기기 위해 단장을 고용한다. 단장이 나쁜 결정을 남발했을 때, 단장에게 일어날 최악의 상황은 해고다. 거액을 손해 보는 사람은 구단주다. 구단주는 단장의 결정이 가져올 결과를 대부분 책임지지만, 일이 잘못됐을 때의 대책은 해고밖에 없다. 사실 해고는 대책이라고 할 수도 없다. 후임 단장은 앨버트 푸홀스처럼 하락세인 선수에게 너무 많은 돈이 묶였으니, 제한된 예산으로 전임자가 저지른 과오를 바로잡아야 한다.

에인절스의 경우는 사실 이렇게 단순하지는 않다. 모두가 우려한 초대형 계약을 디포토가 맺도록 압박한 사람이 모레노 구단주이기 때문이다. 에인절스는 푸홀스 계약을 발표한 날, 좌완투수 CJ 윌슨과 5년간 7750만 달러의 계약도 발표했다. 윌슨은 딱 한 시즌 좋은 활약을 펼쳤고, 5년 동안 WAR 5.5에 그친 뒤, 계약 마지막 시즌에는 부상 때문에 한 경기도 던지지 못했다.

1년 뒤에도 에인절스는 모레노 구단주의 강력한 요구로 아메리칸리그 MVP 출신의 조시 해밀턴과 5년 1억 2500만 달러의 초대형 계약을 맺는다. 해밀턴도 당시 32살이었고, 계약 직후부터 내리막길을 걸었다. 2년 동안 줄부상에 시달리며 부진했던 해밀턴은 친정팀 텍사스로 트레이드 됐다. 해밀턴은 2015년까지 뛴 뒤 고질적인 무릎 부상 때문에 그라운드를 떠났다.

이 계약 자체도 나쁘지만, 에인절스 구단의 사정을 고려하면 계약의 악영향은 더 크게 느껴진다. 2011년부터 에인절스는 현역 최고이자 역사상 최고 중 한 명의 선수를 보유했다. 게다가 커리어 초반 그 선수의 몸값은 최저 연봉 언저리였다. 마이크 트라웃은 2011년에 데뷔해 2012년 붙박이 주전이 됐고 5년 연속 아메리칸리그 야수들 중 WAR 1위에 올랐다. 5년 연속 WAR 10을 넘겼다. 에인절스는 이 기간 동안 포스트시즌에 딱한 번 나갔고, 캔자스시티에게 져 디비전시리즈에서 탈락했다. 이 글을 쓰고 있는 현재, 트라웃의 유일한 포스트시즌 경험이다. 푸홀스와 윌슨, 해밀턴과 맺은 장기 계약 때문에 에인절스의 프런트는 전력 강화를 위해 쓸 돈이 부족했고, 결국 현역 최고 스타를 보유하고도 약팀에 머물렀다. 지금은 제리 디포토의 뒤를 이어 빌리 에플러가 단장을 맡아 고군분투하고 있다[49].

지난 20년 동안 야구계에 이런 사례는 수도 없이 많다. 디트로이트 타이거즈는 2002년 시즌 전, 데이브 돔브로스키를 구단 회장 겸 CEO로 영입했다. 개막 일주일 뒤, 돔브로스키는 단장을 해고하고 스스로 단장까지 맡았다. 이후 14년 동안 1987년 이후 포스트시즌에 오르지 못하던 디트로이트를 두 차례 아메리칸리그 우승, 세 차례 포스트시즌 진출로 이끌었다. 돔브로스키는 역사에 남을 트레이드도 단행했다. 플로리다에 유망주 6명을 내주고 내야수 미겔 카브레라, 좌완투수 돈트렐 윌리스를 데려왔다. 떠나보낸 6명의 유망주들은 아무도 통산 WAR 3을 넘지 못했다. 하지

---

49) 2020년 서부지구 4위에 그친 뒤 해고됐다. 에플러의 단장 재임 기간 동안 LA 에인절스는 포스트시즌에 한 번도 오르지 못했다.

만 카브레라는 디트로이트로 이적한 후에도 명예에 전당에 헌액될 만한 엄청난 활약을 이어갔다. 2008년부터 6시즌 동안, 0.327/0.407/0.588의 맹타를 휘두르며 WAR 36을 넘겼다.

카브레라와 계약이 2년 남아있던 2014년 봄, 타이거즈는 남은 기간에 8년을 추가해 향후 10년, 2억 9200만 달러를 보장하는 연장 계약을 맺었다. 돔브로스키는 이 추가 기간이 시작되기도 전에 팀을 떠났다. 디트로이트는 2015년 8월 4일 돔브로스키를 해고했다. 2주 뒤, 돔브로스키는 보스턴 레드삭스의 단장으로 영입됐다. 보스턴도 몇몇 노장들과의 장기계약이 골치였지만, 젊고 몸값이 싼 핵심 선수들이 꽃을 피우고 있었다. 돔브로스키는 FA와 트레이드 시장에서 특유의 공격적인 스타일로 선수를 영입해 전력을 보강했다. 보스턴은 돔브로스키의 단장 재임 첫 3년 동안 아메리칸리그 동부지구 우승을 차지했고, 2018년에는 15년 사이에 4번째 월드시리즈 우승 트로피를 들어올렸다.[50]

'모럴 해저드'는 종종 오해를 부르는 단어다. 지칭하는 현상이 꼭 '도덕적 문제'인 건 아니기 때문이다. ―'비도덕적 동기'에서 비롯된 일일 수는 있다. 인간은 누구나 이기적으로 행동하니까― 하지만 때로는 합리성과 도덕성이 충돌한다. 누군가에게는 합리적이지만 다른 사람에게는 해를 끼치는 경우 말이다. 아마추어 야구에서 좋은 예를 찾을 수 있다. 일부 아마추어 지도자들은 투수들을 혹사한다. 투수들의 장기적인 건강이 자신들과 상관없는 문제이기 때문이다.

---

[50] 하지만 2019년 보스턴은 AL 동부지구 3위로 처졌고, 돔브로스키는 9월에 해고됐다.

내가 야구계에 종사한 뒤 목격한 최악의 사례는 2009년 5월 31일, 텍사스대와 보스턴 칼리지(BC)의 대학야구 지역 리그 포스트시즌 경기였다. 이 경기의 승자는 지역 결승전에 진출하고, 패자는 육군사관학교 팀과 패자부활전을 치르게 돼 있었다.

2대 2 동점이던 7회, 텍사스대의 오기 가리도 감독은 시즌 중에 1이닝씩 던지는 구원투수로 기용하던 오스틴 우드를 등판시켰다. 9회 1아웃에서 BC의 믹 아오키 감독은 구원투수 마이크 벨포어를 마운드에 올렸다. 벨포어는 그해 메이저리그 드래프트에서 상위 지명이 유력했던 유망주였고 시즌 내내 한 경기에 3이닝 이상 던진 적이 없었다. 그때부터 16이닝 더, 그러니까 텍사스가 마침내 득점을 한 25회까지 승부의 균형이 이어졌다. 두 감독은 앞에 소개한 두 투수를 계속 밀어붙였다. 우드는 13이닝 동안 169개의 공을 던졌고, 벨포어는 9.2이닝 동안 129개를 던졌다. 충분히 휴식을 취한 선발투수들에게도 버거운 투구수였다. 그런데 우드와 벨포어는 전날에도 2이닝씩을 던졌다. 이틀 연속 마운드에 올라 선발투수들도 감당하기 힘들 정도로 많은 공을 던진 것이다.

학생 야구 지도자들은 선수들이 졸업하고 난 뒤의 건강이나 기량에 신경 써야 할 인센티브가 별로 없다. 도덕적인 인센티브 때문에 제자들을 세심하게 보살피는 지도자들도 있지만, 눈앞의 승리라는 인센티브의 유혹에 이기기란 쉽지 않다. 특히 플레이오프 경기라면 더욱 그렇다. 우드와 벨포어는 열흘 뒤에 개최될 MLB 드래프트에 참가할 예정이었고, 상위 지명이 유력했다. 고로 두 팀 감독은 이 시즌 후 두 선수가 중퇴해 학교를 떠날 가능성이 높다는 것을 알았다. 그리고 우승을 차지해 상위 리그로 진출할 한 팀을 빼놓고는 모두 그 주말에 시즌이 끝날 상황이었다.

(보스턴 칼리지는 육군사관학교와 패자부활전에서 져 시즌을 마감했다. 텍사스는 육군사관학교를 눌렀고, 그 다음 주 상위리그 우승도 차지해 결국 대학야구 월드시리즈 결승까지 올라 루이지애나 주립대에 1승 2패로 졌다.)

2009년에는 이미 과다한 투구수가 투수의 부상 위험을 높인다는 사실이 야구계에 잘 알려져 있었다. 4일 이상 휴식을 취한 선발투수라도 마이너리그에서는 100구, 메이저리그에서는 120구를 넘기는 경우가 드물었다. 2008년 메이저리그에서 선발투수가 120구를 넘긴 경우는 9번뿐이었고, 최다 투구수는 9월 13일 팀 린스컴의 138구였다. 메이저리그 팀들은 벨포어, 우드 같은 젊은 투수들의 과도한 투구수가 장기적 건강에 해롭다는 걸 알았다. 카리도와 아오키는 이 투수들을 몇 주 뒤면 못 쓰게 될 것이고 곧 신입생들로 대체될 소모성 자원 취급했던 거다.

우드는 신인 드래프트에서 5라운드에 디트로이트 타이거즈에 지명됐지만 어깨 수술로 2010년을 거의 날렸고 결국 메이저리그 무대를 밟지 못했다. (그는 2011년 '휴스턴 크로니클' 지의 마이크 핑거 기자에게, 가리도가 자신을 기용한 방식을 원망하지 않는다고 말했다.)[미주5] 벨포어는 전체 45순위에 애리조나에 지명됐지만, 문제의 경기 이후 기량을 회복하지 못했다. 2013년 메이저리그에서 딱 1이닝을 던졌고 2015년 은퇴했다.

모럴 해저드는 인간에게 내재된 본성이다. 신경을 써서 없애거나, 도덕성을 갈고 닦아 극복할 수 있는 게 아니다. 인간은 인센티브에 반응하는 존재다. 그러므로 단장의 행동을 바꾸기 위해서는, FA 장기 계약이나 당장의 전력 강화를 위한 최고 유망주 트레이드를 포함해 그가 내리는 결정이 팀에 끼칠 장기적 영향을 고려하도록 인센티브를 바꿔야 한다.

앞서 소개한 대학야구 감독들의 투수 혹사 사례, 즉 지도자들이 투수들의 미래를 생각하지 않고 소모품 취급해 온 관행도 인센티브를 통해 바꿀 수 있을 것이다. (나는 프로에 진출하지 않는 투수들에 대한 혹사도 여러 차례 지적해 왔다. 팔꿈치 인대나 어깨 관절 와순은 주인이 드래프트에 나서는지 알 수 없다. 누구의 것이건 이 부위들은 통증을 유발하고, 파손되거나, 수술이 필요해질 수 있다.) 개별 대학, 혹은 감독 기관인 NCAA가 나이와 휴식일을 고려해 투구수 제한 규정을 만드는 게 대표적인 대책이다. MLB가 전문가들과 협력해 만든 '피치스마트 프로그램'[51])에서 규정한 투구수 제한을 따르도록 하는 것도 방법일 것이다.

학생 야구 지도자들의 혹사 때문에 가장 큰 피해를 보는 건 선수들이다. 학부형들부터 왜 전문가들이 투구수 제한과 충분한 휴식을 권하는지 알아야 한다. 어떤 학교가 혹사를 시키고 어떤 학교는 그러지 않는지 알려진다면 좋은 유망주가 어떤 학교에 입학할지 영향을 줄 것이다. 하지만 그런 정보를 학부모들에게 전파하는 일이 쉽지 않다. 그리고 이 업계 경험상, 선수를 혹사시킨다고 비난 받은 지도자들은 늘 잘못한 게 없다고 오리발을 내민다.

하지만 선수뿐만이 아니라 MLB도 혹사의 피해를 본다. 프로에서 뛸 건강한 투수가 줄어들고, 어떤 투수들은 드러나지 않은 손상을 입은 채 프로에 들어와 잠재력을 꽃피우지 못한다. MLB가 NCAA에 영향력을 행사

---

51) 메이저리그 사무국이 아마추어 야구를 관장하는 미국야구협회(USA Baseball)와 손잡고 만든 투수 기용 및 훈련 가이드라인. 제임스 앤드루스 박사 등 야구 관련 부상의 최고 전문들의 조언을 받아 아마추어 야구의 연령대별 기용 가이드라인을 만들어 보급하고 있다. 미국 대학야구를 관장하는 NCAA는 2020년 현재 이 프로그램을 따르지 않고 있다.

해 혹사를 근절하는 건 그리 어렵지 않다. NCAA가 강제적인 투구수 제한 규정을 도입한다면 장학금 기부를 대폭 늘린다든지, 혹은 대학 3학년을 마친 뒤에야 드래프트에 참가할 수 있는 지금의 메이저리그 노사 단체협약 규정을 바꿔 1학년, 혹은 2학년을 마친 뒤에도 바로 프로 무대에 뛰어들 수 있도록 하는 거다.[미주6] 그러면 투수들은 팔이 빠져라 혹사시키는 지도자를 언제든 떠날 수 있게 된다. 지도자가 자신의 목을 지키기 위해, 연봉 인상을 위해, 혹은 더 좋은 학교로 가기 위해 눈앞의 경기, 시즌에만 목숨을 걸 인센티브는 약해질 것이다. 인간은 인센티브에 약한 존재임을 이해해야 한다. 뭔가를 하지 않게 하려면, 그걸 하면 손해가 되는 구조를 만들어야 한다.

물론 모럴 해저드를 몰아내는 과정은 이렇게 깔끔하지 않다. 이와 관련된 연구에서 스포츠의 사례가 자주 등장하는 이유는, 인간 행동을 들여다볼 수 있는 인위적이고 단순화된 상황이 펼쳐지기 때문이다. 그리고 스포츠 이야기는 은행 이야기보다 재미있다.

은행 업계의 모럴 해저드는 2008-2009년 미국 경제를 나락으로 떨어뜨렸다. 은행들은 단기 수익을 높이기 위해 위험한 대출들을 묶어 팔았고, 그 과정에서 파생 상품을 산 투자자들에게 리스크를 전가했다. 은행이 위험해지면 '파산을 감당할 수 없는' 정부가 끼어들어 구제해줬다.

모럴 해저드와 은행 구제를 연구한 2009년 논문에서 윌리엄 풀은 이렇게 썼다.

정부의 더 많은 규제 대신, 은행들이 운영되는 인센티브를 바꿀 필요가 있다. 은행들은 너무 많은 레버리지를 가졌고, 너무 많은 빚들이 단기부채였기 때문에 문제가 커졌다. 은행으로서는 관행을 제어할 이유가 없었다. 결론적으로, 큰 은행들이 문제를 일으키면 체계적으로 사업 규모를 축소하도록 강제하는 시장 친화적인 방법이 필요하다. 인센티브를 바꿈으로써 해결책을 찾을 수 있다.[미주7]

풀은 은행권이 더 많은 리스크를 안으며 이익을 추구하는 것을 제어하기 위해 규제당국과 시장이 해결해야 할 문제들을 지적했다. 그리고 자기자본이 부족한 은행들에게는 부채에 대한 세금 감면을 없애 빚을 내기 어렵게 만드는 등 시장에 기반한 해법을 제안했다. 요점은 모럴 해저드를 해결하기 위해 '인간을 개조할 수는 없다'는 것이다. 인간이 할 수 있는 것을 바꾸어야 하고, 인간 행동을 둘러싼 인센티브를 바꾸어야 한다. 대학 지도자가 선수를 혹사하면 해고된다는 인식이 생기거나, 혹은 강제적인 투구수 제한 규정이 만들어진다면 문제는 해결된다. 투수들의 건강이나 프로 무대에서의 성공 여부에 따라 평가와 급여가 달라진다면, 대학 지도자들은 알아서 행동을 바꿀 것이다. 어떤 선수가 치명적인 부상을 초래한 지도자나 대학을 고소한다면 ―나는 필연이라 생각한다― 지도자들의 행태는 완전히 바뀔 것이다.

메이저리그 구단들도 비슷하게 단장들의 인센티브를 바꿀 수 있다. 단장들의 급여를 장기적으로 나눠 지급하는 방식으로 분산시키고, 팀의 장기 성적과 급여를 연동시키는 조항을 넣는 것이다. 그러면 장기 계약이 실패하는 경우 단장들도 피해를 입게 된다.

단장에게 '먹튀 계약'을 보상하라고 요구할 수는 없는 일이다. ―지금 이 문장을 쓰는 것만으로 내 친구의 반을 잃었다― 하지만 팀의 장기적 성공을 이끈 단장에게 더 많은 보상이 돌아가도록 하거나, 혹은 재임 기간 동안 맺은 계약에 대해 떠난 뒤에도 일정 정도 책임을 지게 한다면, 최소한 앨버트 푸홀스의 마지막 5년 때문에 골치를 앓을 가능성은 줄어들 것이다.

[미주]

1. 사이즈모어는 2012년과 2013년을 뛰지 못했고 2014-15년에 돌아왔지만 공격력 하락과 외야 수비 때 기동력 저하를 드러내며 대체 선수 수준 이하에 그쳤다.

2. David Rowell and Luke B. Connelly, "A History of the Term 'Moral Hazard,'" Journal of Risk and Insurance 79, no. 4 (December 2012): 1051 - 75.

3. Robin Pearson, "Moral Hazard and the Assessment of Insurance Risk in Eighteenth- and Early-Nineteenth-Century Britain," Business History Review 76, no. 1 (2002): 1 - 35.

4. 이 책에서는 푸홀스의 공식 생년월일인 1980년 1월 16일을 기준으로 나이를 계산했다.

5. "Wood Has No Regrets about His 13-Inning Outing in 2009," Houston Chronicle, June 9, 2011.

6. 메이저리그 드래프트에 나올 수 있는 선수는 다음과 같다. 1. 고등학교를 졸업하는 선수. 2. 2년제 대학에서 어느 학년이든 마치는 선수. 3. 4년제 대학의 3년째를 마치는 선수. 4. 대학 학년과 상관없이 드래프트가 끝난 뒤 45일 안에 21살이 되는 선수.

7. William Poole, "Moral Hazard: The Long-Lasting Legacy of Bailouts," Financial Analysts Journal 65, no. 6 (2009): 17 - 23.

CHAPTER 10

피트 로즈의 비겁한 변명

주인-대리인 문제,
혹은 잘못된 인센티브 때문에 생기는 나쁜 결정

Principal-Agent
Problem

2019년 4월 애틀랜타 브레이브스가 22살의 2루수 아지 알비스와 7년 계약을 맺었을 때, 야구계는 발칵 뒤집어졌다. 애틀랜타가 알비스에 대한 보류권을 행사할 수 있던 5년에, FA가 된 뒤의 2년까지 포괄하는 기간 동안 알비스에게 보장된 액수는 3500만 달러였고, 연간 700만 달러짜리 팀 옵션이 2년 추가돼 있었다. 나는 이렇게 뜨거운 반응을 불러일으킨 계약을 본 적이 없다.

'스포츠 일러스트레이티드'의 존 테일러는 '알비스가 사기를 당했다'고 일갈하며 액수가 '모욕적일 정도로 낮다'고 표현했다.^[미주1] '더 링어'의 마이클 바우만도 '알비스가 눈뜨고 도둑 맞았다'라며 계약 조건이 '쇼킹 그 자체'라고 썼다.^[미주2] ESPN의 제프 파산은 트위터에 '아지 알비스 계약은 역사상 선수에게 가장 불리한 계약이다. 과장이 아니다'라고 올렸다. 파산은 다른 에이전트들과 구단 관계자들을 취재한 뒤 칼럼도 썼다. '야구계는 알비스가 받을 낮은 액수에 경악했다… FA 자격을 얻은 뒤의 4년을 포기한 것도 터무니없다.'^[미주3]

파산은 그 칼럼에서 선수가 팀과의 계약 협상에서 겪을 수 있는 가장 큰 문제 중에 하나를 지적했다. 알비스는 독립 에이전트인 데이빗 미터를 에이전트로 두고 있었다. 미터가 운영하는 회사는 스캇 보라스 코퍼레이션이나 CAA, 엑셀 스포츠 매니지먼트 같은 초대형 스포츠 에이전시들과 비교하면 구멍가게였다. 파산은 이럴 경우, 에이전트와 선수의 우선순위가 다를 가능성이 있다고 지적했다.

수수료가 5퍼센트라면, 2000만 달러 계약에서 에이전트가 가져가는 돈은 100만 달러다. 알비스의 에이전트인 데이빗 미터처럼 개인, 혹은 작은 회사에게는 100만 달러도 큰돈이다. 게다가 그들은 큰 에이전시가 고객을 빼앗아갈 수 있다는 두려움을 갖고 있다. 큰 에이전트 회사들 사이에서도 고객-과 수수료-을 잃을 우려 때문에 원소속 팀과 낮은 액수에 연장 계약을 맺는 경우가 있다.[미주4]

스포츠 에이전트 업계에서는 무자비한 경쟁이 펼쳐진다. 선수는 언제든 원할 때 에이전트를 바꿀 수 있다. 에이전트가 교체되면 예전 에이전트는 선수의 이후 계약에서 한 푼도 받지 못한다. (에이전트 교체 이전에 체결된 계약에 대해서는 수수료를 받는다.) 나는 13년 넘게 야구계를 취재하면서, 라이벌 에이전트가 고객을 훔쳐갔다고 분통을 터뜨리는 에이전트들의 이야기를 수도 없이 들었다. 주로 규정상 금지된 금품을 제공했다거나, 선수의 미래 소득에 대해 지키지도 못할 허황된 약속을 하며 꼬드겼다는 이야기들이다. 미국에서는 선수들이 고등학교 신입생 때 에이전트들이 접근하고, 도미니카처럼 드래프트 대상이 아닌 나라들의 선수들은 11-12살 때부터 에이전트들의 추파를 받는다. 에이전트들은 이 선수들과 계약하기 위해 시간과 돈을 쏟아 붓는다. 선수와 가족을 만나고, 경기를 참관하며, 행사들을 따라다니고, 장비를 구해준다… 그리고 선수들은 언제든 그 에이전트를 버리고 다른 에이전트를 고용할 수 있다. 이건 업계의 확립된 관행이며, 야구계에서 선수에게 유리한 몇 안 되는 대목 중 하나다.

알비스의 계약은 다른 많은 선수들처럼 해마다 새로 계약을 맺으며 벌었을 액수와 비교해 보면 정말 형편없는 조건이었다. 메이저리그 선수들은 빅리그 승격 뒤 첫 3-4년 동안 리그 최저 연봉 정도를 받는다. 그 다음에는 6년차 때까지 '연봉 조정 신청 자격'을 얻어 조금 더 많은 돈을 받고, 마침내 자유계약선수가 된다. 한 라이벌 에이전시가 알비스가 같은 기간에 해마다 새로 계약을 맺었다면 얼마를 벌었을지 추정해 보았다. 최저 연봉 1년에 연봉 조정 신청 자격을 얻을 3년, 그리고 FA 첫 2년을 합쳐 약 6100만 달러로 계산됐다. 애틀랜타와 알비스가 맺은 계약보다 75퍼센트나 많은 액수다. 장기 계약은 팀이 선수의 미래 소득을 보장해주는 대신 액수를 약간 할인 받는다. 하지만 이 정도 할인은 전례가 없다.

왜 이렇게 시장 가격보다 훨씬 낮은 액수에 사인을 하게 된 걸까? 알비스 자신은 액수에 신경 쓰지 않는다고 말했다. '디 애슬래틱'의 데이브 오브라이언과 인터뷰에서 "가족의 안정된 미래를 위해 계약을 맺었"고, "평생 애틀랜타의 유니폼을 입고 싶었"기 때문이라고 밝혔다. 이 말이 사실일 수도 있다. 하지만 알비스의 실제 가치와 1년씩 계약을 맺었을 때 얼마를 줘야할지 감안했을 애틀랜타 구단은, 훨씬 높은 액수라도 계약했을 것이다. 라이벌 에이전시의 추정이 정확하다면, 애틀랜타는 같은 기간에 6000만 달러에라도 알비스와 계약을 맺었을 것이다. 그래도 돈을 절약하고, FA로 떠날 수 있는 알비스를 2년 더 붙잡을 수 있기 때문이다. 하지만 알비스와 그의 에이전트는 더 높은 액수를 요구하는 대신, 야구계 전체가 경악할 정도로 낮은 오퍼를 덥석 받고 말았다.

에이전트는 선수와 같은 이해관계를 갖고 있는 걸로 보이지만 사실은 그렇지 않다. 만약 선수를 다른 에이전트에게 빼앗길까 두려운 상황이라면, 에이전트는 지금 당장 헐값에라도 다년 계약을 맺어서 수수료를 챙기고 싶을 것이다. 선수 입장에서는 조금 더 기다린 뒤 장기 계약을 맺는 게 유리할지라도(특히 다쳤을 때나 직전 시즌에 부진했을 경우), 에이전트의 입장은 다를 수 있다.

메이저리그 선수들의 연봉은 시간이 갈수록 급증한다. 연봉 조정 신청 자격을 처음 얻을 때 대폭 인상되고, FA가 되면 또 한 번 훌쩍 오른다. 그래서 기량이 뛰어나고 건강해서 이 시점까지 활약을 이어가는 선수라면, 빅리그 초창기 때 장기 계약을 맺는 것보다 1년씩 계약을 갱신하다가 FA 대박을 터뜨리는 게 경제적으로는 훨씬 유리하다. 하지만 이 경로가 에이전트에게는 두 가지 측면에서 불리하다. 첫째, 자신이 챙길 수수료가 선수의 기량과 건강에 따라 요동치게 된다. 둘째, 선수를 FA가 되기 전에 다른 에이전트에게 빼앗길 위험이 있다.

이렇게 이해관계가 일치하지 않는 상태를 경제학에서는 '주인-대리인 문제'라고 부른다. 이 문제는 프로 선수나 배우 같은 유명인들뿐만 아니라 우리처럼 평범한 사람들에게도 일어난다.[미주5] 집을 매매해본 사람이라면 부동산 중개업자와 일해 본 경험이 있을 것이다. 집을 파는 사람에게는 가격 설정과 매수자 물색을 돕고, 집을 사는 사람에게는 적당한 매물을 찾아주며 얼마를 부를지 조언한다. 구매자를 대리하는 중개업자는 두 개의 상반된 인센티브를 갖는다. 그가 대리하는 사람은 집값을 최대한 깎으려고 한다. 그런데 그러면 중개업자가 가져갈 수수료가 줄어든다. 고객이 손해를 봐야 자신의 이익이 늘어나는 것이다!

어떤 거래에서든 대리인(혹은 변호인 혹은 다른 중개인)을 써야 할 이유는 많다. 중개인이 의무화되어 있는 거래들도 있다. 보통은 중개인을 쓰는 게 이득이다. 부동산 중개사나 전문 변호사의 도움 없이 부동산 거래를 직접 하는 사람은 드물다. 그러다간 경험 많은 전문가들은 잡아낼 수 있는 치명적인 독소조항을 놓칠 위험을 감수해야 한다. 하지만 계약 협상을 에이전트들에게 맡기는 운동선수들처럼 대리인을 고용하면, 나와 대리인의 이익이 일치하지 않을 수 있는 리스크가 생긴다. 대리인이 고객보다는 자신에게 이득이 될 선택을 추천할 가능성이 생기는 것이다.

선수들은 '주인-대리인 문제'에서 반대쪽 상황에 놓일 때도 있다. 구단은 선수에게 특정 기간 동안의 활약에 대해 급여를 지급한다. 구단 입장에서는 그 기간 동안의 모든 시간이 똑같이 중요하다. 하지만 선수에게는 그렇지 않다. 특별히 더 중요하고, 잘 해야 하는 시간이 있다.

이 글을 쓰고 있는 2019년 9월 현재, 기량에 비해 다소 낮은 평가를 받고 있는 워싱턴 내셔널스의 스타 3루수 앤서니 렌던은 몇 주 뒤 FA가 된다. 올해는 렌던의 6번째 풀 시즌이며, 생애 최고의 시즌이다. 타율과 출루율, 장타율(0.330/0.414/0.622) 모두 생애 최고치며, 종합적인 공격력을 보여주는 wOBA나 wRC+ 같은 2차 스탯들도 마찬가지다. 안타와 홈런, 타점, 득점도 생애 최고 기록이다. 예전처럼 뛰어난 수비력까지 과시하면서, 승리기여도 역시 생애 최고기록이다. 시즌 11경기를 남겨둔 현재 '팬그래프스'의 WAR이 7.1이다.

FA 직전 시즌에 생애 최고의 활약을 펼치는 건 우연일까? 만약 우연이 아니라면, 올 겨울 FA 계약을 맺고 나면 더 이상 구단들의 눈길을 사로잡을 필요가 없는 렌던의 성적은 뒷걸음질 치게 되는 걸까?

2002년 '스포츠 경제학 저널'에 발표한 논문에서 3명의 경제학자들이 이 문제를 들여다보았다.[미주6] 그들이 발견한 답은 '그렇기도 하고, 아니기도 하다'이다. 선수들은 FA 직전 시즌 분명히 무언가 좋은 성적을 낸다. 하지만 논문의 저자들은 계약을 맺고 난 선수들의 성적이 하락한다는 증거는 찾지 못했다.

조엘 맥시와 로드니 포트, 앤서니 크라우트만은 메이저리그 역사상 1972건의 FA 계약 직후 시즌들을 통해, 위 가정들을 뒷받침할 실증적 증거가 있는지를 알아보았다. FA를 앞둔 선수들은 실력을 더 끌어올리거나 아파도 뛰는가? FA 계약을 따낸 선수들은 이제 나태해지는가? 그들이 찾은 답은 긍정과 부정이 혼재돼 있다. 데이터를 보면 선수들은 FA 직전 시즌에 더 많이 뛰었다. '계약 협상 직전 시즌에는 부상자 명단에 덜 올라갔고, 출전 경기수가 늘어났다.'[미주7] 차이가 크지는 않았으나 통계적으로 유효한 수준이었다. 저자들은 선수들이 성적을 높이고 '다칠 위험이 높다'라는 인상을 주지 않기 위해 부상을 참고 뛰거나, 감독들이 FA를 앞둔 선수들을 배려해 더 많이 출전시킨다고 가정했다.

하지만 저자들은 FA 계약을 맺은 선수들이 태만해진다는 증거는 찾지 못했다. '구단 운영진은 장기계약이 선수들의 동기 부여나 성적에 악영향을 끼친다고 줄곧 주장해왔지만, 우리의 연구 결과는 그 주장을 뒷받침할 증거를 찾지 못했다.'[미주8] 저자들은 선수들이 새 계약 첫 시즌에 더 많이 뛰고, 부상자 명단에는 덜 올라간다는 걸 발견했다. '이 현상은 구단 수뇌부가 선수들의 출전 기회에 영향을 끼칠 수 있다는 사실을 통해 설명이 가능하다. 감독들은 새로 계약한 선수를 더 많이 출전시켜야 한다는 무언의 압박을 받을 것이다.'[미주9] 여하튼 새로 계약한 선수들의 출전 의지나 컨디션 관리가 나빠진다는 증거는 없었다.

이로부터 몇 년 뒤 발간된 책『베이스볼 비트윈 더 넘버스 Baseball Between the Numbers』에서 대인 페리도 선수들이 FA 직전 시즌에 더 많이, 더 잘 뛰는지를 들여다보았고, 비슷한 결론을 얻었다: 선수들은 FA 직전에 최고의 시즌을 보내는 경향이 있다. 특히 출전 시간이 이전 혹은 이후에 비해 늘어난다. 페리는 메이저리그에서 FA 시스템의 구조상, 대부분의 선수들이 27살 언저리에 최전성기를 보내고 나서야 FA 자격을 얻는 상황이 이 현상의 이유 중 하나일 수 있다고 지적했다.[미주10]

다른 시즌이었다면 며칠 쉴 수도 있었던 부상까지 참아가며 FA 직전 시즌에 최선을 다하는 선수들은 자신의 이익을 위해 뛰고 있는 것이다. 팀들도 그런 선수들의 노력을 통해 득을 볼… 수도 있고 아닐 수도 있다. 그 이전 시즌에는 최선을 다하지 않았다는 뜻일 수도 있고, FA를 앞두고 부상을 참느라 기량이 평소의 70% 수준으로 떨어지거나 작은 부상이 악화돼 결국 부상자 명단에 올라갈 수도 있다. 선수와 팀의 이해는 비슷하지만, 완벽하게 일치하지 않을 수도 있다.

주인-대리인 문제는 1970년대에 처음 포착되었는데, 누가 처음 명명했는지는 불명확하다. 최초의 정의 중 하나는 마이클 젠슨과 윌리엄 메클링의 1976년 논문에 등장한다. '두 사람이 모두 자신의 이익을 극대화하려 한다면, 대리인은 언제나 주인의 최고 이익을 위해 행동하지는 않는

다.'[미주11]

이 문제에 대한 해결책—즉, 대리인이 자신의 이익 대신 항상 주인의 이익에 복무하게 하는 방법—은 40년 넘게 학계의 주요 연구 주제 중 하나였다. 그 중 하나가 샌포드 그로스만과 올리버 하트가 1983년에 발표한 중요한 논문이다. 그들은 '대리인이 어떤 행동을 할 때 주인에게 발생할 이익과 비용을 일일이 계산하게 함으로써'[미주12] 즉, 대리인이 어떤 상황에서 어떤 행동을 할지를 미리 상세하게 주인에게 알림으로써 주인-대리인의 인센티브가 일치하지 않는 문제를 해결할 수 있다고 주장했다. 대리인이 중요한 결정을 할 때마다 주인을 위해 방대한 스프레드시트를 만들어야 한다고 생각해보라.

그로스만/하트의 논문보다 먼저 나온 '첫 번째 주문 해결책'이라는 것도 있다. 대부분의 경우에 적용되지 않지만 '수학적으로 추적가능'하다고 한다.[미주13] 이론적으로 해결은 쉽지만, 실제로는 별 소용이 없다는 이야기다. 다른 논문들이 제시했다는 주인-대리인 문제의 해결책을 보자. "2차원 프로그래밍을 활용한 비선형적 주인-대리인 문제의 해결", "주인-대리인 문제 모델 구축에서 결정론적 vs 확률론적 메커니즘", "연속적 시간에서 동적인 주인-대리인 문제". 한 마디로, 이 문제는 40년 동안 연구돼 왔지만, 일반인들이 도저히 이해할 수 없는 수학적 방법이 동원되고도 명쾌한 해결책이 나오지 않았다. 주인과 대리인 관계의 본질이라고도 할 수 있다. 대리인의 이해가 주인과 같아 보이지만, 사실은 살짝 다를 수밖에 없다. 집을 파는 사람에게 더 싸게 팔라고 졸라야 할 중개인은, 판매자가 설득되지 않아야 더 높은 수수료를 챙길 수 있기에, 더 열심히 설득하지 않을 것이다.

피트 로즈는 메이저리그 역사상 최다 안타 기록을 세우며 '안타왕'이라는 별명을 달고 은퇴했다. 로즈가 타이 캅을 제치고 통산 1위에 올라선 1985년에는 44살로 거의 달리지 못할 정도로 노쇠했다. 다른 선수였다면 출전 못할 상황이었지만, 로즈는 계속 출전했다. 로즈가 신시내티의 선수 겸 감독이었기 때문이다. 스스로를 출전시킨 로즈는, 결국 캅의 기록을 깼다. 야구계 전체가 들썩인 대사건이었다.

로즈는 1986년 8월 선수로서 마지막 경기에 나섰다. 그의 명예는 3년 뒤 추락했다. 1989년 8월, 메이저리그 사무국은 로즈가 감독 혹은 선수로서 참여한 경기에 돈을 건 사실을 밝혀내고 영구제명 처분을 내렸다. 출전 경기에 대한 베팅은 야구계에서 가장 큰 죄였다. ('슈레스' 조 잭슨을 포함한) 여러 명의 시카고 화이트삭스 선수들이 공모해 도박사들로부터 돈을 받고 월드 시리즈 경기를 일부러 져준 1919년의 '블랙삭스 스캔들'에서 보듯, 리그 사무국은 경기의 진실성을 해치는 승부 조작과 베팅에 대해 단호하게 대처해왔다. 로즈는 이 같은 혐의로 제명된 첫 번째 인물은 아니었지만, 가장 유명한 야구인이었다. 로즈는 처벌받은 후에도 오랫동안 혐의를 부인하다가, 결국 베팅 사실을 시인하는 책을 내 많은 돈을 벌었다. 당시 메이저리그의 바트 지아마티 커미셔너가 로즈를 조사하다 받은 스트레스가 원인이 되어 심장마비로 사망했다는 이야기까지 돌았다.

로즈가 이후 30년 넘게 일관되게 주장했던 것은, 자신은 신시내티의 경기에만, 그것도 신시내티의 승리에만 돈을 걸었다는 것이었다. 로즈는 이것을 일종의 정상참작의 사유가 된다고 생각한 듯하다. 만약 자신이 신시내티가 지는 쪽에 돈을 걸었다면, 질 확률을 높여 자신이 돈을 따도록 경기 운영을 했을 테니 훨씬 죄질이 나쁘지 않겠냐는 거다. 로즈의 사면과 명예의 전당 입성을 옹호하는 사람들은 이 주장도 논거로 내세운다. 그래, 베팅을 한 건 맞아. 하지만 팀이 이기는 데만 돈을 걸었지. 그렇다면 당연히 이기기 위해 최선을 다하지 않았겠어? 괴상한 행동이긴 하지만, 어쨌든 로즈가 매일 밤 팀의 승리를 만들려고 노력한 증거이지 않을까?

이에 대한 답은 간단하다. 야구 규정에 나와 있다. 메이저리그 규정 21조 d의 2항은 어느 팀, 선수를 대상을 했는지 막론하고 베팅을 불법으로 간주한다. 선수나 코치, 감독이 자신의 팀에 돈을 거는 것은 불법이며, 영구제명이 당연하다.

> 경기에 돈을 건 선수, 심판, 구단 관계자, 리그 관계자는 영구 제명에 처한다.[미주14]

자신의 팀에 돈을 거는 것도 안 된다. 로즈는 명백한 규정 위반으로 규정에 명시된 벌을 받은 것이다.

자신의 팀에 돈을 거는 것조차 무척 나쁜 일인 다른 이유가 있다. 바로 '주인-대리인 문제'로 설명된다. 팀—혹은 구단주나 회장, 주주들—을 주인으로, 감독을 대리인으로 간주해보자. 주인은 대리인에게 라인업 구성과 선수 기용, 작전, 그밖에 선수단과 관련된 모든 핵심 사항들을 운영해 줄 것을 의뢰해 놓았다. 주인의 목표는 최대한 많은 월드시리즈 우승이며, 장기적으로 강한 전력을 유지해 재정면에서도 튼튼한 구단이 되는 것이다. (승률과 수익은 매우 강한 상관관계가 있다. 특히 포스트시즌 진출은 큰 수익이 된다.) 상황에 따라 젊은 선수들의 육성이라는 과제도 감독에게 주어진다. 주인은 이런 목표를 달성하기 위해 감독을 대리인으로 고용한 것이다.

하지만 감독의 목표는 구단주의 목표와 약간 다를 수 있다. 감독의 계약 기간은 상대적으로 짧다. 빨리 좋은 성적을 올려 연장 계약을 맺거나 다른 팀으로부터 러브콜을 받아야 한다. 이럴 경우, 더 많이 출전해 기량을 발전시켜야 하는 어린 선수 대신 이미 검증된 노장 선수에 대한 의존도가 높아질 수 있다. 부상과 혹사 위험에도 불구하고 좋은 투수를 더 자주 기용할 수도 있다. 부상이 일어나도 감독의 계약 기간이 지난 뒤에 생길 가능성이 높다. 그때쯤이면 감독은 계약이 연장됐거나 팀을 떠난 후일 것이다.

로즈의 경우, 이런 '주인과 대리인의 이해관계 불일치'는 도박 때문에 더 심화된다. 로즈는 돈을 건 경기에서 더 치열하게 승리를 노려야 할 인센티브가 생긴다. 반면 베팅을 하지 않은 날에는 조금 느슨하게 경기를 운영할 수 있다. 돈을 건 경기에 에이스 투수에게 더 많은 공을 던지게 할 수 있다. 그러다 선수가 지치거나 다친다면, 이후 경기에는 돈을 안 걸면 그만이다. 돈을 걸지 않은 경기에서는 수동적으로 경기를 방관하다 경기 후반 대타 타이밍을 놓치거나 대수비 요원 투입을 까먹을 수도 있다. 보통 뭔가를 '하지 않는 것'은 '하는 것'보다 주목을 덜 끌기에 티도 나지 않을 것이다.

외부인들은 이런 운영 스타일에 별 생각이 없다. 대부분의 구단 내부인들조차 신시내티가 이길 가능성이 있는 경기에는 로즈가 더 치열하게 경기 운영을 한다고 생각했고, 질 경기는 조금 일찍 포기한다는 게 인상만 받았을 것이다. 베팅에 대한 의혹을 제기한들 지나치다는 비난만 받았을 것이다. 베팅 따위에 자신의 야구인생을 건 로즈의 선택은 비합리적이었다. 하지만 일단 베팅을 하고 나면, 로즈에게 합리적인 선택은 돈을 건 경기에는 이기기 위해 최선을 다 하고, 나머지 경기는 대충 하는 것이다.

　메이저리그 규정 21조 d의 2항을 위반한 감독의 경기 베팅은 두 가지 문제 때문에 엄벌에 처해 마땅하다. 첫 번째, 소속팀의 특정 경기 승리에만 베팅하는 행위는, 오드메이커[52] 등 타인에게 나머지 경기에서 이길 확률이 낮다고 암시하는 셈이다. 다른 경기에 베팅을 하지 않으면서, 이길 확률이 낮고 노력도 덜 할 거라는 신호를 주는 것이다. 라이언 로덴버그 변호사는 2014년 '애틀랜틱'에 기고한 글에서 이렇게 썼다 :

　　첫째, 로즈가 돈을 걸지 않았다는 건 베팅업자들에게는 신시내티의 승리 확률이 높지 않다는 신호가 될 것이다. 업자들은 이 내부 정보를 이용해 신시내티의 상대팀이 이기는 쪽에 돈을 걸 수 있다. 승부 조작은 아니지만, 자신의 결정으로 도박에 영향을 준 것이다. 두 번째, 특정 경기에만 베팅하는 것은, 스스로 경기를 운영하는 방식에 영향을 끼쳤을 것이다.[미주15]

　로덴버그는 첫 번째 주장에서 한 발 더 나아가, 로즈가 각 경기에 건 액수에 따라 승리 확률에 대한 자신의 판단을 베팅업자들에게 사실상 알려 준 거라고도 덧붙였다.

　이 추정은 이후 베팅 용지와 로즈 자신이 기록한 베팅 일지가 공개되며 사실로 드러났다. 로즈는 빌 걸릭슨 투수가 선발 등판한 경기에는 돈을 걸지 않았다. 2007년 뉴욕 타임즈에 이 사실을 폭로한 머레이 체이스

---

52) 베팅의 배당률을 결정하는 전문가

기자는 이렇게 썼다. '로즈는 걸릭슨이 등판하는 경기에 돈을 걸지 않음으로써, 베팅업자들에게 그 경기들의 승리 확률이 높지 않다는 신호를 보냈다.' 로즈는 1987년 여름 걸릭슨이 신시내티 소속으로 치른 마지막 8번의 선발 등판 중 2번만 돈을 걸었다. 그해 8월 걸릭슨은 뉴욕 양키스로 트레이드됐다.[미주16]

두 번째로, 상대적으로 덜 거론되는 문제가 있다. 로즈의 행동은 그를 고용한 사람들의 이해관계와 일치하지 않을 뿐 아니라 어찌 보면 정반대일 수도 있다. 주인과 대리인이 모두 승리를 원하는 건 맞다. 하지만 프로야구에서는 오늘의 승리가 내일 혹은 미래의 승리를 희생한 대가일 수도 있다. 감독의 선수 기용이 달라지기 때문이다. 오늘 경기에서 2이닝을 던진 구원투수는 내일 지쳐있을 가능성이 높다. 그러면 구위가 떨어지거나, 아예 등판을 못 할 수도 있다. 한 경기, 혹은 몇 경기 동안 너무 많이 던진 투수는 다치거나 꽤 오랫동안 못 던질 수도 있으며, 드물게는 메이저리그 투수로서 생명이 끝나기도 한다.[미주17]

베팅 때문이건 자리보전을 위해서건, 단기간에 많은 경기를 이기려 하는 감독은 기량 발전을 위해 출전 시간이 필요한 젊은 유망주를 덜 기용할 가능성도 있다. 로즈가 지휘하던 신시내티는 1986년 24살의 외야수 유망주 폴 오닐을 콜업했다. 1985년에 더블A와 트리플A를 거치며 뛰어난 활약을 펼친 특급 유망주였지만, 로즈는 오닐에게 1986년부터 2년 동안 겨우 181타석의 기회만 줬다. 오닐의 커리어는 이례적이다. 다른 유망주들에 비해 다소 늦은 26살에야 타자로서 리그 평균을 넘어섰고, 28살에야 처음으로 올스타에 뽑혔으며, 뉴욕 양키스로 트레이드된 30대 이후에야 전성기를 맞았다. 누구도 답할 수 없는 의문이지만, 로즈가 오닐을 주전으로 기용하지 않은 것이 오닐의 발전을 정체시켰고 결국 신시내티 구단도 손해를 본 게 아닐까? 오닐의 잠재력이 뒤늦게 꽃을 피운 걸 감안하면, 충분히 가질 수 있는 의혹이다.

팀은 현재, 그리고 미래의 승리를 원한다. 현재와 미래 사이의 균형은 시간과 상황에 따라 바뀐다. 구단은 현재의 승리를 위해 유망주들을 보내고 즉시전력감의 선수를 데려올 수 있다. 하지만 항상 균형점은 존재한다. 모든 메이저리그 감독들, 더 나아가 모든 프로 팀 감독들은 주인-대리인 문제에서 자유로울 수 없다. 하지만 로즈의 경우에는, 자신과 고용주의 이해관계 충돌이 베팅 때문에 더 심화됐다. 지금 당장 이겨야 하는 인센티브가 훨씬 커진 것이다. (로즈의 도박벽에는 아이러니가 있다. 로즈는 신시내티의 선수 겸 감독을 맡으며 1985년 내내 타이 캅의 통산 최다안타 기록 4,191개에 도전했다. 이를 위해 로즈는 스스로를 주전으로 기용했고, 119경기에 출전해 501타석에 들어섰다. 그러면서 로즈는 팀의 승리 확률을 감소시켰다. 1985년의 로즈는 대체 선수보다 별로 나을 게 없는 수준이었다. 2차 세계대전 이후 풀타임을 소화한 1루수 중 4번째로 낮은 장타율 0.319가 결정적이었다. 1986년에는 출전 시간을 줄였지만 기량도 더 떨어져 대체 선수 수준 이하로 내려갔다. 2년 모두 신시내티에는 닉 에사스키처럼 로즈보다 나은 1루수 자원들이 있었다. 그리고 2년 모두 레즈는 내셔널리그 서부 지구 2위에 그쳤다. 1985년에는 6경기차, 1986년에는 10경기차로 포스트시즌 진출에 실패했다. 로즈가 스스로를 기용한 결정이 포스트시즌 진출 실패의 주된 원인은 아니었지만, 진출 확률을 더욱 낮춘 건 사실이다. 스스로를 출전시키면서 로즈는 돈도 잃었을 것이다.)

'주인-대리인 문제'에 간단한 해결책은 없지만, 최근 기업들은 임원들이 회사 이익을 극대화하는데 복무하도록 인센티브를 늘리는 부분적인 해결책을 모색해 왔다. 애플은 2013년 임원들이 연봉의 3배 이상의 자사주를 보유하도록 하는 규칙을 만들었다.[미주18] 이러면 회사에 좋은 일이 임원에게도 좋은 일이 될 것이고, 임원들은 회사에 득이 되는 —최소한 회사 주가에 도움이 되는— 결정을 하기 위해 최선을 다할 것이다. 이 방법은 임원에게 스톡옵션을 주던 예전 방식에 비해 낫다. 주가가 옵션 실행 가격을 넘어서면 임원에게 이익이지만, 그렇게 되지 않아도 임원이 입을 피해는 전혀 없었기 때문이다.

　모든 업계의 '주인-대리인 문제' 해결이 어려운 이유는 다양하다. 그 중 여기서 소개할만한 것은 '정보 불균형'이다. 말 그대로 주인과 대리인이 가지고 있는 정보가 다르다는 것이다. 구체적으로 대리인은 의사 결정에 필요한 정보를 가지고 있지만 주인은 그렇지 않다. 이 경우 대리인은 주인이 사후에 의문을 제기해도 수월하게 자신의 결정을 변호할 수 있다. 예를 들어, 감독은 특정 구원투수를 기용하지 않은 핑계를 이렇게 댈 수 있다. "워밍업 때 뭔가 이상해 보였어요." 혹은 "팔이 무겁게 느껴졌다던데요." 이런 변명이 진짜인지 증명할 방법이 없기에, 구단주의 감독에 대한 평가는 더욱 어려워진다.

　'주인-대리인 문제'는 명확한 해결책이 없는 골칫거리다. 프로 스포츠처럼 대중에게 많은 것이 공개되는 업계 역시 마찬가지다. 당신이 구단주라면, 대리인들이 상식선에서 납득할 수 있는 수준으로만 구단을 운영하는 것이 바랄 수 있는 최대치일지도 모른다.

[미주]

1. Jon Tayler, "Ozzie Albies's Contract Extension Is Insultingly Low," Sports Illustrated, April 11, 2019.

2. Michael Baumann, "Ozzie Albies's New Deal Could Be the Worst an MLB Player Has Ever Signed," TheRinger.com, April 11, 2019.

3. Jeff Passan, "Passan: Baseball Is Obsessed with Value—and It's Changing Contracts Forever," ESPN.com, April 12, 2019.

4. Ibid.

5. 대부분의 전업 작가들과 마찬가지로, 나도 출간 제안과 계약에 출판 에이전트의 도움을 받는다.

6. Joel G. Maxcy, Rodney D. Fort, and Anthony C. Krautmann, "The Effectiveness of Incentive Mechanisms in Major League Baseball," Journal of Sports Economics 3 (2002): 246.

7. Ibid.

8. Ibid.

9. Ibid.

10. Baseball Between the Numbers (New York: Basic Books, 2006), pp. 199 – 207.

11. Michael Jensen and William Meckling, "Theory of the Firm: Managerial Behavior, Agency Costs and Ownership Structure," Journal of Financial Economics 3 (1976): 305 – 60.

12. S. J. Grossman and O. D. Hart, "An Analysis of the Principal-Agent Problem," Econometrica 51, no. 1 (January 1983): 7 – 45.

13. William P. Rogerson, "The First-Order Approach to Principal-Agent Problems," Econometrica 53, no. 6 (November 1985): 1357 – 67.

14. Major League Baseball Official Rules, Rule 21(d): Gambling. Retrieved from MLB.com.

15. Ryan Rodenberg, "Pete Rose's Reckless Gamble," Atlantic, August 22, 2014. Few players in MLB history have provided so much fodder for content over as long a period as Rose has.

16. Murray Chass, "Truth Is Revealed in Bets Rose Didn't Make," New York Times, March 16, 2007.

17. 내가 가장 가슴 아프게 생각하는 사례는 보스턴 레드삭스의 구원투수 케리 레이시다. 레이시는 1997년 보스턴 불펜에서 좋은 활약을 하고 있었다. 5월까지 한 경기 최다 투구수는 36구였다. 1997년 6월 1일, 보스턴은 양키스와 연장 접전을 치렀다. 레이시는 그 경기 전까지 시즌 15이닝 동안 평균자책점 2.30을 기록 중이었다. 레이시는 연장 11회에 마운드에 올랐고, 그 경기에서 81구를 던졌다. 이전 최다 투구수의 두 배가 넘는 개수였다. 마이너리그에서도 선발 등판 경험이 10번 밖에 없던 레이시는 이닝이 거듭될수록 눈에 띄게 지쳐갔다. 결국 연장 15회에 홈런과 2루타, 단타를 차례로 얻어맞고 강판됐다. 그 경기 이후, 레이시는 25이닝 동안 25점을 허용했고 8월 말 부상자 명단에 올랐다. 1998년에는 한 경기에도 나서지 못했고, 보스턴으로부터 방출됐다. 그 뒤로는 빅리그에서 모습을 볼 수 없었다.

18. Jessica E. Lessin and Joann S. Lublin, "Apple Required Executives to Hold Triple Their Salary in Stock," Wall Street Journal, February 28, 2013.

CHAPTER 11

참을 수 없는 본전 생각

매몰 비용 오류, 혹은 팀들이 '손절'을 못하는 이유

Sunk Cost Fallacy

어쩌다 보니 또 앨버트 푸홀스 이야기를 하게 됐다. 푸홀스에게 악감정이 있는 건 절대 아니다. 그는 위대한 선수이고, 야구 역사상 가장 위대한 우타자 중 한 명이다. 카디널스에서 10년 넘게 뛰며 팀의 아이콘이 됐고, 3차례 리그 우승, 2차례 월드시리즈 우승을 이끌었다. 카디널스가 지역 2년제 대학에 다니던 푸홀스를 1999년 드래프트에서 13라운드에야 지명했다는 걸 고려하면 더욱 놀라운 성취다.

하지만 FA로 세인트루이스를 떠난 뒤 푸홀스의 커리어는, 잘못된 의사 결정의 종합 선물세트 같은 사례다. 이미 LA 에인절스가 어이없을 만큼 긴 대형 계약으로 푸홀스를 영입한 실수를 다뤘다. 에인절스는 그 이후에도 실수에 의한 피해를 악화시키고 있다. 푸홀스가 주전에 걸맞은 실력을 잃어버린 지 한참 뒤에도 계속 출전시키고 있기 때문이다.

푸홀스의 마지막 '푸홀스다운 시즌'은 카디널스를 떠나기 2년 전인 2010년이었다. 2011년도 wRC+[53] 전체 14위로 준수했다. 에인절스는 2011년 시즌이 끝난 뒤 푸홀스를 10년 계약으로 영입했다. 그리고 파티

---

53) 타자의 종합적인 공격력을 보여주는 지표. 100이면 리그 평균이고 숫자가 높으면 높을수록 좋다. 경기가 이뤄진 구장의 특성, 이른바 '파크팩터'를 반영해 보정한다.

는 바로 끝났다. 푸홀스가 에인절스 유니폼을 입고 보낸 최고의 시즌은 계약 첫 해인 2012년이었는데, 그해 성적은 푸홀스가 세인트루이스 시절 최악의 시즌이던 2011년보다 나빴다. 그로부터 계속 내리막길이었다. 2012년부터의 시즌별 wRC+는 다음과 같다. : 133, 112, 123, 114, 110, 77, 89, 그리고 98.

계약 2년차 때(112)와 5년차 때(110), 푸홀스는 리그 평균 이하 수준의 1루수였다. 계약 6년째부터는 '대체 선수 수준' 밑으로 내려갔다. 에인절스는 푸홀스를 더 이상 기용하면 안 되는 상황이었다. 뛰면 뛸수록 팀에 손해였기 때문이다. (다른 포지션들에 비해 1루수들은 평균적으로 공격력이 높다. 수비 부담이 상대적으로 적기 때문에, 팀들이 수비가 약한 거포들을 1루수로 기용하기 때문이다.)

푸홀스를 영입한 뒤 에인절스는 딱 한 번, 2014년 포스트시즌에 진출했다. 마침 그 해는 푸홀스가 리그 1루수 평균 이상의 공격력을 보여준 두 시즌 중 한 번이었다. 다음 해에 85승 77패를 기록한 에인절스는 1경기차로 포스트시즌 진출에 실패했다. 휴스턴 애스트로스가 86승 76패로 와일드카드가 됐고, 텍사스 레인저스가 88승 74패로 아메리칸리그 서부지구 우승을 차지했다.

푸홀스는 그해 '팬그래프스' 기준 WAR 1.6을 기록했다. 그해 규정타석을 채운 1루수 20명 가운데 16위였다. 기준을 규정타석보다 적은 400타석으로 낮추면 31명 중 18위였다. 여전히 중간 이하다. 아메리칸리그에서 포스트시즌에 오른 팀들은 모두 푸홀스보다 공격력 좋은 1루수를 보유하고 있었다. 내셔널리그 플레이오프에 오른 5팀 중 3팀도 마찬가지였다. (놀랍게도 세인트루이스 카디널스는 대체 선수 수준보다 낮은 1루수를 보유하고도 100승을 거뒀다. 키스톤 콤비를 포함해 5개의 다른 포지션에서 1루수보다 나은 공격력을 얻었기 때문이다.) 에인절스는 푸홀스를 특급 선수로 대우했지만, 그의 기량은 팀에 해를 끼치고 있었다. 적어도 2015년 푸홀스에 대한 기대치와 실제 성적의 차이는 에인절스가 포스트시즌 진출에 실패한 이유 중 하나였다.

그래도 2015년에는 푸홀스의 주전 기용을 정당화할 수 있는 이유가 있었다. 에인절스 구단 내에 푸홀스를 대체할 만한 선수가 없었기 때문이다. 하지만 2017년부터는 그 이유마저 사라졌다. 푸홀스의 성적은 생애 최악인 0.241/0.286/0.386으로 급전직하했다. 푸홀스는 그해 풀타임 지명타자였는데, 출루율이 이전 10년 동안 지명타자로 뛴 타자 중 3번째로 낮았다. 카를로스 벨트란이 생애 마지막 시즌에 기록한 '10년 내 지명타자 최저 출루율' 0.283보다 겨우 0.03 높았다. 2010년대 지명타자의 성적으로는 어떤 면으로든 최악 혹은 두 번째로 최악이었다. 리그 1위인 26개의 병살타는 덤이었다. (푸홀스는 2위 칼 립켄 주니어에 한참 앞선 통산 병살타 1위다. 오랫동안 뛰었고, 삼진을 잘 당하지 않고, 발이 빠르지 않은 우타자들이 통산 병살타 순위 선두권에 올라가지만, 그 중에서도 푸홀스는 압도적 1위이며, 계속 병살타 숫자를 늘려가고 있다.)

에인절스는 2017년 플레이오프행 경쟁에서 일찌감치 탈락했다. 그래서 푸홀스 때문에 가을잔치에 나가지 못했다는 주장은 성립하지 않는다. 하지만 푸홀스에게 계속 주전을 보장한 것 때문에 순위가 하락했으며, 이후 오프시즌의 전력 보강 계획이 꼬였다고 충분히 주장할 수 있다. 에인절스가 2017년과 2018년 시즌을 열린 마음으로 맞이해 푸홀스를 선발에서 뺄 각오를 했다면 ―예를 들어 플래툰 우위를 누릴 왼손 선발투수를 상대로만 선발로 기용했다면― 에인절스는 푸홀스 대신 우투수를 상대로 선발 투입될 1루수 요원을 구할 수도 있었을 것이다. 그 정도의 전력 보강은 어렵지 않았을 것이다. 최근 오프시즌에서 수비는 별로지만 공격력이 괜찮은 1루수는 시장에 차고 넘쳤다. 그런 선수들을 데려왔다면 에인절스는 몇 승을 더 올렸을 것이고, 포스트시즌 진출 경쟁에 뛰어들어 전력 보강을 위한 투자를 늘릴 여지도 생겼을 것이다.

물론 그런 일은 벌어지지 않았다. 2019년 푸홀스는 이전 2년보다는 조금 나은 활약을 보였는데, 그건 예전보다 더 멀리 날아가는 공인구, 아니면 순전한 운 때문인 듯했다. 이제 푸홀스는 39살이 됐다. 그렇게 오랜 부진 뒤에 반등한다면 유니콘처럼 드문 사례가 될 것이다. 하지만 에인절스는 푸홀스를 계약 기간 내내 주전으로 기용해 왔다. 그 동안 비교적 일찍 시작된 푸홀스의 하락세는 점점 가팔라졌다. 푸홀스는 남들보다 빠른 23살에 정점에 올랐고, 31살부터 가파른 하락세에 접어들었다. 전형적인 타자들의 커리어와 비교하면 모두 3년 정도씩 빨랐다. 푸홀스는 지금까지 에인절스에서 뛴 8년 중 6시즌 동안 규정 타석을 채웠다. 나머지 2년에도 감독의 결단 때문이 아니라 부상 때문에 결장이 잦았다. 즉, 푸홀스는 몸만 괜찮으면 항상 경기에 나섰다.

푸홀스의 위대함을 문제 삼는 게 아니다. 푸홀스는 당연히 명예의 전당에 입성해야 한다. 푸홀스에게 표를 던지지 않는 투표권자는 상상하기 어렵다. (특히 마리아노 리베라가 사상 처음으로 '만장일치 헌액자'가 된 지금은 더욱 그렇다.) 푸홀스가 선수 인생을 마감할 때쯤이면 홈런과 2루타, 타점에서 통산 5위 안에 포함될 것이고, 통산 안타도 15위권 진입이 가능할 것이다. 이 논의의 주인공은 푸홀스가 아니라, 40살에 근접했고 슈퍼스타 시절에 비해 기량이 한참 쇠퇴한 푸홀스를 대하는 에인절스 구단의 방식이다.

에인절스는 왜 이렇게 오래 부진한 푸홀스를 계속 기용하는 것일까? 스포츠계에는 '주전 연봉을 받는 선수를 후보로 쓰지는 않는다'라는 통념이 있다. 스포츠 매체들도 고연봉 선수를 주전에서 빼기 어려워하는 감독들의 이야기를 종종 다룬다. 이것은 모두 경제학자들이 '매몰 비용 오류'라고 부르는 현상이다. 에인절스는 푸홀스가 몇 경기를 뛰건 상관없이 약속한 돈을 줘야 한다. 0타석이건 600타석이건 푸홀스가 받는 돈은 똑같다. (푸홀스의 계약에는 기록에 따른 보너스들이 포함돼 있는데, 이미 통산 3천안타를 넘으면서 받은 300만 달러의 보너스 외에 추가 수령은 매우 어려워 보인다.) 그러므로 푸홀스를 어떻게, 얼마나 기용할지에 대한 결정은 연봉과는 상관이 없어야 한다. 당신이 무언가를 이미 샀다면, 그것을 쓸지 말지는 사는데 지불한 액수와 상관없이, 오직 쓸모에 따라 결정해야 한다.

경쟁력을 잃은 지 한참 지난 선수를 계속 출전시키는 팀은 에인절스 말고도 많다. (최근 가장 유명한 사례인건 맞지만.) 명예의 전당행이 확실한 또 한 명의 위대한 우타자 미겔 카브레라도, 2017년 이후로는 안타까움의 대상이 됐다. 출전하면 기량이 대체선수 수준보다 못했고, 줄부상 때문에 출전하지 못하는 경우도 갈수록 늘었다. 2018년 초반 반짝한 뒤 또 부상이 찾아왔다. 그 5주를 제외하면 카브레라의 WAR은 마이너스 값이었다. 뛰면 뛸수록 팀에 손해였다. 최근 3년 동안 카브레라의 연봉은 각각 2800만 달러, 3000만 달러, 다시 3000만 달러였다. 그 뒤로도 4년간 총액 1억 2400만 달러가 남아 있다. 방출하는 것이 팀에 이득이겠지만, 그럴 가능성은 대단히 낮다.

볼티모어 오리올스의 크리스 데이비스도 '매몰 비용'의 상징 같은 선수다. 2019년 시즌 시작과 동시에 33타수 무안타를 기록하며, 2018년 막판의 무안타 행진과 합쳐 54타수 연속 무안타의 메이저리그 신기록을 세우는 수모를 당했다. (중간에 7개의 볼넷을 얻어 연속 타석 아웃은 당하지 않은 것이 그나마 다행이랄까.) 데이비스는 2013년과 2015년에 아메리칸리그 홈런왕에 올랐다. 그 중간인 2014년에는 0.196/0.300/0.404로 미끄러졌는데, 그래도 26개의 홈런과 많은 볼넷 덕에 대체 선수 수준보다는 높은 기량을 보였다. 하지만 그 직전 시즌과 바로 다음 시즌에 보여줬던 실력과는 거리가 멀었다. 오리올스는 2014년을 무시했다. 모두가 데이비스와 대형 장기계약을 맺는 건 위험하다고 말할 때, 8년간 1억 8400만 달러의 엄청난 계약을 데이비스에게 안겼다. 데이비스를 영입하려는 다른 경쟁 구단이 있었는지는 알려지지 않았다.

데이비스는 계약 첫 해에는 준수했다. 2016년에 콘택트 비율은 조금 떨어졌지만 WAR 3 정도를 기록했다. 하지만 2년차 때부터는 도저히 빅리그 타자라고 보기 어려운 수준이 됐다. 2017년에는 딱 대체선수 수준 정도였고, 2018년에는 메이저리그 역사상 최악의 시즌 중 하나를 보냈다. 0.168/0.243/0.296에 WAR은 '베이스볼 레퍼런스' 기준으로 -2.8이었다. 1901년 이후 13번째로 낮았고, 21세기 들어서는 두 번째로 낮은 수치였다. '팬그래프스'의 WAR은 -3.2로 2000년 이후 최저치였다.

하지만 오리올스는 꿈쩍하지 않고 데이비스를 계속 기용했다. 데이비스는 2016년 거의 전 경기에 출장했고 2017년과 2018년에는 162경기 중 128경기에 나섰다. 2019년 전반기까지 데이비스를 매일같이 기용하고 나서야, 오리올스 구단은 더 나은 다른 옵션들을 고려하기 시작했다. 원래 외야수였던 트레이 만시나, 옛 소속팀 오클랜드에 거액의 보너스를 받고 입단했던 레나토 누네즈의 출전 빈도가 늘었다. 관중석에서 아무 팬이나 데려와 출전시켰어도 데이비스보다 나았을 수 있다.

오리올스가 데이비스를 출전시켜서 얻는 피해가 적었던 것도 아니다. 2017년에 볼티모어는 토론토 블루제이스와 승률이 같았다. 두 팀은 와일드카드 결정전 단판승부에서 격돌했다. 그 경기는 상대전적에서 앞선 토론토의 홈구장에서 열렸다. 다시 말해 오리올스가 정규시즌에 한 경기만 더 이겼다면 그 경기를 홈에서 치를 수 있었던 것이다. 물론 볼티모어에서도 결과는 같았을 수 있다. 하지만 토론토에서 열린 이 경기는 연장 11회말 에드윈 엔카나시온의 끝내기홈런이 터지며 토론토의 승리로 끝났다. 그것이 2010년대 오리올스의 마지막 우승 도전이었다. 다음해 볼티모어는 75승 87패로 하락했고 2018년에는 47승 115패로 리그 최저 승률을 기록한 뒤 벅 쇼월터 감독과 댄 듀켓 단장이 해고됐다.

내가 토론토 구단에서 나와 ESPN.com에서 쓴 첫 칼럼도 비슷한 문제를 다뤘다. 2006년 6월 13일, 애리조나 다이아몬드백스는 투수 러스 오티스를 방출했다. 불과 18개월 전 맺은 4년 계약에서 무려 2200만 달러가 남은 시점이었다. ESPN 홈페이지에 게재된 AP 통신 기사의 한 대목이다. '애리조나 다이아몬드백스는 러스 오티스를 로스터에 두느니 2200만 달러를 버리는 게 낫다고 판단했다'[미주1] 나는 '버리다'는 표현에 담긴 '새로운 손해'라는 뉘앙스에 동의하기 어려웠다. 그 돈은 이미 지출이 확정돼 있었다. 메이저리그 선수들의 연봉은 성적과 상관없이 보장된다. 구단이 돈을 주지 않을 방법이 없다. 애리조나 입장에서는 계약 후 28번 선발 등판해 평균자책점 7.00으로 난타당한 오티스를 방출하는 것이 옳은 결정이었다. 연봉은 어차피 지불해야 했고, 팀 전력까지 손해를 볼 것인지 아닌지만 결정하면 됐다. 애리조나는 계속 애리조나 유니폼을 입고 대량 실점하는 오티스를 지켜보는 대신 결별을 택했다. 오티스는 이후 4개 팀을 옮겨 다니며 평균자책점 6.38을 기록한 뒤 은퇴했다. 애리조나의 결정은 결과론으로도 옳았던 것이다. 오티스가 던졌을 이닝을 구단 내 다른 투수들에게 분배해주는 것이 이득이었다. (방출한 뒤에 애리조나가 오티스에게 지급했던 연봉은, 당시까지 방출 선수 잔여 연봉 최고 기록이었다.)

여러분은 내가 위 사례들에서 의사 결정을 누가 했는지 지목하지 않고 있다는 걸 눈치챘을 것이다. 이유가 있다. 보통 계약은 단장, 경기 출전 여부는 감독이 결정하는 걸로 인식돼 있지만, 사실은 구단 수뇌부에서 지시가 내려오는 경우도 많다. 구단주가 "A선수가 연봉을 2300만 달러나 받으면서 벤치에 앉아 있는 꼴을 못 보겠다"라고 말하거나, "B선수에게 연봉을 1900만 달러나 주고 있는데 그냥 버릴 수는 없지. 본전은 뽑아야하지 않겠어?"라고 생각할 수 있다. 완전히 비합리적이고, 최대한 많은 경기를 이겨 돈을 벌어야 하는 구단주의 궁극적인 목표에도 방해가 되는 생각이다. 하지만 구단주가 그렇게 말한다면, 따르지 않을 감독은 없다.

팀워크 걱정도 변수가 될 수 있다. '앨버트 푸홀스나 미겔 카브레라를 부진하다고 빼면, 다른 선수들이 어떻게 생각할까?' 나는 이런 걱정이 과장된 거라고 생각하고, 대부분의 선수들은 프로 정신이 충분해서 베테랑이 어떻게 기용되건 상관없이 매일 최선을 다한다고 생각하지만, 감독과 단장은 갈등을 피하기 위해 이성적이지만 매정한 선택을 하지 않을 수도 있다. 이런 분들에게 나는 피도 눈물도 없는 사람으로 보일 것이다. 인정한다. 나 같으면 푸홀스를 오래 전에 주전에서 뺐을 것이다.

'매몰 비용 오류'는 경제학 입문 단계에 배우는 개념이다. 나는 대학 시절에 이어 대학원에서도 미시경제학의 필수 과정 초반에 수업을 들었다. 당시 우리를 가르쳤고 현재 미시간 대학 경영학과에 재직 중인 우다이 라잔 교수는 쉬운 예를 들어 설명했다. 새해에는 살을 빼겠다고 결심하고 운동 기구를 구입했다고 가정해보자. 사이클이나 러닝머신, 혹은 나라면 스테퍼를 살 것이다. (나는 집에 운동기구가 없다. 여러 이유가 있지만, 그 중 하나가 라잔 교수의 수업 내용이다.) 구매한 직후에는 열심히 운동할 것이다. 의욕도 넘치고, 새 기구에 대한 흥미도 따끈따끈할 것이다. 하지만 시간이 흐르면서, 점점 운동기구를 멀리하게 될 것이다. 그때쯤이면 당신의 뇌는 이렇게 꾸짖을 것이다. 들인 돈이 얼마인데! 얼른 운동해!

운동하는 건 좋은 일이지만 이 논리는 틀렸다. 기구를 사는데 들인 액수는 당신이 기구를 얼마나 활용할지에 영향을 끼쳐서는 안 된다. 두 가지 시나리오를 생각해보자. 하나는 500달러를 주고 러닝머신을 구매한 것이고, 다른 하나는 사은품 추첨에 당첨돼서 러닝머신을 공짜로 얻은 것이다. 두 시나리오 모두 이미 거래는 끝났고, 러닝머신은 당신 집 어딘가에 설치됐다. (아마도 가족 성원 누군가는 러닝머신의 위치 가지고 투덜거리고 있을 것이다.) 당신의 상태는 동일하다. 당신은 러닝머신을 가졌다. 사용 여부는 지불한 액수와는 무관하다. 똑같은 기계이고, 당신의 몸과 건강에 끼치는 영향도 똑같다. 비용과 상관없이.

하지만 사람의 마음은 그렇게 작동하지 않는다. 거액의 지출을 '정당화'하기 위해, 기구를 더 많이 써야한다는 충동을 자연스럽게 느낀다. 다른 사람이 아닌 스스로에게 들려주는 불필요한 정당화이다. 그리고 구매 액수에 맞는 적절한 사용 목표를 임의로 정한다. (일주일에 3번 정도면 적당할

까? 조금 더? 아니면 조금 적게? 첫 해에 몇 번 정도 타면 적당한 걸까? 2년 동안 타지 않았
는데 지금부터라도 만회하려면 얼마나 열심히 해야 하는 걸까?)

러닝머신을 산 뒤 빨래를 널 때만 쓰고 있다면, 돈을 낭비했다는 죄책
감에 시달릴 것이다. 전통적인 경제학자들은 이것을 비합리적인 사고라
고 말하지만, 실제로 사람들은 이렇게 느낀다. 최근 몇몇 경제학자들은
매몰 비용에 대한 미련이 비합리적이지만은 않다고 주장하기 시작했다.[미
주2] '평판에 대한 걱정' (예를 들어, "내 가족이나 친구들은 내가 러닝머신을 살 때 바
보 같은 짓이라고 생각했지. 열심히 운동해서 코를 납작하게 해주겠어!") 혹은 시간이
나 금전적 제약("헬스클럽 회원권을 살 돈은 없지. 그러니 이 러닝머신이라도 열심히 써
야겠어.")[미주3] 때문에 합리적일 수도 있다는 것이다. 개인적으로 매몰 비용
에 대한 미련은 경제학적으로 비합리적인 게 맞지만, 실제 삶에는 경제학
적으로 따질 수 없는 다양한 요소들이 존재할 가능성을 염두에 둬야한다
고 생각한다.

1985년 오하이오 대학의 할 아크스와 캐서린 블루머가 '매몰 비용 오
류'에 대한 기념비적 논문 『매몰 비용의 심리학』을 발표했다. 저자들은
'매몰 비용 오류'가 낭비하는 것처럼 보이지 않으려는 인간의 욕망으로
대부분 설명 가능하다고 봤다. 저자들은 의사 결정에 영향을 끼치는 오류
들을 보여주는 여러 종류의 심리 실험을 진행했다. 막 구형 인쇄기를 산
인쇄업자가, 일주일 뒤 헐값에 급매물로 나온 최첨단 인쇄기를 구매해야
할까? 연구 개발이 90퍼센트 정도 진행됐는데 다른 경쟁업체가 먼저 출
시한 상품을 계속 개발해야할까? 퇴근길에 냉동피자를 5달러에 샀다. 그
런데 오는 길에 친구를 불러 같이 먹으려고 다른 가게에서 같은 피자를

3달러에 하나 더 샀다. 그런데 같이 먹기로 한 친구가 갑자기 못 오게 됐다. 당신은 두 피자 중 어느 것을 먹겠는가? (응답자의 ⅓ 정도는 3달러짜리 대신 5달러짜리 피자를 먹겠다고 답했다. 똑같은 피자인데 말이다.)[미주4]

 '매몰 비용 오류'는 치명적인 결과를 낳기도 한다. 미국이 개입한 숱한 국제 분쟁에서 발을 빼지 않는 이유로도 그 논리가 동원됐다. 2003년에 시작해 2011년에야 철수가 완료된 이라크 전쟁이 대표적이다. 2003년 개전을 결정한 조지 부시 대통령은 2006년 7월, 미국이 전쟁을 계속해야 하는 이유를 이렇게 설명했다. "나는 이라크에서 죽은 군인 2527명의 희생을 헛되게 할 수 없다. 임무 완수 이전에 철군은 없다."[미주5]

 이 발언은 '매몰 비용 오류'의 정수를 담고 있다. 이미 희생된 인명이, 더 많은 인명을 위험에 몰아넣는 걸 정당화할 수는 없다. 죽어간 사람들은 더 이상 전쟁을 계속해서는 안 되는 이유일 뿐이다. 국방부 기록에 따르면 '이라크 자유 작전' 때문에 부시의 발언으로부터 2010년 10월 31일까지 1905명의 미군이 더 사망했다. 수천 명의 부상자와 수천 명의 이라크인 사망자도 추가됐다. 2008년 3월, 두 경제학자들은 미국이 이라크 전쟁에 쓴 돈이 3조 달러가 넘는다고 추산했다. 미국이 철군을 앞당겼다면 이 비용도 줄었을 것이다.[미주6]

 '매몰 비용 오류' 중에서도 이런 경우는 따로 '몰입 상승 효과'라는 이름이 붙어 있다. 우리가 일상에서 '본전 생각'이라고 부르는 그 마음이다. 우리는 수익이 기대에 못미칠 게 확실해진 투자를 '손절'할 줄 알아야 한다. 산 가격보다 훨씬 떨어진 주식을 본전 생각 때문에 계속 쥐고 있거나, 카지노에서 돈을 잃고 있으면서도 본전 생각에 계속 베팅을 하는 것은 감정에 휘말려 이성을 잃은 것이다.

최근 연구들은 '매몰 비용 오류'가 다른 사람이 비용을 지불한 대상에도 나타난다는 것을 발견했다. 카네기 멜론대 비즈니스 스쿨의 마케팅 교수인 크리스토퍼 올리보라는 온라인 설문조사를 이용한 여러 건의 실험을 통해 '타인간 매몰 비용 효과'를 연구한 결과를 발표했다.[미주1] 올리보라는 리처드 세일러의 유명한 실험을 조금 변형했다. 세일러는 실험 참가자들에게, 비싼 농구 경기 입장권이 있는데 악천후 때문에 보러 가는 게 위험한 상황이라면 경기를 보러 가겠느냐고 물었다. 세일러의 연구에서는 티켓을 더 비싸게 산 사람일수록 관람을 강행하겠다고 하는 비율이 높았다. 올리보라는 이 설문을 조금 바꿔, 참가자들에게 친구로부터 입장권을 얻은 상황이라고 가정하게 했다. 그리고 일부 참가자들에게는 친구가 그 입장권을 200달러에 샀다고 말해줬고, 다른 참가자들에게는 친구가 입장권을 공짜로 얻었다고 설명했다. 다시 말해, 자신이 아닌 다른 사람이 지불한 비용에 대해 '매몰 비용 효과'가 나타나는지를 알아본 것이다. 올리보라는 똑같은 효과를 발견했다. 사람들은 다른 사람이 지불한 비용이라도 '매몰 비용 효과'에 따라 행동한다. 다른 종류의 실험—이미 배가 부른데 남은 케이크 먹기, 재미없는 영화 계속 보기, 일정이 겹치는 두 여행 중에 고르기 등—에서도 마찬가지였다.

　　이제 푸홀스는 그만 괴롭히겠다. 최근 야구계에 '매몰 비용 오류'가 연쇄적인 오판으로 이어져 결국 첫 실수 때는 의사 결정 라인에 포함돼 있지도 않았던 단장의 목이 날아간 다른 사례가 있기 때문이다.

　　짐 토미는 2002년 시즌이 끝나고 FA가 됐을 때 여전히 맹타를 휘두르고 있었다. 52개의 홈런으로 2년 연속 아메리칸리그 홈런 2위에 올랐고 장타율과 볼넷은 1위였다. 여전히 주전 1루수로 뛰고 있었지만 수비력이 하락해 몇 년 안에 지명타자로 보직을 바꿔야할 듯했다. 그해 필라델피아 필리스는 시즌을 80승 81패로 마치며 와일드카드에 15경기차로 뒤져 포스트시즌행에 실패했다. 그래서 필라델피아는 6년간 총액 8400만 달러에 토미를 영입했다. 대부분의 타자들이 하락세일 37세 시즌까지 이어질 계약이었다.

첫 시즌은 괜찮았다. 클리블랜드 때만큼은 아니었지만 준수한 방망이 실력으로 WAR 4.7을 기록했다. 2004년에는 WAR이 3.3으로 떨어졌는데, 여기서부터 이야기가 흥미로워진다. 필라델피아의 한 '깜짝 유망주'가 마이너리그를 폭격하고 있었기 때문이다. 미시간 대학을 졸업하고 2001년 5라운드에 지명된 건장한 1루수 라이언 하워드는 두 가지를 특히 잘 했다. 삼진 당하기와 초대형 홈런 치기.

필라델피아도 할 말이 있는 것이, 라이언 하워드가 성공할 거라고 생각한 사람은 별로 없었다. 키 190cm에 몸무게 113킬로그램의 거구에 발이 느려 어디서든 눈에 띄었지만, 타고난 재능은 눈에 띄지 않았던 것이다. 필리스 구단도 하워드의 재능을 별로 믿지 않았다. 22살에 맞이한 프로 첫 시즌에, 구단은 하워드를 1년 내내 하위 싱글A에 방치했다. 싱글A 레이크우드 블루클로스에서 하워드는 0.280/0.367/0.460에 19홈런을 기록해 월터 영(역시 22살로 덩치가 너무 커서 하워드조차 옆에 서면 호세 알투베처럼 보일 정도였다.)과 특급 유망주 앤디 마르테[54]에 뒤진 3위에 올랐다.[미주8] 보통 하워드처럼 대학을 졸업한 선수가 그 정도로 활약하면 시즌 중에 상

---

54) 도미니카 출신의 내야수. 애틀랜타 마이너리그 시절 최고의 유망주로 꼽혔지만 메이저리그에서 꽃을 피우지 못했다. 2015년과 2016년 KBO리그 KT 위즈에서도 활약했다. 2017년 1월, 교통사고로 세상을 떠났다.

위 싱글A로 승격되는 게 일반적이다.

　필라델피아는 다음 해에 하워드를 상위 싱글A 클리어워터로 승격시킨 다음… 또 1년 내내 방치했다. 하워드는 여기서도 꽤 잘 쳤다. 0.304/0.374/0.514에 23홈런으로 리그 홈런 1위, 32개의 2루타로 4위에 올랐다. 2004년 하워드는 더블A 레딩 구단에서 뛰었다. 레딩의 홈구장은 이스턴리그에서 홈런 타자에게 가장 유리하기로 소문난 구장이다. 하워드는 마침내 잠재력을 터뜨렸다. 레딩에서 102경기를 뛰며 37개의 홈런을 터뜨린 뒤, 트리플A로 승격해 29경기에서 홈런 9개를 추가했고, 9월에는 마침내 메이저리그에 콜업돼 2방을 더 쳤다. 1년 동안 150경기에서 48홈런을 터뜨린 것이다. 하워드가 더블A에 머물렀다면 이스턴리그 한 시즌 최다 홈런 기록인 41개를 넘어섰을 것이다. 이 기록은 2019년까지도 유지되고 있다.

　하지만 하워드에게는 치명적인 약점 하나가 있었다. 홈런에 동반되는 엄청난 삼진이었다. 2002년 하위 싱글A 리그에서 삼진 2위에 올랐고(1위였던 줄리언 베나비데스는 더블A 위로 올라가지 못했다), 2003년 상위 싱글A 이스턴리그에서는 7월 30일까지만 뛰고도 삼진 3위에 올랐다. 당시 삼진 순위 상위권에 있던 선수 중에 메이저리그에서 꽤 활약한 다음 선수를 찾으려면 18위까지 내려가야 한다.

　하워드의 삼진 빈도는 당시로서는 용납되지 못할 수준이었다. 어느 리그에서도 삼진 비율이 25퍼센트 밑으로 내려가지 않았고, 더블A와 트리플A에서는 29%를 넘었다. 하워드가 삼진 비율 29.8퍼센트를 기록한 더블A에서, 시즌의 절반 이상 뛴 타자 가운데 삼진 비율 25.1%를 넘긴 다른 선수는 아무도 없었다. 시간이 흐르고 나서야 드러났지만, 하워드는 예외였다. 삼진 순위에 하워드 근처에 있었던 선수들 중에는 메이저리그에서 성공한 선수는 고사하고 승격 경험이 있는 선수조차 없었다. 당시 모두가 하워드에게 의심의 눈초리를 거두지 않았던 것은 당연한 일이다. 하워드만 예외일 가능성보다는, 하워드도 실패할 가능성이 훨씬 높아 보인 것이다.

하지만 필리스 구단이 하워드에게 믿음을 주지 않은 또 다른 이유는 빠르게 노쇠해가던 짐 토미에게 투자한 액수였다. 토미는 필리스에서의 첫 해, 계약 기간 중 가장 좋은 활약을 펼쳤다. 그리고 33살이던 2004년부터 하락세를 걸었다. 하워드는 증명되지 않았고, 명백히 리스크가 큰 유망주였다. 하지만 필리스는 하워드를 공짜로 쓸 수 있었다. 하워드를 쓰는데 치러야 할 비용은 돈이 아니라 출전 기회, 그리고 로스터 한 자리였다.

필라델피아는 토미의 기용을 고수했다. 하워드는 2005년을 마이너리그에서 시작했고, 토미는 4월에 0.203/0.347/0.304로 부진하다 5월 중순 부상자 명단에 올랐다. 하워드는 토미가 빠진 2주 동안 빅리그로 승격됐지만 선발 출전 기회는 드물었다. 필리스는 하워드를 1루수로 투입하기보다 스타 2루수 체이스 어틀리의 포지션을 변경해 1루수로 기용하는 걸 선호했다. 토미가 부상에서 돌아오자 하워드는 트리플A로 도로 내려갔다. 토미는 6주 뒤인 7월 1일에 다시 부상자 명단에 올랐고 그해 돌아오지 못했다. 다시 메이저로 승격한 하워드는 첫 경기에서 4타수 2안타를 쳤다. 그리고 시즌이 끝날 때까지 21홈런에 0.296/0.365/0.585를 기록해 내셔널리그 신인왕에 선정됐다. 그해 겨울, 필리스는 토미를 시카고 화이트삭스로 트레이드해 하워드에게 1루 자리를 비워줬다. 하워드는 이

듬해 내셔널리그 홈런왕과 타점왕을 석권하며 MVP까지 선정됐다.[미주9]

필라델피아가 2005년 개막전 1루수를 토미로 낙점하고, 5월말에 부상에서 돌아온 토미에게 다시 1루수를 맡기고 하워드를 내려 보낸 결정에는 '매몰 비용 오류' 말고도 많은 이유들이 있을 것이다. 하지만 당시 언론 기사들을 보면 토미의 위상과 계약 상황이 중요한 변수였던 것이 확실하다. '스포츠 일러스트레이티드'의 앨버트 챈은 그해 토미가 수술로 시즌을 마감하기 전인 8월 1일자 기사에서, 토미가 부상자 명단에서 돌아오면 필라델피아는 '하워드를 허약한 벤치에서 대타 요원으로 활용할 것'이라고 전망했다.[미주10] 7월에 하워드가 토미의 빈자리를 완벽하게 메우며 0.289/0.371/0.522의 맹타를 휘두르고 있었지만, 필라델피아 구단은 베테랑이라는 입지와 고액 연봉 때문에 토미를 선발 1루수로 선호하고 있었던 것이다. 과거 성적 때문에 구단이 토미에 대한 신뢰를 유지하고 있었지만, 토미는 2005년에 아무런 활약을 하지 못했고 이미 심각한 부상에 시달리고 있었다. 하워드 대신 토미를 끝까지 밀어붙였다면 필라델피아는 치명적인 전력 타격을 입었을 것이다. 어찌 보면 토미의 심각한 부상 때문에 필라델피아가 실수를 피한 것이다.

'매몰 비용 오류'를 피하려면 향후 의사 결정의 비용과 수익을 계산할 때 이미 지불된 비용(혹은 이미 얻은 이득)을 빼야 한다. 과거의 지출을 고려 대상에서 제외하면, 어떤 결정의 잠재적인 이득과 손해를 추정할 때 '본전 생각'이 수반되는지 쉽게 알 수 있다.

나는 '매몰 비용 오류'를 피하기 위한 최고의 조언을 예상치 못한 사람으로부터 얻었다. 나는 보드게임의 열혈 애호가이고, 관련 잡지와 인터넷

사이트에 게임 리뷰를 써 왔다. 최고 수준의 전략 보드게임을 만드는 회사 중 하나는 제이미 스테그마이어가 이끄는 '스톤마이어 게임즈'다. 스테그마이어는 〈스키스 앤 차터스톤〉 같은 게임을 만들었으며, 〈윙스팬〉으로 여러 상을 휩쓸었다. 제이미는 스톤마이어 사의 블로그에 글도 자주 쓰는데, 그 중에는 오랫동안 함께 했던 판매상을 고집하느라 필요한 변화를 거부하고 '매몰 비용 오류'에 빠졌던 상황에 대한 설명도 있다. 그는 오류를 피하기 위한 3가지 단계를 제시했다 :

> 매몰 비용 문제가 있다는 걸 인정하라
> 끈질기고 반복적으로 자문하라. '지금 이대로' 1주일 동안 행복할 수 있는지.
> 자문의 결과에 따라 행동하라.[미주11]

첫 번째 단계가 가장 어렵다. 하지만 문제를 인정하지 않으면 풀 수도 없다. 의사 결정을 할 때, 혹은 할지 말지를 고민할 때마다 매몰 비용이 있는지를 찾아라. 이미 써버린 돈과 시간, 노력에 대한 감정적 무게를 제거하고 나면, 대안에 대한 합리적 분석이 가능할 것이다. 그런 다음에 판매상을 바꿀지, 1루수를 교체할지, 혹은 농구 경기를 보러갈지 결정하라.

[미주]

1. "Diamondbacks Designate Right-hander Ortiz," Associated Press, June 14, 2006.

2. Randolph McAfee, Hugo Mialon, and Sue Mialon, "Do Sunk Costs Matter?" Economic Inquiry 48 (2010): 323 – 36.

3. Ibid.

4. Hal R. Arkes and Catherine Blumer, "The Psychology of Sunk Cost," Organizational Behavior and Human Decision Processes 35, no. 1 (February 1985): 124 – 40.

5. Barry Schwartz, "The 'Sunk-Cost Fallacy,'" Los Angeles Times, September 17, 2006.

6. Daniel Trotta, "Iraq War Hits U.S. Economy: Nobel Winner," Reuters, March 2, 2008.

7. Christopher Y. Olivola, "The Interpersonal Sunk-Cost Effect," Psychological Science 29, no. 7 (2018): 1072 – 83.

8. 영과 마르테는 불운한 공통점이 또 있다. 둘 다 30대 중반에 요절했다. 영은 심장 마비로, 마르테는 고국 도미니카 공화국에서 자동차 사고로 세상을 떠났다.

9. 사실 하워드는 내셔널리그는 고사하고 필라델피아의 우측 내야에서조차 가장 뛰어난 선수가 아니었다. 2루수 체이스 어틀리의 WAR이 하워드보다 1승 이상 높았다. 어틀리가 뛰어난 2루 수비를 겸비했던 반면, 하워드는 최전성기에조차 1루 수비 실력이 평균 이하였다.

10. Albert Chen, "First Priority," Sports Illustrated, August 1, 2005. 11. Jamey Stegmaier, "Overcoming the Sunk Cost Fallacy (KS Lesson #268)," Stonemaiergames.com, July 11, 2019.

11. Jessica E. Lessin and Joann S. Lublin, "Apple Required Executives to Hold Triple Their Salary in Stock," Wall Street Journal, February 28, 2013.

CHAPTER 12

'탱탱볼' 문제

낙관 편향, 혹은 '보고 싶은 것만 보는 것'

Optimism Bias

메이저리그 공인구의 물리적 특성은 2015년 올스타 브레이크 이후 변하기 시작했다. 홈런이 점차 늘더니 2019년 들어 폭증했다. 뉴욕 양키스가 2018년 세운 역대 최다 팀홈런 기록 267개를, 2019년에 4팀이 넘어섰다. 미네소타 트윈스와 양키스는 300홈런을 돌파했다. 역사상 13개 팀이 한 시즌 250개 이상의 홈런을 쳤는데, 그 중 7개 팀이 2019년에 나왔다.

홈런 열풍은 메이저리그에만 그치지 않았다. 오랫동안 메이저리그와 마이너리그는 다른 공인구를 사용해왔으나, 2019년 트리플A 두 리그가 메이저리그 공인구를 쓰기 시작했다. 그 결과, 2019년 트리플A 올스타전 이전까지 나온 홈런이 2018년 시즌 전체 홈런보다 많아졌다.

메이저리그는 시즌 전반기 내내 그 이전과 동일하게 대처했다. 모든 의혹을 부인한 것이다. 2018년 봄에는 과학자들을 모아 연구도 시켰는데, 문제의 구체적인 원인을 찾지 못했다. 하지만 문제가 심각해지자 2019년 9월 롭 만프레드 커미셔너는 '포브스'지의 모리 브라운과의 인터뷰에서 "공인구가 더 예측 가능하고 일정한 특성을 보이도록 바꿀 것이 있는지를 살필 필요가 있다"라고 인정했다.[미주1] 공인구가 가져온 엄청난 영향에 비하면 뜨뜻미지근한 반응이었다. 홈런을 쳐서 기뻐하는 타자가 있으면, 그 때문에 상처받는 투수도 있다. 그런데 이건 시작에 불과했다.

폭발적인 홈런 증가는 메이저리그 구단들에게 골칫거리가 됐다. 구단 애널리스트들은 이전과는 완전히 달라진 2019년의 기록들 때문에 선수들의 성적 예측을 모조리 바꿔야 했다. '리그 평균'과 '대체 선수 수준'도 모두 달라졌다. 앞으로도 문제다. 리그 사무국이 2019년 공인구가 어떤 특성을 보일지 알지 못했다면, 앞으로는 제대로 예측할 수 있을까? 2019년 포스트시즌에 사용된 공은 정규시즌 공인구와는 또 다른 특성을 보인다는 명백한 증거들이 있다. 그럼 2020년에 사용할 공은 어느 버전일까? 스카우트들도 기존 생각들을 재검토해야 했다. '평균의 파워'에 대한 기준이 20년 전과 달라진 걸까? 피트 알론소가 첫 시즌에 37홈런 정도를 칠 것으로 예상했다면(이 정도도 엄청난 기록이지만), '탱탱볼'로 53홈런을 쳤으니, 당신의 예측은 틀린 걸까?

나도 이 문제로 골머리를 앓고 있다. 모두가 2019년 선수 기록을 어떻게 해석해야 할지 확신을 못하면서 미래의 성적 예측도 흔들리고 있다. 쉽게 생각하자면 모든 선수들이 바뀐 공인구의 영향을 똑같이 받았다고 가정하면 된다. 하지만 실제 증거들을 보면 그렇지 않다. 그렇다고 개별 선수마다 일일이 보정한다면 객관성이 흔들린다. 게다가 이전과 확 달라진 기록 때문에 또 다른 편향이 개입할 가능성도 있다. 기록을 해석하는 사람이 자신이 믿고 싶은 데이터를 중시하는, '낙관 편향'이 발생할 수 있다. '낙관 편향'의 뜻은 말 그대로다. 이전에는 한 시즌에 홈런을 6개 이상 친 적 없던 A선수가 2019년에 갑자기 23홈런을 쳤을 때, 그 23홈런이 진짜 실력이고 지속 가능하다고 믿으려는 편향이다. '낙관 편향' 때문에 사람들은 부정적인 사건의 확률을 낮게 보고 긍정적인 사건의 확률을 과대평가한다. 이 편향은 마음의 방어 기제다. 이 편향이 없다면 우리는 아침에 일어나기도 싫을 것이고, 출근길은 지금보다 더 끔찍할 것이다. 하지만 불행하게도, 우리의 희망과 달리 좋은 사람에게도 나쁜 일은 일어나게 돼 있다. 나쁜 결과에 대해서도 대비를 하는 것이 좋은 의사 결정의 필수 요소다.

2019년의 공인구가 달라졌다는 증거는 시즌 시작 때부터 나왔다. 타자들이 홈런을 더 자주, 더 멀리 치기 시작했다. 4월 30일까지 터진 홈런이 무려 1144개로 2018년 8월보다 25개 많은 역대 월간 최다 홈런 기록이었다. 경기당 홈런으로 따져도 역사상 4번째로 많았다.[미주2] 5월에는 더했다. 414경기에서 1135개의 홈런이 터져 경기당 2.74개로 역대 최다 기록을 갈아치웠다.[미주3]

신기록은 계속 쏟아졌다. 6월의 경기당 홈런 수치는 5월보다 높았고, 7월은 6월보다 높았으며, 8월에 정점에 올랐다. 1228개의 총 홈런과 경기당 2.95의 홈런 모두 역대 최고 기록이었다. 9월에 경기당 2.72개로 약간 떨어졌지만, 2019년 이전의 어느 월간 기록보다 높았다. 한편 텍사스의 노마 마자라는 무려 505피트(약 154미터)의 홈런 비거리를 기록해 스탯캐스트[55] 시대 최고 기록을 세웠다. 450피트(약 137미터) 이상 날아간 홈런은 2018년의 82개에서 123퍼센트 폭증한 183개로 늘어났다.

---

55) 투구와 타구, 선수의 움직임을 측정하는 시스템. 2015년 메이저리그 모든 구장에 도입됐다. 2019년까지는 레이더 기술을 이용한 '트랙맨' 사의 장비가 사용됐고, 2020년부터는 광학 카메라를 이용한 '호크아이' 시스템으로 측정하고 있다.

도대체 무슨 일이 벌어진 건가? 공인구의 변화에 대해 '디 애슬레틱'에 몇 차례 칼럼을 기고한 천체물리학자 메레디스 윌스 박사에 따르면, 야구공의 물리적 특성은 2015년 이후 최소 두 차례 변했다. 첫 번째 변화는 2015년 중반부터 2015년 후반 사이에 있었다. 야구공 실밥의 실이 굵어졌다. 뜨개질이 취미인 윌스 박사는 야구공 여러 개를 분해해서 실의 굵기를 측정했다. 실이 굵으면 가죽을 묶는 힘이 세져 공이 더 완전한 구형에 가까워지고, 그러면 공의 항력이 낮아져 비거리가 늘어난다. 또한 실이 굵어지면 투수들의 손가락 물집 부상이 증가할 수 있다.[미주4]

그런데 2019년의 이슈는 실의 굵기가 아니라 실밥의 높이였다. 실밥의 높이가 거의 절반으로 낮아진 것이다. 또한 2019년 공인구는 가죽 표면이 훨씬 매끄러워졌다. 윌스 박사는 가죽 표면의 마찰 저항이 2018년 공인구보다 $\frac{1}{4}$ 이상 감소했다는 걸 밝혀냈다. 이런 변화들 때문에, 2019년 공인구는 항력이 큰 폭으로 감소했다. 같은 속도로 출발해도 공기 저항을 덜 받아 더 멀리 날아가게 된 것이다. 그 결과는 홈런 대폭발이었다. 홈런 개수의 의미 자체가 달라졌다. 아래 표는 지난 두 시즌에 20홈런, 25홈런, 30홈런, 40홈런을 친 타자들의 숫자다. 폭발적인 증가를 바로 알 수 있다.

홈런	2018	2019	증가폭
20개	100명	129명	29%
25개	48명	80명	167%
30개	27명	58명	115%
35개	3명	10명	233%

피트 알론소는 2019년에 53홈런으로 역대 신인 최고기록을 세웠다. 하지만 알론소의 승리기여도는 역대 50홈런 타자들 가운데 3번째로 낮았다. 모두가 홈런을 치는 세상에서는 홈런의 상대적 가치가 감소하기 때문이다.

'낙관 편향'은 우리가 생각하고 싶은 것만 생각하게 만드는 여러 심리적 오류 중 하나다. 우리는 자신의 예측 정확성을 과신할 수도, 우리의 다른 능력을 과대평가할 수도 있다. 이건 '과신 편향'이라 부른다. 자신의 예측이 남보다 낫다고 느끼거나, 틀릴 가능성과 범위를 객관적으로 보지 않는 것이다. 그리고 '계획 오류'라는 것도 있다. 어떤 과제가 실제보다 빨리, 그리고 적은 비용으로 끝날 거라고 지레짐작하는 경향이다.

심리학자 닐 와인스타인과 윌리엄 클라인이 1996년에 발표한 논문 『비현실적 낙관주의 : 현재와 미래』는 다음의 통명스럽지만 부인할 수 없는 문장으로 시작한다. '사람들은 스스로 남보다 낫다고 생각하는 경향이 있다.' 저자들은 인간이 부정적인 사건이 발생할 확률을 낮게 보는 본능적 습관이 있다고 설명한다.[미주5]

'낙관 편향'이 처음 알려진 건 1925년으로 거슬러 간다. 초기 연구에서는 이것을 심리 오류가 아니라 미래의 불확실성에 대한 걱정으로부터 마음을 지키는 방어 기제로 파악했다. 카너먼과 트버스키는 나중에 '계획 오류'라는 용어를 고안하면서, '비현실적일 정도로 최상의 시나리오에 근접한 계획이나 예측을 하는 경향'으로 정의하고 '통계나 유사 사례를 참고하는 것이 극복에 도움이 된다'라고 썼다.[미주6]

일반적인 스포츠 선수의 향후 성적 예측은 과거 성적과 나이 등 관련된 모든 변수들을 미리 만들어놓은 예측 모델에 집어넣어 값을 얻는 과정이다. 이런 예측 시스템은 유별난 예외의 가능성을 놓치게 마련이다. 신체나 동작의 변화, 부상, 혹은 순전히 운 때문에 성적이 확 달라지는 경우까지 예측하기는 어렵다. 예측 시스템의 목표는 선수들의 미래 성적에 대한 '적절한 범위'를 예상하는 것이다. 앞으로 펼칠 활약의 상한선과 하한선을 추정하는 것이다. 그런데 이런 예측의 기반이 변하면, '낙관 편향'이 개입할 여지가 커진다. 야구라는 종목의 속성 자체가 불확실성이기 때문이다.

최근의 홈런 폭증 때문에 모든 선수들의 홈런이 늘어났다. 하지만 개별 선수들이 똑같이 홈런을 더 치는 건 아니다. 앞으로도 이렇게 홈런이 많이 나올지는 불투명하다. 선수들의 향후 성적을 예측할 때 —트레이드나 선수 영입, 혹은 연봉 책정에 있어 필수 과정이다— 지금 소개할 이 선수들은 대체 어떻게 예측해야 하는가?[미주7]

〈배럴/타구〉

이름	팀	2018	2019	증가폭
미치 가버	미네소타	5.6%	15.5%	9.9%
미겔 사노	미네소타	11.8%	21.2%	9.4%
오스틴 슬레이터	샌프란시스코	2.3%	10.1%	7.8%
바이런 벅스턴	미네소타	1.6%	8.3%	6.7%
하위 켄드릭	워싱턴	4.8%	11.4%	6.6%
호르헤 솔레어	캔자스시티	10.3%	16.9%	6.6%
루그네드 오도어	텍사스	7.1%	13.6%	6.5%
데이비드 프리즈	LA 다저스	9.0%	15.3%	6.3%

챈스 시스코	볼티모어	4.3%	10.4%	6.1%
오스틴 메도우스	탬파베이	6.4%	12.5%	6.1%
넬슨 크루즈	미네소타	13.8%	19.9%	6.1%
얀디 디아즈	탬파베이	4.4%	10.4%	6.0%
조시 벨	피츠버그	7.0%	12.7%	5.7%
조던 러플로우	클리블랜드	6.8%	12.1%	5.3%
로베르토 페레즈	클리블랜드	5.9%	11.0%	5.1%
크리스 아이아네타	콜로라도	9.3%	14.3%	5.0%
자코비 존스	디트로이트	5.9%	10.7%	4.8%
유지니오 수아레스	신시내티	9.7%	14.0%	4.3%
케텔 마르테	애리조나	5.0%	9.3%	4.3%
마커스 세미언	오클랜드	4.5%	8.5%	4.0%

이 표는 각 타자들이 '배럴 타구(Barrels. '방망이 중심'이라는 뜻)'를 날리는 빈도를 보여준다. MLB.com은 '배럴'을 '스탯캐스트가 모든 구장에서 설치된 2015년 이후, 최소 타율 5할—장타율 1.500으로 이어진 발사속도—발사각도의 타구'라고 정의한다.[미주8] '배럴'은 최소 발사 속도가 시속 98마일(157.7km) 이상이며, 발사 각도는 26-30도로 시작해 타구 속도가 빨라질수록 폭이 커진다.

이 표에는 미네소타 선수 4명이 포함돼 있다. 38살에 생애 최고 장타율을 기록한 넬슨 크루즈도 그 중 한 명이다. (36살과 37살, 그리고 39살에 차례로 생애 최고 장타율을 경신한 배리 본즈를 방불케 한다) 탬파베이가 2018년에 다른 팀에서 데려 온 두 명도 이름을 올렸다. 이 팀들이 타구의 발사 각도를 높이거나(메도우스는 발사각도가 3도나 높아졌다) 속도를 빠르게 하는 노하우가 있을 수도 있다. 혹은 그냥 공인구의 변화 때문일 수도 있다.

안디 디아즈는 2018년 299타석에서 홈런을 1개밖에 못 쳤다. 그런데 2019년 부상으로 시즌 절반 밖에 못 뛰고도 14개를 쳤다. 디아즈의 발사 각도는 거의 변한 게 없어서 투수를 포함한 전체 선수들 중 하위 10퍼센트다. 유지니오 수아레즈는 2017년 26개, 2018년 34개로 홈런수를 늘리더니 2019년 49홈런으로 폭발했다. 2년 사이에 '배럴 비율'도 2배가 늘었다. 발사 각도도 생애 최고치를 기록했지만, 발사 속도는 2019년에 오히려 2마일이 줄었다.

호르헤 솔레어는 2019년에 메이저 데뷔 이후 처음으로 부상 없는 한 해를 보냈고, 통산 홈런을 두 배로 늘렸다. 컵스가 처음 데려올 당시에 생각했던, 그리고 내가 2012년에 애리조나 루키 리그에서 처음 관찰했을 때 짐작했던 잠재력을 마침내 폭발시켰다. 발사 시속 92.6마일로 생애 최고치를 찍었고, 타구 2개에 하나 꼴로 시속 95마일을 넘기며, 캔자스시티 구단 사상 최다인 48홈런과 33개의 2루타를 터뜨렸다. 이건 솔레어의 건강 회복 때문인가, 아니면 '탱탱볼' 때문인가? 솔레어는 2019년 시즌이 끝난 뒤 400만 달러짜리 계약에서 옵트아웃하고 연봉 조정 신청을 할 수 있다. 당신이 이 책을 읽을 때쯤이면 이미 결과가 나와 있을 것이다.[56] 당신이 캔자스시티의 단장이라면, 솔레어의 내년 가치를 어떻게 결정해야 할까? 솔레어가 각성한 결정적 이유가 바뀐 공인구일 수 있다는 걸 아는 상황에서?

---

[56] 솔레어와 캔자스시티 구단은 연봉 조정 청문회를 피하고 730만 달러에 2020년 연봉을 합의했다. 솔레어는 2020년에 사근 부상 때문에 43경기만 뛰었고, 2019년 대비 성적이 급락했다. 최종 성적은 홈런 8개에 0.228/0.326.0.443.

나는 이 명단에 오른 선수들 모두 '횡재'했을 가능성이 있다고 본다. 일부 선수들은 정말 기량이 향상됐을 수 있다. 일부는 때맞춰 건강을 회복했을 수도 있다. 모든 변수들 중 '탱탱볼 효과'가 어느 정도였는지 추정하는 것은 2020년 시즌을 준비하는 메이저리그 애널리스트들에게 대단히 어려운 과제다. 호르헤 솔레어나 오스틴 메도우스의 2019년 성적을 잠재력이 마침내 터졌고 앞으로도 같은 수준의 기량을 보일 거라고 무작정 믿는 것은 앞서 언급한 '낙관 편향'이다. 믿는 건 자유다. 메이저리그가 '탱탱볼' 사용을 중지하면 이 선수들이 새로 얻은 장타력 중 일부가 사라질 수 있다는 게 문제일 뿐.

지난 7월 한 구단의 스카우트 팀장도 트리플A의 홈런 폭증 사태를 언급하며 내게 비슷한 질문을 했다. "이 선수들의 기량을 어떻게 평가해야 할까요?" 트리플A의 두 리그 중에 인터내셔널리그는, 로키산맥 지역에 많은 구장들이 위치한 퍼시픽코스트리그에 비해 타자들에게 불리했다. 그런 인터내셔널리그에서, 2009년에 20홈런 타자가 29명이 나왔고 3명은 30홈런을 넘겼다. 2018년에 20홈런 타자는 5명에 불과했고, 홈런 1위는 23개였다. 트리플A 타자들을 오래 관찰한 스카우트라면, 해당 리그에서 어느 정도가 평균이고 어느 정도면 좋은 장타력인지에 대한 감이 있다. 그 감이 뿌리째 흔들린 것이다. 게다가 트리플A 밑에 있는 마이너리그까지 관찰한다면 혼란은 더할 것이다. 그곳에서는 아직도 예전의 덜 날아가는 공인구를 쓰고 있기 때문이다. 싱글A 타자가 완전히 다른 공인구를 쓰는 메이저리그에서 홈런 몇 개를 칠지 예측할 수 있을까? 스카우트계에서 이런 혼란은 이른바 '깡총볼 Rabbit Ball'이 사용된 1987년 이후 처음이다. 그때도 메이저리그 전체에서 홈런이 폭증했다. 그해 24홈런을 친 웨이드 보그스는 다른 시즌에는 한 번도 11개를 넘긴 적이 없었다. 그때도 리그 사무국은 공이 달라졌다는 걸 부인했다. 스카우트들은 그때도 전혀 다른 공을 쓰는 리그에서 선수의 성적이 어떻게 변할지 예측하는 고역을 치러야 했다.

2019년 포스트시즌은 문제를 더 복잡하게 만들었다. 메이저리그 사무국은 포스트시즌에 사용된 공인구에 변화를 줬다는 의혹을 부인했다. "포스트시즌 공인구는 정규시즌 때 사용됐던 공과 같은 제품군에서 고른 것이다. 정규시즌 공인구와 포스트시즌 공인구는 같은 재료로 같은 공정을 통해 제작된다." 이 설명은 포스트시즌 경기 타구들의 물리적 특성과는 맞지 않았다. 데이터는 야구공 자체의 물리적 특성이 또 바뀌었음을 시사했다. 공인구를 둘러싼 혼란 때문에, 팀들은 2020년 성적 예측을 3가지 버전으로 준비해야할 듯하다. '탱탱볼' 사용 버전, 포스트시즌의 '무른 공' 버전, 그리고 그 중간 어디쯤.

[미주]

1. Maury Brown, "Manfred: 'We Need to Make a Change to the Baseball,'" Forbes, September 25, 2019.

2. MLB는 지난 몇 년 동안 시즌을 조금 일찍 시작했다. 그래서 '4월 총합'에는 3월말의 몇 경기가 포함돼 있다. 그래서 다른 시즌들과 비교할 때는 전체 개수보다는 경기당 개수를 쓰는 게 더 공정할 것이다.

3. Noah Frank, "Home Run Happy? MLB's Record-Breaking April Sign of Times," WTOP, May 1, 2019.

4. Meredith Wills, "Yes, the Baseball Is Different—Again. An Astrophysicist Examines This Year's Baseballs and Breaks Down the Changes," TheAthletic.com, June 25, 2019.

5. N. D. Weinstein and W. M. Klein, "Unrealistic Optimism: Present and Future," Journal of Social and Clinical Psychology 15, no. 1 (1996): 1 - 8, doi:10.1521/jscp.1996.15.1.1.

6. Kahneman. Thinking, Fast and Slow. p. 250.

7. Source: Daren Willman's BaseballSavant at baseballsavant.mlb.com. This isn't a complete leaderboard; I've deleted some players due to low playing time, known injuries, etc.

8. MLB.com Statcast Glossary.

CHAPTER 13

'편향에서 자유로운 의사 결정'이란

구단 임원들이 말하는, 스마트한 트레이드와 계약을 만든 사고 과정

Good Decisions

지금까지 나는 야구계 사람들이 인지 편향이나 환상 때문에 저지른 숱한 나쁜 결정과 실수를 소개했다. 실수로부터 교훈을 얻어 더 나은 의사 결정을 하기 위해서다. 야구 역사에는 좋은 결정도 수두룩하다. 그 결정이 내려진 당시에는 외부인들 눈에 의문스럽게 보였지만 시간이 흐르면서 좋은 결과로 이어진 것들도 있다. 나는 전현직 구단 임원들에게 첫 평가보다 결과가 좋았던 결정들이 어떻게 이뤄졌는지 알려달라고 간청했다. 몇 명이 친절하게 경험을 공유해주었다. 이번 장에서는 외부 의견과 반대되는 선택으로 좋은 결과를 얻어낸 단장들의 '좋은 결정 체험기'를 소개한다.

알렉스 앤소풀로스가 토론토 블루제이스의 단장으로 선임된 2009년 10월, 그에게 주어진 첫 번째 과제는 로이 할러데이를 트레이드하는 것이었다. 할러데이는 토론토 구단 역사상 가장 위대한 선수 중 한 명이었고 당시 구단의 최고 스타였지만, 다음 시즌이 끝난 뒤 FA가 될 예정이었다. 부담스러운 임무였지만, 앤소풀로스는 결국 두 달 뒤 트레이드를 성사시켰고 밑지지 않았다는 평가를 받았다. 할러데이를 필라델피아로 보내고 1라운드 지명자 출신 유망주 3명을 데려왔다.[미주1] 3명 중 2명은 꽃을 피우지 못했다. 나머지 한 명, 트래비스 다노도 성공하지는 못했지만, 훗날 투수 R.A 디키를 데려오는 트레이드 카드로 썼으니 손해는 아니었다.

단장으로 첫 시즌을 마친 뒤, 앤소풀로스는 새로운 딜레마와 마주쳤다. 이번에도 1년 뒤 FA로 떠날 선수를 어떻게 할 것인가 하는 문제였다. 호세 바티스타는 드래프트에서 피츠버그 파이리츠에 지명된 뒤, 3개 구단을 옮겨 다녔고,[미주2] 다시 피츠버그로 돌아갔다가, 2008년 8월 트레이드를 통해 토론토에 왔다. 2008년 말 메이저리그에 데뷔한 바티스타는 21경기에서 0.214/0.237/0.411에 그쳤고, 다음 시즌을 빅리그에서 시작할 수 있을지 불투명했다.

2009년 4월 잠시 맹타를 휘두른 바티스타는, 출루 능력은 괜찮지만 타율이 낮은 원래 모습으로 돌아갔다. 8월 25일까지 바티스타의 성적은 258타석에서 홈런 달랑 3개에 0.227/0.352/0.318이었다. 출루율 빼고는 눈에 띄는 게 없었다.

8월 25일은 내가 임의로 고른 날짜가 아니다. 다음 날 바티스타는 팀 동료 버논 웰스와 대화를 나눴고 타석에서의 자세, 특히 타이밍을 바꿔보라는 조언을 들었다. 그날부터 시즌 끝까지 바티스타는 0.248/0.345/0.561을 기록하고 9월에만 10홈런을 터뜨렸다. 예전과 완전히 다른 모습인 건 확실했지만 샘플이 작았고, 9월 확장 로스터[57]를 상

---

57) 2019년까지 메이저리그 선수 로스터는 팀당 25명이었는데, 9월에만 40인 로스터에 포함된 선수를 모두 등록할 수 있었다. 2020년부터는 이 '9월 확장 로스터'가 축소돼 팀당 28명씩 허용될 예정이었다가, 코로나 19 때문에 단축 시즌이 진행되며 제도 변경이 이후로 미뤄졌다.

대로 한 성적이라 완전히 믿기도 부담스러웠다. 야구 관계자들 사이의 상식이다. 스프링캠프와 9월 성적을 믿지 마라.

하지만 바티스타의 각성은 2010년에도 계속됐다. 주전으로 뛰기에는 타격 능력이 모자랐던 선수에서, 명실상부한 스타이자 MVP 후보로 거듭났다. 대부분 선수들보다 늦은 29살에 전성기를 시작한 것이다. 바티스타는 그해 0.260/0.378/0.617을 기록했으며, 빅리그에서 가장 많은 54개의 홈런을 쳤고―배리 본즈가 역대 최다인 73개의 홈런을 친 2001년 이후 4번째로 많은 홈런이었다―WAR 7을 기록해 아메리칸리그 8위에 올랐다. 시즌 전까지 바티스타의 통산 WAR은 '베이스볼 레퍼런스' 기준으로 정확히 0이었다. 28살 때까지 딱 대체 선수 수준이었던 선수가 갑자기 리그 최고의 선수 10명에 포함되는 슈퍼스타가 된 것이다. 바티스타는 그해 생애 첫 올스타전에 출전했고 아메리칸리그 MVP 투표에서 4위에 올랐다.

시즌이 끝난 뒤 바티스타는 FA까지 1년을 남겨두고 있었다. 블루제이스 구단은 바티스타와 연봉 조정 신청을 하거나, 1년 계약에 합의한 후 시즌 뒤 FA 때 결별할 수 있었다. 하지만 빈손으로 떠나보내고 싶지는 않았다. 그래서 두 가지 시나리오 중 하나를 선택해야 했다. 지금 트레이드해 유망주를 받아오거나, 미리 장기계약을 맺어 묶어두거나. 앤소풀로스 단장은 트레이드 시장을 알아봤지만 만족할 오퍼를 받지 못했고, 결국 바티스타와 5년 6500만 달러짜리 계약을 맺고 잔류시켰다.

이 계약에 대한 야구계의 반응은 충격 그 자체였다. 이미 서른 살이었고, 단 1년 스타급으로 활약했을 뿐인 선수에게 5년짜리 위험한 도박을 했다는 평가였다. 많은 미디어와 구단 프런트가 이 계약을 비난했고, 나

또한 무자비하게 비판했다. 우리는 틀렸다. 이 계약은 그야말로 대박이었다. 토론토는 저렴한 액수로 바티스타의 환상적인 활약을 즐겼다. 앤소풀로스는 프런트 오피스의 도움을 받아, 바티스타가 보여준 대활약에 대한 믿음이 '최신 편향'에서 비롯된 게 아니라는 판단을 내리고 장기 계약을 맺었다. 데이터를 토대로 선수의 기량이 실제로 향상됐다는 결론을 도출한 것이다. "계약 당시에는 우리도 불안했어요." 앤소풀로스의 회상이다. "혹시나 잘못되면 어쩌나 걱정도 많았고, 이 정도로 대박이 날 거라고는 기대하지 않았어요. 우리 희망보다는 높은 계약 액수에 끌려간 측면도 있죠."

"2010-2011년 오프시즌이라는 타이밍이 중요했어요." 애드리언 벨트레, 애덤 던, 빅터 마르티네스 같은 강타자들이 FA로 나와 있던 상황이었다. 그 선수들의 계약 조건은 바티스타와 토론토 구단에게 두 가지 영향을 끼쳤다. 메이저리그 등록 기간 5년을 채운 바티스타는 2월 연봉 조정 청문회에서, 위 선수들의 연봉을 비교 근거로 제시할 수 있었다. 그리고 1년 뒤 FA가 되고 나면, 바티스타는 위 선수들보다 더 많은 액수를 요구할 것이 확실했다.

저 명단에서 최고의 선수는 벨트레였다. 명예의 전당에 이름을 올릴 게 확실한 벨트레는 보스턴에서 대활약을 펼친 직후였다. 벨트레는, 앤소풀로스의 말을 빌리면 "시장이 무르익기를 기다렸다". 1월말까지 기다렸다가 텍사스와 5년 8000만 달러, 연평균 1600만 달러에 계약을 맺었다. 이보다 한 달 전에, 던은 시카고 화이트삭스와 4년 5600만 달러, 마르티네스는 디트로이트와 4년 5000만 달러에 계약했다. 댄 어글라는 바티스타와 서비스타임이 비슷했는데, 트레이드로 새 둥지를 튼 애틀랜타와 5년

6200만 달러짜리 계약을 맺었다. (벨트레의 계약은 선수와 구단 양쪽에게 원원이었지만, 던과 어글라는 재앙이었다. 마르티네스는 3년 동안 잘 했고 한 시즌은 부상으로 뛰지 못했다.)

이 선수들의 연봉—벨트레의 1600만 달러, 던의 1400만 달러, 마르티네스의 1250만 달러, 어글라의 1240만 달러—은 모두 바티스타가 FA를 선언했을 때 몸값의 기준점이 된다. 바티스타가 FA 전에 장기 계약을 맺는다면 어글라보다는 연봉이 높아야 했다. 벨트레는 바티스타보다 확실히 나은 선수였지만, 바티스타처럼 '스타급 시즌' 직후에 저 조건으로 계약을 맺었다. 다시 말해 바티스타는 연간 1500만 달러를 노릴 충분한 이유가 있었다.

"구단의 운명이 달린 결정이었어요. 바티스타는 FA까지 1년이 남아 있었고, 계약 여부는 우리 구단의 향후 방향을 바꿀 만한 것이었죠." 앤소풀로스가 회상한다. "FA가 되면 어글라, 던, 마르티네스보다는 높고, 벨트레보다는 약간 모자라는 몸값이 형성될 게 확실했어요."

계약 타이밍도 또 다른 변수였다. "2010년은 제 단장 취임 첫 해였어요. 막 리빌딩을 시작했는데 바티스타가 FA를 1년 남기고 갑자기 폭발한 겁니다. 그때 29살이었죠. 바티스타를 어떻게 해야 하지? 1년 더 지켜봐? 트레이드해? 아니면 장기 계약으로 붙잡고 리빌딩의 중심선수로 삼을까?"

선택해야 했다. 직전 시즌이 예외였을까, 아니면 진짜 기량이 향상된 걸까. 블루제이스는 후자라고 결론을 내렸다. 말도 안 되는 액수는 아니었지만, 거액을 쓰기로 결정했다.

"우리는 기량이 향상됐다고 확신했습니다. 스윙 개조 효과가 확실했어요. 우리는 그때도 타구 속도를 측정하고 있었는데, 결과가 환상적이었어요. 그 데이터가 계약 결정에 중요한 역할을 했지요. 바티스타는 출루 능력도 좋았고, 자기 관리도 철저했어요."

앤소풀로스와, 그가 공을 돌린 프런트 오피스는 바티스타의 각성은 행운이 아니었다고 뒷받침할 근거들을 확실한 데이터를 통해 마련했다. 장기 계약 결정은 '최신 편향'이 아니라 합리적 선택이었다.

첫째, 바티스타는 2008년 8월에 스윙 메커니즘의 핵심 요소를 바꿨다. 토론토의 시토 개스톤 감독과 진 테너스 타격코치, 드웨인 머피 1루 코치 등 코칭스태프는 시즌 내내 바티스타와 스윙 개조에 몰두했다. 타격 때 타이밍, 특히 빠른 공에 대한 타이밍이 계속 늦다는 걸 발견했기 때문이다. 앤소풀로스의 말을 들어보자. "그는 계속 늦었어요. 레그킥도 엄청나게 컸죠. 계속 오른쪽으로 파울이 나왔어요. 당연히 2009년 8월까지 부진했죠. 장타력이 아예 없었어요. 좋은 타구가 나올 수 없는 스윙이었어요." 개스톤 감독은 타격 연습 때 배팅볼 투수에게 바티스타에게만 더 빠른 공을 던지게 해봤다. 그리고 직접 배팅케이지 뒤에 서서 "지금!"이라고 소리를 질러댔다. 스윙을 빨리 시작하도록 하려는 시도였다.

앤소풀로스에 따르면, 바티스타의 스윙 개조는 쉽지 않았고, 8월 어느 경기를 앞두고는 클럽하우스에서 자신의 스윙에 대해 투덜거리고 있었다. 그때 바티스타의 옆 라커를 쓰던 버논 웰스가 간단한 조언을 했다. "말도 안 되게 빨리 스윙을 시작해봐. 도저히 답이 없으면, 극단적인 방법도 시도해봐야지." 그날 밤, 바티스타는 펜스 직격 2루타를 때렸다. 한 달 만에 나온 장타였다. 그리고 계속 그렇게 쳤다. 공을 끝까지 보고 오른쪽으로 타구를 보내는 대신, 배트를 빨리 돌려 공을 더 일찍 가격해 당기는 쪽으로 타구를 보낸 것이다. 그 변화가 2010년의 대폭발로 이어진 것이다.

두 번째, 블루제이스는 타구 속도 데이터를 갖고 있었다. 지금이야 메이저리그 구장 전부에 스탯캐스트 시스템이 설치되어 모든 팀들이 타구속도 데이터를 가지고 있다. 대부분의 마이너리그 구장에도 측정 시스템이 설치돼 있다. 하지만 당시에는 보기 드문 데이터였다. 앤소풀로스의 표현에 따르면, 바티스타의 타구 속도는 '환상적'이었다. 바티스타의 새스윙이 좋은 결과를 낳고 있다는 또 다른 증거였다.

세 번째. 토론토는 바티스타와 비슷한 유형의 선수들이 30대 중반까지 기량이 어떻게 변해갔는지를 살폈다. 특히 바티스타처럼 20대부터 참을성이 있어 볼넷을 많이 얻는 유형들을 집중 연구했다. 앤소풀로스가 대표격으로 예를 든 선수는 바비 어브레유였다. 어브레유는 36살이 된 2010년까지 평균 이상의 타자로 활약했고, 특히 이전 12시즌 중 9시즌에서 볼넷 순위 톱10에 들었다. 어브레유는 바티스타 만큼의 파워를 갖지 못했지만, 숱한 2루타를 때려냈다. 36살 시즌에도 41개의 2루타를 쳤다. 토론토 구단은 이처럼 메이저리그 역사에서 바티스타와 비슷한 타자들을 연구하며 '29살-30살 때 바티스타의 직전 시즌과 비슷한 기록을 남긴 타자들이 얼마나 오래 기량을 유지했는가?'를 자문했다. 명백한 답이 나오진 않았지만 연장 계약을 맺어도 괜찮다는 근거가 되어주었다.

마지막으로 토론토 구단은 바티스타의 성격, 야구계에서 '메이크업'이라고 부르는 요소 때문에 성공 가능성이 높다고 판단했다. 앤소풀로스는 항상 최고의 몸 상태를 유지하는 바티스타의 성실성을 높이 샀다. 이건 30대로 접어드는 선수의 부상 위험을 따질 때 중요한 근거가 된다. 명석

함과 경쟁심도 돋보였다. "바티스타는 매우 똑똑하고, 경쟁심이 넘치고, 정말 성실하고, 스스로에 대한 확고한 믿음이 있는 사람입니다." 앤소풀로스의 말이다. "계약하고 나서 바티스타와 클럽하우스에서 마주쳤어요. 그가 이러더군요. '뭐가 걱정이에요? 이 몸을 보고도 걱정이 되나요?'"

바티스타 본인과 상관없는 또 하나의 변수는 블루제이스 구단이 처한 상황이었다. 앤소풀로스는 이제 막 리빌딩을 시작했고, 구단의 상징과도 같았던 로이 할러데이를 트레이드했다. 그리고 바티스타에 대해 비슷한 결정을 내려야 했다. 앤소풀로스는 트레이드 시장을 알아봤지만 반응은 미적지근했다. 다른 팀들은 바티스타가 '1년 반짝'일 가능성 때문에 회의적이었다. "유일하게 강한 흥미를 보인 구단은 디트로이트였습니다. 데이브 돔브로스키가 당시 단장이었죠. 그는 항상 공격적이고 빠르게 움직입니다. 단도직입적으로 말하더군요. '우리와 거래합시다. 관심 있습니다.' 제안한 오퍼도 좋았어요."

하지만 결국 토론토는 바티스타를 계속 보유하는 연장 계약을 택했다. 2010년이 바티스타의 '뉴 노멀'이라면, 바티스타와 비슷한 기량의 선수를 얻는 건 어려운 일이기 때문이었다. "우리에겐 비슷한 경험이 있었어요. 트레이드로 받는 유망주가 아무리 뛰어나도, '제2의 할러데이'가 되기란 쉽지 않죠. '제2의 델가도[58]'도 마찬가지고요." 할러데이와 델가도는 토론토 구단 역사상 최고의 선수들이었다. 둘 다 토론토 소속으로는 포스트시즌 경기에 나서지 못하고 떠났다.

---

[58] 푸에르토리코 출신의 강타자. 1988년 토론토와 계약하고 1993년 빅리그에 데뷔한 뒤 간판타자로 활약했다. 토론토에서 12년 동안 336홈런, 1058타점 등 숱한 구단 최고기록을 갈아치웠다. 2004년 FA로 떠나 플로리다와 계약했다.

토론토는 그해 겨울 또 다른 숙제도 풀어야 했다. 버논 웰스와 2006년 맺은 7년 계약 중에 3년이 남아 있었다. 3년 동안 토론토가 지급해야 할 돈은 6800만 달러였다. 팀의 모기업인 로저스 코퍼레이션은 항상 빠듯한 예산만 허용했다. 웰스에게 지급해야 할 연봉을 다 주고, 바티스타가 연장 계약 때 요구하는 돈도 다 주면서, 경쟁력 있는 팀을 만들기란 어려웠다. 웰스는 토론토와의 계약 후 3년 동안 평균 WAR 1.4로 부진했지만, 2010년 반등했다. 31홈런에 22개의 2루타로 이전 3년 동안의 WAR를 합친 것과 비슷한 4.0을 찍었다. LA 에인절스의 구미를 당기게 하기에 충분한 성적이었다. 에인절스는 남은 몸값 대부분을 떠안는 조건으로 웰스를 데려가며 외야수 후안 리베라와 포수 마이크 나폴리를 토론토에 넘겼다. (토론토는 리베라와 나폴리를 곧장 트레이드해 구원투수 프랭크 프란시스코를 데려왔다. 이 트레이드는 토론토가 손해를 봤다.) 앤소풀로스는 트레이드 한 방으로 2011년 팀 연봉 총액에서 2100만 달러를 비웠고, 바티스타와 연장 계약에도 숨통을 틔웠다. 바티스타 측이 협상 초반에 1억 달러 선을 요구한 걸 감안하면 반드시 필요한 트레이드였다.

바티스타 측은 연봉 조정 과정에서 1000만 달러를 요구액으로 내놓았고, 토론토 구단은 800만 달러를 제시했다. 토론토는 3년 혹은 4년 계약을 원했고, 바티스타 측은 더 긴 기간을 원했다. 그래서 계약 기간은 자연스럽게 5년으로 좁혀졌다. 액수는 FA 계약일 때보다 구단이 약간 돈을 절약할 수 있는 수준이 될 터였다. 그해 FA 시장에서 바티스타와 비슷한 기량의 선수들이 4-5년의 계약을 맺으면서 연평균액의 상한선과 하한선이 자연스럽게 형성된 것도 협상에 도움이 됐다. 토론토 구단은 벨트레의 연평균 1600만 달러까지는 못 준다는 입장이 확고했고, 바티스타는 마르티네스나 어글라보다 덜 받을 수는 없다는 입장이었다.

양측은 연봉 조정 청문회장에 들어설 때까지도 합의에 이르지 못하고 있었다. 토론토는 일단 청문회가 시작되면 계약 연장 협상을 중단하기로 결정했다. 전체 액수에 비하면 사소한 푼돈 때문에 계약이 엎어질 뻔한 상황이었다. —앤소풀로스는 "100만 달러를 놓고 싸우다가 다 물거품이 될 뻔 했죠"라고 말했다— 하지만 토론토는 결국 구단이 100만 달러에 바이아웃 할 수 있는 옵션 1년을 추가하는데 동의했다. 이로써 5년 6500만 달러의 계약이 확정됐다.

계약이 발표되자 앤소풀로스와 토론토 구단을 향해 비난이 쏟아졌다. 나를 포함한 많은 사람들이 토론토가 '최신 편향'에 빠졌다고 비판했다. 바티스타의 나이와 선수 경력 전체를 고려하는 대신, 가장 최근 벌어진 예외적인 시즌을 과대평가하는 실수를 저질렀다고 평가했다. 앤소풀로스는 충격을 받은 다른 에이전트들과 비판하는 기자들의 전화를 계약 며칠 뒤까지도 받았다고 회상했다. 바티스타는 개막전부터 홈런을 터뜨려 우려를 날려버리기 시작했다. 이틀 뒤에도 홈런을 추가했고, 4월 0.366/0.532/0.780의 맹타를 휘두른데 이어, 생애 최고의 시즌을 보냈다. 바티스타는 아메리칸리그 홈런과 볼넷, 장타율 1위에 올랐으며 출루율 2위에 올랐다. 승리기여도 8.3도 리그 2위였다. 4년 동안 약 28 WAR을 기록했으며, 토론토 구단이 옵션을 행사한 5년째에 WAR 1.1을 추가했다. 2016년 디비전시리즈에서는 텍사스를 상대로 결정적인 홈런을 날린 뒤 메이저리그 역사에 남을 엄청난 배트플립으로 팬들을 열광시키기도 했다.

앤소풀로스와 토론토 프런트 오피스는 자신들이 '최신 편향'에 빠질 가능성을 알고 있었고, 그래서 더 많은 데이터를 수집했다. 데이터는 바티스타의 2010년 성적이 운이 아닌 실력 향상 때문이라는 걸 입증했고, 결국 앤소풀로스는 계약을 결심했다.

앤소풀로스는 이렇게 회상했다. "프런트 오피스 모두가 계약에 동의한 건 아니었어요. 일부는 불안해했죠. 결국 계약하기로 결정했지만, 나는 그 친구들에게 말했어요. '우리의 선택이, 당신들의 의견이 중요하지 않다는 뜻은 아니에요. 이번에는 내가 여러분의 생각에 동의하지 않았지만, 계속 여러분의 의견을 내게 주세요. 의견이 팽팽했고, 누군가는 결정을 해야 했을 뿐이에요.' 나는 자신들의 생각이 받아들여지지 않은 사람들이 구단에서 입지가 불안해졌다고 느끼지 않길 바랐어요. 단장에겐 반대 의견이 필요합니다."

플로리다 말린스와 디트로이트 타이거즈, 그리고 최근에는 보스턴 레드삭스에서 단장을 맡았던 데이브 돔브로스키도 디트로이트에 왔을 때 비슷한 문제에 부딪혔다. 디트로이트가 2003년 119패로, 신생팀이 아닌 구단으로서는 역대 최다패의 수모를 당한 직후였다. (뉴욕 메츠가 1962년 120패를 당했지만, 그때 메츠는 신생팀이었다. 당시 신생팀 특별 드래프트로는 메이저리그에서 뛸만한 선수를 구하기가 거의 불가능했다.) 돔브로스키는 2004년 구단 재건 작업에 착수했다. 2003년 말린스의 월드시리즈 우승을 이끈 뒤 FA가 된 포수 이반 로드리게스를 영입했다. 로드리게스는 지금 명예의 전당에 헌액돼 있다. 2004년 6월 드래프트에서는 전체 2순위로 저스틴 벌랜더를 지명했다. 벌랜더는 이 글을 쓰는 현재 통산 WAR 70을 기록한 슈퍼스타가 됐다. 구단의 최고 유망주는 외야수 커티스 그랜더슨이었다. 그랜더슨은 더블A에서 0.303/0.407/0.515를 기록한 뒤 그해 9월 빅리그에 데뷔했다. 분명 저 멀리 희망은 보였다. 하지만 119패 팀이 포스트시즌 진출을 경쟁할 팀으로 거듭나는 과정은 느리게 진행된다. 돔브로스키와 타이거즈의 마이크 일리치 구단주는 그 시간을 단축시키고 싶었다.

돔브로스키는 2004년 시즌이 끝난 뒤 FA 시장에서 뜻밖의 선수를 노렸다. 시카고 화이트삭스의 외야수 마글리오 오도녜즈였다. 이미 31살이었고, 심각한 무릎 부상 때문에 두 번의 수술을 받은 지 얼마 안 된 선수였다. 타격 전성기가 지났으며, 나이가 들수록 결장하는 경기가 늘어날 거라는 게 지배적인 관측이었다.

거액을 지급해야 하고 나이도 위험한 베테랑 타자를 노리기로 한 가장 큰 이유는, 리빌딩의 속도를 높이고 하위권에 머무는 시간을 줄이고 싶었기 때문이다. 일리치 구단주도 같은 요구를 했고, 지원을 아끼지 않았다. 돔브로스키는 "우리 팀은 약했습니다. 실력 있는 선수를 데려와야 했어요. 빅리그뿐 아니라 마이너리그에도 스타급 기량의 선수가 별로 없었죠."라고 말했다. 2005년 시즌 전 발간된 '베이스볼 아메리카'의 유망주 랭킹을 보면 돔브로스키의 말이 사실임을 알 수 있다. 타이거즈의 톱10 유망주 중에는 그랜더슨과 막 지명된 벌랜더, 그리고 강속구 투수 조엘 주마야가 들어있었지만 나머지는 눈에 띄는 얼굴이 없었다. 2순위인 카일 슬리스는 부상 때문에 2005년 시즌을 날린 뒤 회복하지 못했다. 나머지 6명 중에는 딱 한 명(라이언 레이번)만 빅리그에서 어느 정도 활약했다. 즉 10명 중 2명의 '미래 올스타'가 있었지만, 그 밖에는 별 재미를 보지 못한 것이다.

돔브로스키와 디트로이트의 프런트 오피스는 오도녜즈가 타자로서의 특성 때문에 경쟁력을 비교적 오래 유지할 가능성이 높다고 봤다. 그 특징이란 콘택트 능력과 고타율을 유지하는 성향이었다. "저도 에이징 커브[59]를 알고 있습니다. 하지만 스타 타자들 중에는 노쇠하는 속도가 다른 선수들이 있어요. 우리는 오도녜즈가 그런 선수라고 생각했습니다. 콘택트 능력이 좋고, 파워도 갖췄죠. 엄청난 홈런타자는 아니지만, 2루타를 많이 칠 만큼의 파워는 있습니다. 우리는 그런 유형의 타자들을 연구했고, 오도녜즈의 나이라면 그리 위험하지 않다고 판단했습니다." 타이거즈의 프런트는 비슷한 유형의 타자들을 살폈을 때, 계약 기간 동안 오도녜즈가 하락세는 타겠지만 그리 급작스럽지는 않을 거라고 생각했던 것이다.

 오도녜즈의 부상도 타이거즈에게 어떤 의미로는 기회가 됐다. 타이거즈는 계약 첫해 부상이 재발하면 나머지 계약을 무효화할 수 있는 조항을 넣었다. "분명히 리스크가 있었습니다. 오도녜즈는 해외에서 수술을 받았죠. 에이전트인 스캇 보라스가 자료를 제공했고 우리 팀 닥터들이 들여다봤습니다. 그래서 첫 시즌을 건강하게 마치지 않으면 구단이 잔여 계약을 백지화할 수 있는 조항을 넣었습니다. 1년 전 이반 로드리게스와의 계약 때도 같은 조항을 만들었지요. 위험성은 있었지만, 일이 잘못되면 1년만 감당하면 되는 리스크였어요. 첫 해를 건강하게 마친다면 수술이 성공적이라는 이야기고, 팀은 이득을 보게 되는 거였어요." 계약서에 성적이 떨어질 경우에 대한 안전장치까지 마련돼 있는 건 아니었다. 하지만

---

59) 선수들의 평균적 기량이 나이에 따라 어떻게 변하는지를 나타내는 곡선. 메이저리그에서는 보통 27살쯤에 전성기를 맞는 '엎어놓은 종모양'의 곡선이 된다. 최근에는 유망주, 특히 타자의 잠재력을 측정하고 성장시키는 시간이 단축되면서 전성기가 훨씬 빨리 시작된다는 의견도 많다.

계약 첫 해 오도녜스의 건강에 문제가 생긴다면 타이거즈는 계약의 수렁에서 탈출할 수 있었다.

돔브로스키가 단장으로 일한 기간 내내 FA 계약과 트레이드에서 보인 성향은, 일단 특급 스타를 노리고, 나머지 자리는 팀 내부에서 찾거나 몸값이 비싸지 않은 선수를 영입해 메우는 것이었다. 돔브로스키는 나중에 말린스에 유망주들을 내주고 미겔 카브레라와 돈트렐 윌리스를 데려왔고, 탬파베이에 1명의 유망주와 1명의 메이저리그 후보 선수를 주고 데이비드 프라이스를 영입했다. 보스턴 레드삭스의 단장을 맡고 나서는 프라이스를 FA로 영입했고, 두 명의 톱 유망주를 내주고 크리스 세일을 받아와 2018년 월드시리즈 우승을 차지했다. 돔브로스키는 자신의 성향에 대해 이렇게 말했다. "이반 로드리게스나 마글리오 오도녜스 같은 베테랑 선수를 영입할 때는 분명히 기량 쇠퇴의 리스크가 있습니다. 하지만 나는 평범한 선수를 싸게 데려 오느니, 리스크를 감당하는 도박을 하면서 특급 스타를 데려오겠소."

2004년 7월 31일 아침, 보스턴 레드삭스는 56승 45패로 지구 선두 뉴욕 양키스에 7.5경기차, 와일드카드 선두 오클랜드에 반 경기차 뒤져 있었다. 바로 앞 시즌에 월드시리즈 일보 직전까지 갔던 보스턴으로서는 너무나 실망스러운 상황이었다. 그날 아직 서른 살에 불과했던 테오 엡스타인 단장은 구단의 미래를 바꿀 트레이드를 결정했다.

보스턴 팬들 뿐만 아니라 야구계 전체를 경악시킨 그 트레이드에는 네 팀이 연루돼 있었다. 하지만 핵심은 레드삭스가 스타 유격수 노마 가르시아파라와 유망주 맷 머튼을 시카고 컵스로 보내고, 미네소타의 1루수 덕

민케비치와 몬트리올 유격수 올랜도 카브레라를 데려오는 것이었다. 가르시아파라는 고질적인 아킬레스건 부상 때문에 2004년 시즌 첫 4달 동안 38경기 밖에 못 뛰었지만, 이전 두 시즌 동안 총 13에 육박하는 WAR을 기록하며 팀 내 1위였다. 그는 1999년과 2000년 아메리칸리그 타율 1위였고, 부상 탓에 2001년에는 거의 시즌 전체를 날렸지만, 원래 기량의 90퍼센트 정도를 회복했으며, 아직 서른 살에 불과해 몇 년 더 활약을 이어갈 것으로 전망됐다. 그리고 가르시아파라는 보스턴 팬들이 가장 사랑하는 선수였다.

가르시아파라는 다음 시즌 뒤 FA가 될 예정이었다. 엡스타인이 트레이드를 추진한 큰 이유 중 하나였다. 하지만 트레이드 결정에는 더 크고, 증거에 기반한 논리가 있었다. 가르시아파라가 슈퍼스타로 간주된 이유는 뛰어난 공격력, 그리고 수비하는 방식이었다. 그는 강한 어깨를 가졌고, '진기명기'라고 환호 받는 수비를 자주 연출했다.

레드삭스의 프런트 오피스는 가르시아파라의 수비에 대한 인식이 일종의 환상이라 생각했다. 팬들과 언론의 인상비평과 달리, 구단이 가진 상세하고 종합적인 정보에 따르면 가르시아파라의 수비는 형편없었다. 엡스타인은 트레이드 다음날 기자들에게 레드삭스의 팀 수비를 '치명적인 약점'이라고 규정했다. "우리는 팀을 더 잘 돌아가도록 만들었습니다. 지금의 수비로는 월드시리즈 우승을 할 수 없다고 생각했습니다."[미주3]

나는 당시 보스턴 프런트에서 일하던 인물과 긴 대화를 나눴다. 그는 치명적 약점은 내야 수비라고 못 박았다. 가르시아파라가 주범이었다. 건강할 때도 사람들의 인식만큼 수비가 뛰어나지 않았는데, 아킬레스건을 다치고 나서는 팀에 해를 끼치는 수준으로 떨어졌다는 것이다. 좌우 수비

범위가 극단적으로 좁아졌고 송구 정확도도 떨어졌다. 그 결과 팀이 자체적으로 계산하던 수비 지표(당시로서는 시대에 앞서간 시도였지만 오늘날의 분석 툴에 비하면 원시적인)에서는 그해 메이저리그 유격수 중에서 가르시아파라의 수비력은 꽤 큰 차이가 나는 최하위라는 결과가 나왔다. 당시 임원 중 한 명은 "다른 모든 선수들보다 2표준편차 이상 낮았어요"라고 표현했다. 1루수 케빈 밀라의 수비 약점을 보완할 민케비치까지 데려오며, 이 트레이드는 보스턴의 내야 수비의 허점 두 군데를 동시에 업그레이드했다. 1루수와 유격수에 평균 이상의 수비수가 영입되자 팀의 가장 큰 약점이 강점으로 바뀐 것이다.

트레이드를 통해 보스턴은 전년도 1라운드에서 지명한 유망주를, 시장가치가 높을 때 떠나보냈다. 맷 머튼은 2003년 드래프트 전체 32순위로 지명됐고 2004년 상위 싱글A 사라소타에서 뛰며 트레이드 전까지 0.301/0.372/0.452를 기록 중이었다. 1년차 성적으로는 꽤 준수했다. 출루율이 훌륭했고 장타력도 좋아질 거라는 기대가 높았다. 결과적으로 머튼이 2004년 내내 친 홈런 13개가 그의 미국 프로무대 최고 기록으로 남았다. 머튼이 스타가 된 건 미국을 떠나 일본 프로야구에 진출한 뒤였다. 2010년에 일본 프로야구 NPB[미주4]의 한 시즌 최다안타 기록을 세웠고 2014년에는 센트럴리그 타격왕에 오르며 한신 타이거즈에서 6년 동안 주축선수로 활약했다. 레드삭스는 머튼의 스윙 궤적이, 코너 외야수로 자리 잡을 만한 장타력을 갖추기에는 공을 충분히 띄우지 못한다고 분석했다. 최근 강조하는 '타구 발사각도 이론'의 초기 개념을 가지고 있었던 것이다. 레드삭스의 생각은 옳았고, 다른 구단들은 따라잡는데 오랜 시간이 걸렸다.

시간이 흐른 뒤, 이 트레이드로 득을 본 팀은 레드삭스 뿐이었다. 컵스는 머튼을 얻었고, 가르시아파라를 2005년 시즌 뒤 FA로 떠나보냈다. 미네소타가 얻은 투수 저스틴 존스는 더블A 위로 올라가지 못했다. 다음해 워싱턴으로 옮긴 엑스포스는 선수 3명을 얻었지만 모두 대체선수 수준에도 미치지 못했다. 당시에는 뜨거운 논란과 레드삭스 팬들의 분노를 일으킨 트레이드였지만, 3개월 뒤 86년 만에 월드시리즈 우승을 차지하고 난 뒤에는 모두가 이 트레이드를 지지했을 것이다.

레드삭스 단장 재임 시절, 특히 초반의 테오 엡스타인은 데이터에 기반한 좋은 결정을 많이 내렸다. 대부분의 구단들이 여전히 현대적 운영 방식을 받아들이지 못하고 해오던 대로 운영하던 시절에, 보스턴은 앞서갔던 것이다. 2004년 시즌 보스턴은 월드시리즈 우승 가뭄을 끝냈을 뿐만 아니라, 다음 우승에 핵심 역할을 하게 될 선수도 얻었다.

더스틴 페드로이아는 2007년 아메리칸리그 신인왕, 2008년 리그 MVP를 차례로 차지했다. 4차례 올스타에 선정됐으며 두 번 월드시리즈를 제패했다. 0.299/0.365/0.439를 기록한 좋은 타격 실력과 뛰어난 2루 수비로 이 글을 쓰고 있는 현재 통산 WAR 50을 넘겼다.

하지만 2004년 드래프트에서 레드삭스가 첫 번째 픽인 2라운드 전체 65순위로 페드로이아를 지명했을 때, 전 야구계가 비웃었다. 페드로이아는 애리조나 주립대(ASU)에서 엄청난 활약을 펼쳤지만, 전통적인 스카우트들이 선수를 평가하던 항목에서는 좋은 평가를 받은 게 별로 없었다. 그는 ASU의 유격수였지만, 프로에서 유격수를 맡기에는 수비 범위가 좁았고 어깨도 강하지 않았다. 주력도 평균 이하였다. 홈런 파워도 눈에 띄지 않았다. 그리고 무엇보다, 빅리거의 몸이 아니었다. 키가 5피트 6인치 (약 167cm)에 불과했고 몸매도 날렵하지 않았다.

"그는 땅딸막한 167cm짜리 꼬마였어요." 2004년 보스턴의 스카우트 팀장을 맡아 처음 책임진 드래프트의 첫 픽으로 페드로이아를 선택한 제이슨 맥로드는 이렇게 회상한다. (맥로드가 드래프트에서 선택한 선수로는 자코비 엘스버리, 제드 라우리, 클레이 버크홀츠, 저스틴 매스터슨, 조시 레딕, 앤서니 리조 등이 있다.) "언젠가 ASU에 페드로이아를 보러 갔어요. 당시에 ASU는 헐렁한 유니폼을 입었고 선수들은 바지를 무릎 위까지 끌어올려 입었죠. 167cm의 땅딸막한 선수가 그렇게 입고 있으니 민망해보일 정도였어요." 맥로드는 웃음을 터뜨렸다.

레드삭스는 페드로이아에 대한 의문을 잘 알고 있었다. 전통적인 스카우팅 항목 다섯 개, 즉 타격 정확성과 장타력, 수비력, 던지기, 달리기 모두 페드로이아의 점수는 그리 높지 않았다. 뒤 4가지 항목에서는 확실히 평균 이하였다. 키 작은 센터라인 내야수에게, 느린 발은 프로 스카우트들의 눈으로 봤을 때 원죄와 같은 결함이었다. 그럼에도 보스턴이 페드로이아를 선택한 이유는 첫 번째 항목, 즉 타격 정확도에 대한 강한 믿음 때문이었다.

맥로드의 말을 들어보자. "스카우팅 리포트에 나온 평가들을 보면서, 우리는 매우 뛰어난 타격 정확도 외에 다른 항목들은 별로라고 생각했어요. 심지어 그의 어마어마한 '손-눈 협응[60]'조차 그때는 과소평가 했었죠. 삼진보다 장타를 많이 치고 있었는데도 그때는 그게 얼마나 대단한 건지

---

[60] Hand-Eye Coordination. 눈으로 입력된 시각 정보에 기초해 얼마나 빠르고 정확하게 손이 움직이는지를 나타내는 개념. 움직이는 공을 치는 야구, 탁구, 테니스 등의 종목에 필수적인 능력이다.

깨닫지 못했어요." ASU를 3년 동안 다닌 페드로이아는 마지막 2년 동안 장타가 삼진보다 많았다. 2학년 때는 심지어 3배나 많았다.

페드로이아의 통산 기록은 레드삭스가 통념을 버리고 첫 번째 픽으로 페드로이아를 택한 두 번째 이유였다. ASU에서 3년 동안 —타자에게 유리한 홈구장을 가진 학교이기는 하다— 페드로이아는 0.386/0.466/0.544에 장타 91개, 108볼넷을 기록했고 삼진은 고작 47개만 당했다. 대학야구의 기록은 극단적인 구장 환경들과 선수들의 고르지 않은 기량 (예를 들어 화요일 경기에 나오는 투수는 금요일 경기에 나오는 투수보다 수준이 낮다) 때문에 신뢰도가 그리 높지 않다. 하지만 페드로이아는 3년 내내 맹타를 휘둘렀고, 기록을 어떻게 분석해 봐도 진짜 실력이었으며 유지 가능했다. 또한 페드로이아는 2년 동안 미국 대학선발팀에서 뛰며 당시 대학야구에서 쓰던 알루미늄 배트 대신 나무 배트로 경기를 치렀다. 여전히 삼진을 잘 당하지 않아 삼진 비율은 10퍼센트 이하였다. (당시 대학선발팀 코치들은 페드로이아에게 여러 차례 번트를 지시했다. 나는 사람이 대학에 가면 똑똑해지는 줄 알았다.)

맥로드는 페드로이아의 정신자세를 제대로 평가한 당시 스태프들에게 공을 돌렸다. 맥로드는 야구계에 종사한 20년 동안 만난 '가장 불같은 경쟁심'을 가진 선수가 페드로이아였다고 말했다. 페드로이아가 오직 승리만 바라보는 외골수라는 걸 보여주는 데뷔 시즌의 일화도 들려줬다. "8월 말 텍사스 원정이었어요. 경기 시작 30분 전쯤 덕아웃에서 전화를 하고 있었죠. 더스틴(페드로이아)이 클럽하우스에서 나와 덕아웃으로 왔어요. 선수는 더스틴 혼자였죠. 덕아웃을 왔다 갔다 하더니, 배팅장갑을 껴보면서 혼자 경기 준비를 다 하더군요. 장내 아나운서가 경기 전 행사를 시작했어요. '텍사스 레인저스의 홈구장, 볼파크 인 알링턴에 오신 것을 환영합니다!'라는 멘트였지요. 그러자 더스틴이 덕아웃 맨 위로 올라가 관중석 쪽으로 소리를 쳤어요. '오늘 우리가 박살낼 팀의 홈구장에 오신 것을 환영합니다!' 진지한 표정으로 으르렁거리고 있었어요. 나는 속으로 생각했죠. '세상에, 더스틴. 포스트시즌이 아니라 8월의 월요일 밤이라구. 진정해!'"

그해 드래프트를 앞두고 레드삭스는 첫 픽이 65번째였지만 톱 30명의 랭킹도 매겨두었다. 페드로이아는 그 중 한 명이었다. "페드로이아는 '어느 빅리거가 저렇게 생겼어?'라는 의문이 생기기 좋은 선수였죠." 맥로드의 말이다. 페드로이아를 톱 유망주로 꼽는데 가장 큰 반대 의견 중 하나가 이 논리였다. 비슷한 유형의 메이저리거가 당시에는 없었다. 지금, 2019년에도 페드로이아보다 키가 작은 선수는 휴스턴의 날쌘돌이 2루수 호세 알투베 뿐이다. "우리는 페드로이아의 방망이와 정신자세를 아주 높게 평가했어요. 2루수 수비도 자신에게 향하는 타구는 모두 건져낼 수 있을 거라 봤어요. 방망이로 공을 맞출 줄 알고, 모든 방향으로 날릴 줄 알았으니 타율이 높을 거라고 생각했죠."

레드삭스의 지명 순서가 다가오고 있었지만 페드로이아는 여전히 호명되지 않았다. 보스턴의 랭킹에서 페드로이아 바로 다음이던 포수 커트 스즈키도 마찬가지였다. 스즈키는 전형적인 포수였고, 오랫동안 포수로 활약할 수 있을 거라 예상됐다. 실제로 스즈키는 2019년 현재까지 메이저리그에서 포수로 활약 중[61]이다. 수비력이 괜찮은 포수는 공격력이 별

---

61) 2019년 워싱턴 내셔널스의 월드시리즈 우승 멤버다.

로라 해도 빅리그에서 장수할 가능성이 높다. 테오 엡스타인 단장은 맥로드와 그의 전임자 데이비드 채드, 그리고 보스턴의 최고 스카우트들에게 스즈키라는 확실한 포수보다 이 조그만 내야수가 낫다고 얼마나 확신하느냐고 물었다. 맥로드의 말이다. "최후의 결정은 테오의 몫이었죠. 우리 차례 직전 두세 픽이 진행될 동안 테오는 계속 물어봤어요. 페드로이아에 대해 우리가 확신하고 있다는 걸 계속 확인했죠. 그리고 말했어요. '1픽을 뽑아서 2루로 옮기자는 거죠. 그러려면 정말 끝내주게 잘 쳐야 해요.'"

(보스턴이 페드로이아를 지명한 두 순서 뒤에 오클랜드가 스즈키를 선택했다.)

이야기는 여기서 끝나지 않는다. 페드로이아는 마이너리그에서 순항했다. 계속 뛰어난 콘택트 능력을 보였고 좀처럼 삼진을 당하지 않았다. 트리플A에 처음 올라갔을 때만 빼고 모든 단계에서 삼진보다 장타가 더 많았다. 트리플A에서도 두 번째 시즌에는 삼진보다 많은 장타를 기록했다. 하지만 페드로이아가 2006년 9월 메이저리그에 데뷔했을 때는 상대투수에게 압도당한 듯 보였다. 그리고 당시 한 스카우트가 '땅딸막하다'라고 표현한 그의 둥글둥글한 몸은, 진짜 프로 같은 몸으로 가득한 빅리그의 그라운드에 어울리지 않아 보였다.

"정말 많이들 놀려댔어요. '움파 룸파'[62]나 난쟁이라고 불러댔죠." 나도 2006년 펜웨이에서 페드로이아가 출전한 경기를 스카우트들과 함께 본 적이 있다. 페드로이아가 우익수 쪽으로 약한 타구를 날렸는데 안타가 됐다. 내 근처에 앉아 있던 스카우트 한 명이 말했다. "다 큰 어른이 저 타구를 쳤다고?" 말투에 비아냥이 넘쳐흘렀다. 페드로이아는 오프시즌 동안

---

62) 로알드 달의 소설이자 팀 버튼이 영화로도 만든 '찰리와 초콜릿 공장'에 등장하는 난쟁이 일꾼.

구슬땀을 흘려 메이저리거다운 몸매를 만들었다. 그리고 2007년 5월부터 타격 실력을 발휘하기 시작했다. 한번 시작된 맹타쇼는 10년 넘게 계속됐다.

나를 포함한 모두가 간과했던 것은 페드로이아의 엄청난 '손-눈 협응'이었다. 페드로이아는 그 능력으로 세게 칠 수 없는 공을 파울로 만들 줄 알았다. "그는 예리하게 꺾이는 슬라이더를 다 커트해냈어요. 그리고 투수가 95마일짜리 직구를 몸쪽에 붙이면 배트를 몸에 붙이고 돌려 때려서 펜스까지 보내버리죠. 몸쪽 강속구를 대처하는 능력이 어마어마했어요."

페드로이아를 지명한 건 얼마나 대박이었을까? 2019년 말까지, 2004년 드래프트 지명자들 중 단 한 명, 전체 2순위였던 저스틴 벌랜더만이 페드로이아보다 통산 WAR이 많다. 벌랜더는 통산 승리기여도 71로 은퇴 직후 명예의 전당행이 유력하다. 페드로이아의 통산 WAR—이 글을 쓰고 있는 2019년 현재, 페드로이아의 선수 생명은 무릎 부상 때문에 끝난 것으로 보인다—은 2003년 2라운드 지명자 중 최고 선수와 2005년 2라운드 지명자 중 최고 선수의 통산 WAR을 합친 것보다 많다. 맥로드와 채드, 지역 스카우트 댄 매드슨, 그리고 보스턴의 분석팀은 당시 야구계가 위험하다고 본 선택을 했다. 선택을 뒷받침할 데이터와 객관적 분석이 있었기 때문이다.

2011 시즌이 끝난 뒤, 세인트루이스 카디널스는 앨버트 푸홀스에 대해 어려운 결정을 해야 했다. 푸홀스는 구단 역사상 가장 뛰어나고 가장 사랑받은 선수 중 한 명이었다. 그는 메이저 4년차 때 맺은 7년 1억여 달러의 계약을 마치고 FA가 될 참이었다. 그 계약은 구단 입장에서는 어마어

마한 헐값이었다. 푸홀스는 7년 동안 WAR 66을 적립했고, MVP를 3차례 수상했으며, 2번은 MVP 투표 2위에 올랐다. 2011년 월드시리즈에서는 홈런 3방을 터뜨려 계약 기간에 두 번째 우승을 이끌었다. 하지만 푸홀스는 그해 겨울 32살이 될 것이었고, FA 시장에는 40살이 넘어서까지 계약을 맺을 준비가 된 팀들이 있었다.

당시 세인트루이스 단장이던 존 모젤리악[63]은 힘든 결정이었다고 말한다. 그 이유 중 하나는 푸홀스가 11년 동안 세인트루이스 구단과 세인트루이스 지역사회에 가졌던 중요성이었다. "우리는 진공 상태에서 이 문제를 보지 않았습니다. 협상을 통해 그를 붙잡을 방법을 찾고 싶었어요. 하지만 우리는 FA시장에서 경쟁할 구단들에 비해 쓸 수 있는 돈에 한계가 있다는 것도 알았어요. 그래도 최선을 다해야 했죠. 실패한다면 우리의 노력이 부족해서가 아니라 시장 상황 때문이었어요. 상상할 수 있겠지만, 지역사회와 팀에 그 정도의 의미를 가진 선수와 협상을 할 때는 야구 외적 요소들도 모두 고려해야 합니다. 하지만 원칙은 정해둬야죠. 불가피하다면, 결별할 수도 있어야 합니다."

구단이 검토한 요소 중 하나는 푸홀스의 향후 성적에 대한 자체 예측이었다. 예측 모델을 만든 사람은 당시 구단 운영팀의 수석 애널리스트였고, 2012년부터 2017년까지 휴스턴이 바닥에서 정상으로 올라갈 때 핵심 역할을 했으며, 지금은 볼티모어 오리올스의 부단장인 시그 마이델이었다. "아무리 따져 봐도 계산이 서지 않았어요." 계약 기간과 액수에 대한 마이델의 회상이다. 모젤리악은 "예측은 자신 있게 할 수 있어요. 에이

---

63) 2011년부터 세인트루이스의 단장을 맡았고, 2017년에 '야구 운영 부문 회장 President of Baseball Operations' 으로 승진했다.

징 커브 모델에 기반해서 말이죠. 하지만 32살 선수의 6년이 넘는 장기 계약을 논의할 때는 그렇게 확신할 수 없어요. 22살짜리 선수와는 다르죠."라고 덧붙인다.

시장은 그렇게 흘러가지 않았다. LA 에인절스가 10년 계약을 제안해 결국 푸홀스를 잡았다. 에인절스 말고도 최소 두 팀이 10년 계약을 제안했는데, 그 중에는 플로리다 말린스도 있었다. (당시 기사들을 보면 에인절스와 달리 트레이드 거부권을 제시하지 않았다.) 에인절스는 세전 액수로는 역대 최고였던 2억 5400만 달러를 제시해 계약을 성사시켰다. 그리고 카디널스와 달리 분할 지급 같은 것도 요구하지 않았다. 모젤리악에 따르면 당시 세인트루이스 구단은 푸홀스를 놓쳐 실망했다. 돈으로 환산할 수 없는 푸홀스의 가치 역시 중요한 요소였기 때문이다. 푸홀스처럼 팬들의 사랑을 받고 지역사회에서 활발하게 활동해온 선수는, 전력 기여 외에 팀에 재정적, 무형적 가치를 더해준다.

하지만 결국 시장은 카디널스 내부의 성적 예측 모델에 기반한 오퍼로는 감당할 수 없는 수준으로 움직였다. 푸홀스는 다음 시즌에 32살이 될 것이었고, 이미 하락 조짐을 보이며 2011년 여러 공격 지표들에서 생애 최저치를 기록했다. 나중에 드러난 것은, 카디널스의 예측과 액수 제안(2억 2000만 달러 정도였지만 상당액을 계약 기간 뒤 분할 지급하는 안이었다)조차 실제 성적과 가치보다 훨씬 높았다는 것이다. 푸홀스 계약은 에인절스 구단에게 재앙이 됐다. 계약 이후 8년 동안 WAR이 13.7에 그쳤고, 다른 덜 유명한 선수가 뛰었다면 팀에 훨씬 도움이 됐을 출전시간까지 독차지했다. 반면 카디널스는 푸홀스가 떠난 뒤 한동안 맷 카펜터, 맷 애덤스, 호세 마르티네스 같은 내부 자원들로 1루를 메웠다. 그리고 2019년 시즌을 앞두고 폴 골드슈미트를 트레이드해왔다. 외부에서 영입한 선수가 1루 주전이 된 건 푸홀스가 떠난 뒤 처음이었다. 이들은 아무도 푸홀스가 카디널스에서의 마지막 시즌에서 보여준 만큼 활약하지 못했지만, 구단은 푸홀스에게 줬을 돈을 다른 전력 보강을 위해 사용할 수 있었다. 세인트루이스는 푸홀스가 떠난 뒤 4년 연속 포스트시즌에 진출했고 2013년에 내셔널리그 챔피언에 올랐다. 감정에 치우친 결정을 했다면, 세인트루이스는 무슨 수를 써서라도 푸홀스를 붙잡았을 것이다. 하지만 그들은 합리적 근거에 기반해 냉정하게 판단했다. 결과는 그들이 예상했던 것보다 훨씬 나았다.

[미주]

1. 여기 꼽은 1라운드 지명자 출신 3명 중에는 브렛 월러스가 포함돼 있다. 필라델피아에서 받아온 유망주 3명 중 한 명인 마이클 테일러를 곧장 오클랜드로 보내고 데려온 선수다.

2. 2004년 7월 30일에 서류상으로 잠시 몸담았던 메츠는 제외했다. 메츠는 그날 바티스타를 곧장 피츠버그로 다시 트레이드했다.

3. Bob Hohler, "Sox Trade Nomar to Cubs at Deadline," Boston Globe, August 1, 2004.

4. Nippon Professional Baseball. 일본 프로야구 최고 리그다.

좋은 결정을 내리려면 어찌 해야 하는지에 대해 책을 썼지만, 나 자신도 실수투성이다. 나도 사람이고, 이 책에 소개한 것 외에도 수많은 심리적 오류에 허우적댔다. 나는 누구보다 감정 편향과 희망적 사고에 잘 빠진다. 늘 사람의 좋은 면을 보려 하고 기대를 품는 내 사고방식은 비합리적이고 비현실적이다. 종종 다 잘 될 거라는 낙관적 사고에 빠지며, '어떻게든 되겠지'라는 미코버[64] 같은 기대를 하곤 한다.

 이런 사고방식은 인생의 좌우명으로 삼거나 SNS에 올릴 땐 아무 문제없다. 하지만 이렇게 사업이나 돈 관리를 해선 안 된다. 인생의 모든 문제에 올바른 결정을 내리려면 항상 올바른 질문을 해야 한다. 비판적인 분석은 인간에게 자연스러운 행동이 아니다. 원시인이 매머드에게 쫓기는 와중에 전략의 리스크를 올바르게 평가하고 여러 시나리오를 검토하기 위해 잠시 멈춰서기로 했다면 인간이라는 종은 존재하지 않을 것이다. 다행히 당신은 매머드에 쫓길 일이 없을 것이고, 크고 중요한 의사 결정이 필요할 때 숙고할 시간을 가질 수 있을 것이다.

---

64) 찰스 디킨스의 자전적 소설 '데이비드 코퍼필드'의 등장인물 윌킨스 미코버. 한없는 낙천주의의 상징 같은 캐릭터다.

의사 결정의 첫 번째 단계는 자문해야 할 필수적인 질문, 그리고 그 질문을 풀기 위해 필요한 데이터와 증거가 무엇인지 파악하는 것이다. 이 책에서 소개한 인지 편향과 오류로 인해 벌어질 수 있는 위험을 미리 알고 있다면, 보다 효과적으로 이 단계를 수행할 수 있을 것이다.

스포츠계, 특히 야구계는 이런 종류의 사고가 필요한 곳이다. 데이터가 차고 넘치기 때문이다. 메이저리그 구단들은 지나치게 많은 데이터를 갖고 있고, 데이터에서 길을 잃을 위험에 노출돼 있다. 겉보기에 그럴싸한 연관관계를 찾는 게 대표적인 사례다. 광범위한 데이터에 매몰되면, 상식과 맞지 않으나 통계적으로는 유의미해 보이는 상관관계가 나타날 가능성이 높다. 그래서 어떤 팀들은 경기 중에나 드래프트 픽을 결정할 때 이로울 게 없는 선택을 하곤 한다. 구단의 R&D 팀은 엄청나게 큰 데이터로부터 유의미한 상관관계를 찾았다며 실전에 적용하라고 권한다. 이런 허술한 발견들은 종종 새로운 데이터에 의한 테스트를 통과하지 못한다. 하지만 어쨌든 광범위한 데이터가 존재하기 때문에, 2020년에 단장들은 이 책에서 소개된 인지 오류들 때문에 그릇된 판단을 했다면 변명의 여지가 없는 셈이다. 다른 구단 임원들이나 기자들, 심지어 경기장 안팎에서 일어나는 일들을 더 잘 이해하고 싶은 팬들도 마찬가지다.

이 책에서 이런 개념들이 재미있는 사례들을 통해 잘 설명됐기를 바란다. 가정에서건 직장에서건 당신의 삶에 인지 편향이 고개를 내밀 때 알아차린다면 좋겠다. 회사들은 의사 결정 때 매몰 비용 오류를 무시하거나 최신 데이터에 지나치게 의존하다간 수천만 달러짜리 실수를 할 수도 있다. 개인도 마찬가지다. 나중에 팔 때 비용을 건질 수 없을 거라는 걸 알면서도 집을 리노베이션 하는데 돈을 쏟아 붓는다든지, 혹은 장기 재테크 계획을 짜면서 이례적으로 소득이 많았던 해의 가계부를 근거로 삼는 다든지 하는 식이다. 심리 오류 자체를 피할 수는 없다. 암산을 연습하거나, 불안을 다스리기 위해 명상을 배우는 것과는 다르다. 심리 편향은 수천 년 진화의 산물이다. 진화로 확립된 마음의 작동방식과 맞서기란 쉽지 않다.

해결책은 의사 결정 과정을 바꾸는 것이다. 그래서 심리 편향이 의사 결정에 과도하게 개입하지 못하도록 하는 것이다. 데이터를 모으고, 사고 과정에 단계를 만들어서 당신 자신이(당신의 팀 혹은 당신의 회사가) 잘못된 결정을 내리기 전에 멈춰 세워야 한다.

인지 심리학에 대해 더 읽고 싶은 독자들에게는 다음의 책들을 추천한다. 이 분야에 대한 내 관심을 촉발시키고 결국 이 책까지 쓰는데 길잡이가 된 책들이다.

　당연히 첫 번째는 여러 차례 언급한 대니얼 카너먼의 『생각에 관한 생각』이다. 훌륭한 책이고 이후 숱한 연구 결과들이 이 책의 진가를 입증해주었다. 하지만 '들어가며'에서 쓴 것처럼, 문장이 다소 어려워서 내 친구들 중에는 읽기 시작은 했지만 끝까지 읽지는 못한 자들이 많다. 하지만 챕터별 주제 구분이 잘 돼 있어서 당신의 삶이나 직업에 관련되어 있다고 생각되는 부분만 발췌해 읽을 수도 있다. 카너먼은 이 책에 요약한 자신의 연구 성과를 통해 노벨상을 받았다. 카너먼과 그의 동료 아모스 트버스키는 행동 경제학이라는 경제학의 한 분야를 사실상 창시하면서, 인간은 자신의 이익을 위해 최선을 다하는 합리적 존재라는 전통 경제학의 통념을 박살냈다.

　카너먼, 트버스키와 오랫동안 함께 연구했던 리처드 세일러의 책 두 권, 『넛지』와 『똑똑한 사람들의 멍청한 선택』도 추천한다. 특히 후자가 인지 심리학을 조금 더 깊이 파고드는데, 거의 페이지마다 카너먼과 트버스키의 이름이 등장한다. 댄 애리얼리의『상식 밖의 경제학』도 비슷한 주제를 다룬다. 애러얼리와 세일러의 책은『생각에 관한 생각』보다 조금 더 대중적이다.

게리 스미스의『표준 편차 Standard Deviations』는 기자와 기업주, 정치가, 심지어 과학자들이 어떻게 통계를 이용해 사람들을 호도하는지 보여주는 책이다. 야구의 사례도 몇 개 나온다. 이 책을 구상하고 쓰면서 큰 도움이 된 책이다. 언론의 신뢰성에 의심이 끊이지 않는 시대에 똑똑한 뉴스 소비자가 되고 싶은 사람에게 강력 추천한다.

크리스토퍼 차브리스와 대니얼 사이먼스의『보이지 않는 고릴라』는 내가 이 책에서 다루지 않은 6개의 인지 오류에 초점을 맞춘다. 탄탄한 예시와 근거, 저자들의 문체 때문에 매우 흥미롭게 읽을 수 있다. 이 책의 제목은, 우리의 주의가 다른 곳에 쏠려 있다면 눈앞에서 희한한 일이 벌어져도 보지 못한다는 걸 증명한 너무나 유명한 실험에서 따온 것이다.

마이클 모부신의『왜 똑똑한 사람들이 어리석은 결정을 내릴까 Think Twice』는 200페이지도 안 되는 적은 분량으로 인지 편향과 오류의 종류, 작동 방식을 다룬다. 사례들은 많지 않지만 입문서로 손색이 없다. 나는 특히 이 책의 제목(역주: 원제『두 번 생각하라』)을 좋아한다. 우리의 첫 번째 생각은 자동적으로 일어난다. 하지만 한 번 더 생각하면, 이 책에서 소개한 각종 편향들이 내 생각에 개입해있지 않은지 검토할 기회를 갖게된다.

샹커 베단텀의『히든 브레인』. 나는 책 제목과 같은 NPR[65] 팟캐스트를

---

65) National Public Radio. 미국의 비영리 준공영 라디오 네트워크. 뉴스와 문화 관련 프로그램에 집중한다. 2020년 BTS가 NPR의 유명 콘서트 프로그램 'Tiny Desk Concert'에 출연하면서 한국에서도 유명해졌다.

매주 챙겨듣는다. 종종 인지 오류와 편향을 다루고, 카너먼이 게스트로 출연한 적도 있다. 이 책을 준비하는데 도움이 된 많은 책과 논문들을 베단텀의 팟캐스트에서 접했다.

세스 스티븐스 다비도위츠의『모두 거짓말을 한다』는 구글의 서치 쿼리 데이터를 이용해 사회현상의 흥미로운 이면을 드러낸다. 예를 들어, 2016년 대선을 앞두고 오바마에 대한 인종차별적 발언을 많이 검색한 지역에서는 트럼프 지지표가 여론조사보다 더 많이 나왔다. 또 사람들은 포르노그래피나 민감한 의학적 질문처럼 내밀한 주제에 대해서는 창피하지 않게 거짓말을 하지만, 온라인 검색창에는 본심을 드러낸다.

클로드 스틸의『고정 관념은 어떻게 세상을 위협하는가』. 고정 관념은 야구계의 고질적인 문제이고, 다른 스포츠에서도 마찬가지일 거라 생각한다. 나는 인종이나 출신 국적에 따라 선수를 묘사하는 형용사를 수도 없이 들었다. 피부색에 따라 선수가 가진 특성에 대한 기대치 자체가 달라지는 것이다. 예를 들어, 야구계에는 흑인 선수들은 발이 빠르거나 운동능력이 더 좋을 것이라는—혹은 더 좋아야 한다는—고정 관념이 뿌리 깊이 박혀 있다. 이 고정 관념 때문에 흑인 선수들은 스카우트 과정에서 피해를 본다. 이 책에 인용된 연구에 따르면, 고정관념 때문에 흑인 선수들은 평가받고 있다는 걸 알 때 평소보다 부진한 경향이 있다. 고정 관념은 미국 교육계에서도 심각한 문제다. 성별에 따른 수학 성적 차이처럼 실제 학업 성취도의 차이로 이어지기 때문이다. (여학생들은 '여자는 남자보다 수학을 못해'라는 말을 듣고 산다. 그 결과, 실제로 수학에 흥미를 잃고 점수도 나빠진다.) 이건 인지 편향이나 오류가 아니며 이 한 페이지에서 다루기에는 너무나 방대한 주제다. 과거 세대에서 유색인종과 여성들을 괴롭혔던 노골적인 인종차별이나 성차별은 줄어들었지만, 이런 미묘한 편견은 여전히 존재한다.

레오나르드 믈로디노프의 『춤추는 술고래의 수학 이야기』. 믈로디노프는 스티븐 호킹과 『위대한 설계』를 함께 쓴 물리학자다. 이 책은 무작위적인 운이 세상에 얼마나 큰 영향을 끼치는지 명쾌하게 드러낸다. 우리의 직업 선택에서부터 어떤 음악 앨범이나 영화가 히트를 칠지까지, 광범위한 영역에 작용하는 운의 영향을 보여준다. 사람들은 무작위성 속에서 패턴을 찾으려 하고, 어떤 사건이 반복해서 발생하면 의미가 있다고 생각한다. 통계에 대한 아주 약간의 지식만 있다면 피할 수 있는 오류다. 이 내용을 다루면서, 믈로디노프의 책에서 많은 도움을 받았다.

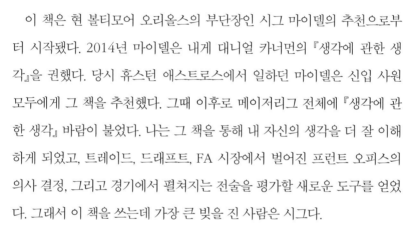

감 사 의   말

이 책은 현 볼티모어 오리올스의 부단장인 시그 마이델의 추천으로부터 시작됐다. 2014년 마이델은 내게 대니얼 카너먼의 『생각에 관한 생각』을 권했다. 당시 휴스턴 애스트로스에서 일하던 마이델은 신입 사원 모두에게 그 책을 추천했다. 그때 이후로 메이저리그 전체에 『생각에 관한 생각』 바람이 불었다. 나는 그 책을 통해 내 자신의 생각을 더 잘 이해하게 되었고, 트레이드, 드래프트, FA 시장에서 벌어진 프런트 오피스의 의사 결정, 그리고 경기에서 펼쳐지는 전술을 평가할 새로운 도구를 얻었다. 그래서 이 책을 쓰는데 가장 큰 빚을 진 사람은 시그다.

내 에이전트 에릭 루퍼는 책을 쓰기에 어울릴지 확신할 수 없었던 두 줄짜리 아이디어가 제대로 된 제안서로 바뀌도록 도왔다. 우리는 그 제안서를 내 첫 책 『스마트 베이스볼』을 만든 출판사 윌리엄 모로우에 보내 나와 다시 작업할 생각이 있는지를 물었다. 그들은 동의했을 뿐만 아니라, 『스마트 베이스볼』의 구성, 편집부터 제대로 된 책으로 나올 때까지 모든 걸 도맡아준 편집자 맷 하퍼와 다시 일할 수 있도록 해주었다. 하퍼는 이번에 더 많은 일을 했고, 이 책의 완성도를 높였다.

마지막 장에 담은 메이저리그 구단들의 실제 결정에 대한 이야기를 해준 많은 전현직 임원들께 진심으로 감사한다. 그들은 지금까지 공개된 적 없는 결정 과정의 디테일을 설명해주었다. 그들이 시간을 할애해 설명해 준 덕에, 이 책은 생생한 현실 세계와의 연결점을 갖게 됐다. 또한 선수 성적을 예측하는 통계 모델 구축에 대한 인사이트를 제공해준 에산 보카리, 댄 짐보르스키, 해리 파블리디스에게도 감사한다.

또 『스마트 베이스볼』을 읽어준 모든 독자들에게 진심으로 감사한다. 특히 온라인에서 책에 대해 이야기하고 추천해준 분들과, 지난 3년간 나를 낭독회와 사인회에 초대해 준 서점들에 감사를 전한다. 책을 내면서 내가 가장 좋아한 순간들이다. 이 책을 통해 다시 그런 기회들을 갖고 더 많은 독자들을 만나고 싶다.

마지막으로 내 딸 켄달과 여자 친구 메레디스에게 진심어린 감사를 전한다. 그들은 이 책을 쓰는 8달 동안 격려를 아끼지 않았고, 특히 집필에 몰두한 9월 내내 컴퓨터와 씨름하고 있어도 이해해 주었다. 그들의 사랑과 도움 없이는 이 책이 나오지 못했을 것이다.

결정 A : 2020년 10월 28일. 미국 야구계에서는 '투수 교체 타이밍'에 대한 뜨거운 논란이 벌어졌다. 월드시리즈 6차전에서 탬파베이의 에이스 블레이크 스넬은 LA 다저스 타선을 압도했다. 6회 원아웃까지 삼진 9개를 잡아내며 2안타 1실점 호투를 이어갔다. 투구수는 겨우 73개. 여기서 탬파베이의 케빈 캐시 감독이 마운드에 올랐다. 교체를 통보받은 스넬은 불쾌함이 가득한 표정으로 덕아웃으로 향했다. 다음 투수는 2019년에 비해 구위가 떨어졌고, 특히 포스트시즌 들어 흔들린 기미가 역력했던 닉 앤더슨이었다.

결정 B : 그로부터 이틀 전, 5차전 6회말. 다저스의 데이브 로버츠 감독이 덕아웃에서 걸어 나와 마운드로 향했다. 마운드 위에는 당대 최고의 투수 클레이턴 커쇼가 서 있었다. 관중석에서는 다저스 팬들의 엄청난 야유가 쏟아졌다. 팬들의 생각은 명확했다. "지금 커쇼를 바꾸다니, 말도 안 돼!" 포스트시즌마다 유독 부진했던 커쇼였지만, 2020년 월드시리즈에서는 달랐다. 1차전 6이닝 1실점 호투로 승리투수가 된 데 이어, 5차전에서도 6회 투아웃까지 2실점으로 잘 던지고 있었다. 투구수는 겨우 85개.

다저스 팬뿐만 아니라 3루수 저스틴 터너 등 다저스 선수들도 교체가 불만이라는 표정이 역력했다. 커쇼 대신 등판한 투수는 2차전에서 1.1이닝 동안 4안타로 3실점해 패배의 원흉이 된 더스틴 메이였다.

이 결정들을 어떻게 평가해야 할까?

결정 A와 B는 공통점이 있다. 호투하던 사이영상 수상 경력의 슈퍼 에이스를, 미덥지 않은 투수로 일찌감치 교체했다. 교체의 가장 큰 이유도 같다. '선발 투수가 같은 타자를 3번째 상대하면 맞을 확률이 높아진다'는 연구 결과다. 특히 탬파베이는 이 원칙을 정규시즌부터 철두철미하게 지켜 월드시리즈까지 오르는 돌풍을 일으켰다. 스넬도 정규시즌 때 6이닝을 채운 적이 단 한 번도 없었다.

야구 연구계에서는 두 결정, 특히 월드시리즈 전체 승부를 가른 '스넬 교체'가 바람직했는가에 대한 토론이 뜨겁게 펼쳐지고 있다. 이 글을 쓰고 있는 경기 종료 24시간 후까지, 명확한 결론은 나오지 않았다. 아마도 꽤 오랜 시간 동안 그럴 것이다. 스넬을 교체해야 할 근거와, 그렇지 않았어야 할 근거가 모두 탄탄하고 풍부하기 때문이다.

확실한 것은, 가장 나쁜 평가 방식은 '결과론'이라는 거다.

우리는 이 결정들의 결과가 어땠는지 잘 알고 있다. 다저스가 5차전을 승리하며, 커쇼 조기 교체는 '신의 한 수'였다는 격찬을 받았다. 메이는 2차전의 부진을 딛고 호투를 펼쳐 승리의 발판을 놓았다. 만약 메이가 또 얻어맞아 역전을 허용했다면? 로버츠 감독은 여전히 '돌버츠'로 남았을 것이다. (특히 한국의) 주류 미디어와 여론은 결과로 과정을 평가하는 오레된 습관을 갖고 있기 때문이다. 캐시 감독의 스넬 조기 교체가 '역사에 남을 패착'이라는 평가를 받는 제일 중요한 이유도 패배라는 결과 때문이다.

결과로 과정을 평가하는 건 심각한 결과를 초래할 수 있다. 과정은 잘못됐는데 결과는 멀쩡한 경우가 숱하게 많기 때문이다. 공사 과정이 비리와 부실로 얼룩져도 건물은 완성될 수 있다. 탈법적 노동 착취를 일삼는 기업이 좋은 실적을 낼 수 있다. 결과가 좋았기에 과정에 대한 문제제기가 없다면? 사회는 정체될 것이고, 비극적인 사고가 발생할 것이다. 거꾸로 과정은 완벽했지만 결과는 실망스러운 경우도 허다하다. 완벽하게 제구된 날카로운 변화구를 던졌지만 '바가지 안타'를 허용한 투수를, 피안타라는 결과만으로 평가한다면? 그런 결정을 일삼는 감독의 운명은 뻔할 것이다.

과정에 대한 평가를 결과에 끼워 맞추는 건 이 책에서 소개할 숱한 심리 편향들 중 하나다. 마음 깊은 곳에서 자동적으로 작동하는 회로이기에 좀처럼 피하기 어렵다. 하지만 더 나은 생각과 결정을 위해 반드시 넘어서야 할 장애물이다.

이 책 『인사이드 게임』은 현대 메이저리그에서 이뤄진 의사 결정들이 어떤 심리 편향들의 영향을 받았는지를 소개한다. 야구를 좋아하시는 분, 심리학이나 행동경제학에 관심이 있으신 분, 그리고 무엇보다 '더 나은 의사 결정'을 원하는 독자들에게 흥미로운 읽을거리가 되리라 확신한다. 이 책이 야구에 대한, 그리고 당신의 마음에 대한 인식의 지평을 넓히는

데 도움이 되기를 기원한다.

　심리학 용어의 번역은 『인지편향 사전』(이남석 저. (주)옥당북스)와 『감정독재』(강준만 저. 인물과사상사) 를 참고했다.

이성훈

인사이드 게임
INSIDE GAME

2020년 12월 18일 인쇄 | 2020년 12월 25일 발행

지은이 키스 로
옮긴이 이성훈

발행인 정욱 | 편집인 황민호
콘텐츠4사업본부장 박정훈 | 디자인 All design group
마케팅 조안나 이유진
국제판권 이주은 한진아 | 제작 심상운 최택순
발행처 대원씨아이(주) | 주소 서울특별시 용산구 한강로 3가 40-456
전화 (02)2071-2093 | 팩스 (02)749-2105 | 등록 제3-563호 | 등록일자 1992년5월11일

www.dwci.co.kr

ISBN 979-11-362-5659-1 03690